Schriftenreihe der Bundesprüfstelle
für jugendgefährdende Schriften

herausgegeben von Rudolf Stefen

Joachim H. Knoll/Rudolf Stefen

Pro und Contra BRAVO

Mit Beiträgen von:

Gert Braun
Joachim Braun
Joachim H. Knoll
Rudolf Stefen

Nomos Verlagsgesellschaft
Baden-Baden

CIP-Kurztitelaufnahme der Deutschen Bibliothek

Pro und contra Bravo / Joachim H. Knoll; Rudolf Stefen. Mit Beitr. von Gert Braun . . . – 1. Aufl. – Baden-Baden: Nomos Verlagsgesellschaft, 1978.
  (Schriftenreihe der Bundesprüfstelle für jugendgefährdende Schriften)
  ISBN 3-7890-0321-2
NE: Knoll, Joachim H. [Hrsg.]; Braun, Gert [Mitarb.]

1. Auflage 1978
© Nomos Verlagsgesellschaft, Baden-Baden, 1978. Printed in Germany. Alle Rechte, auch die des Nachdrucks von Auszügen, der photomechanischen Wiedergabe und der Übersetzung vorbehalten.
Satz und Druck: Nomos Verlagsgesellschaft, Baden-Baden.
Buchbinderische Verarbeitung: Klotz, Augsburg.

Vorwort

BRAVO ist seit über 20 Jahren die auflagenstärkste Jugendzeitschrift in der Bundesrepublik Deutschland. Mehr als 1,4 Millionen Exemplare wurden z. B. 1977 wöchentlich zum Einzelpreis von DM 1,20, ab Oktober zu DM 1,30 verkauft. Davon fast 230 000 Exemplare aufgrund fester Abonnements. Zusätzlich wurden vom Verlag wöchentlich fast 12 000 Freiexemplare kostenlos abgegeben.
BRAVO bringt nicht nur 52mal im Jahr Starberichte, Fortsetzungsromane, Foto-Love-Storys und 880 Seiten Annoncen für Aknemittel, Kosmetika, Mofas und anderes mehr, 250 von ca. 60 000 Problemleserbriefen mit Antworten von Dr. Goldstein unter dem Pseudonym Dr. Sommer, sondern auch 52mal Sexualaufklärungsbeiträge von Dr. Goldstein unter dem Pseudonym Dr. Korff. Er ist Arzt und Psychotherapeut mit eigener Praxis, außerdem Erziehungsberater.
BRAVO behauptet in Heft 50/76 S. 54: ». . . daß die Aufklärung in BRAVO von Fachleuten gemacht wird, die mehr verstehen, als fast alle Lehrer und Eltern (das soll kein Vorwurf sein), weil sie eben Fachleute sind und aus Studium und der täglichen Praxis heraus qualifizierter dafür sind. . .«
BRAVO erreicht 58,6% aller Jugendlichen zwischen 12 und 21 Jahren. Jede Ausgabe wird von 31% dieser Altersgruppen gelesen. Am häufigsten (38,3%) von den 12 bis 14-jährigen Volksschülern. Die Leser schicken an BRAVO monatlich nicht nur ca. 5 000 Problemleserbriefe, sondern bei Fragebogenaktionen zu Hygiene, Sex und Gewalt ca. 120 000 Fragebogen ausgefüllt an BRAVO zurück und reagieren tausendfach »sauer«, wenn eine Aknewerbung

nicht hält, was sie verspricht (Ulrich Kuschel von BRAVO lt. text intern Nr. 20 vom 10. 3. 1978 S. 6).
Dies alles war Grund, das Thema BRAVO kontrovers zu diskutieren und dabei – erstmals – auch die BRAVO-Redaktion zu Wort kommen zu lassen. Die Bundesprüfstelle kommt durch Abdruck von drei Entscheidungen zu Wort. Fairerweise muß darauf hingewiesen werden, daß von BRAVO lediglich die Ausgaben 6 und 7/72 und die Ausgabe 46/77 indiziert worden sind und 1959 und 1977 je ein Antrag auf Indizierung abgelehnt worden sind. Demgegenüber ist z. B. von einer am 10. 11. 77 mit einer Druckauflage von 500 000 Exemplaren gestarteten Jugendzeitschrift bereits am 9. 2. 78 die erste Ausgabe auf Antrag des Ministeriums für Arbeit, Gesundheit und Sozialordnung des Landes Baden-Württemberg indiziert worden (Entscheidung Nr. 2677 der Bundesprüfstelle).
Aufgrund weiterer Indizierungsanträge verpflichtete sich der Verlag am 13. 4. 1978 zu Protokoll der Bundesprüfstelle, die Zeitschrift in Zukunft entsprechend den Jugendschutzbestimmungen und der Spruchpraxis der BPS umzugestalten. Nachdem die BPS sich von der Ernsthaftigkeit dieser Zusage überzeugt hatte, erfolgte am 6. 6. 1978 die beantragte Indizierung der Einzelhefte. Von der Vorausindizierung der Zeitschrift nach § 7 GjS wurde jedoch abgesehen.
Der Band möchte Eltern, Erzieher und Lehrkräfte im schulischen und außerschulischen Bereich motivieren:
Kindern und Jugendlichen mehr Liebe, Zeit und Zuneigung entgegenzubringen und sich weniger durch materielle Zuwendungen »freizukaufen«;
mit den Kindern und Jugendlichen deren Zeitschriften und andere Medien zu lesen, zu hören, zu sehen und zu diskutieren. Dabei sollten die Erwachsenen ihnen die Vorteile unseres freiheitlichen Pressewesens mit dem absoluten Verbot jeder Vorzensur (Art. 5 Abs. 1 Satz 3 GG)

ebenso nahebringen wie die rechtlichen Möglichkeiten, gegen jugendgefährdende Schriften und andere Medien mit Hilfe der Jugendbehörden und der Bundesprüfstelle vorgehen zu können.
Der Band weist außerdem auf einige Kontrastzeitschriften zu BRAVO hin. Es steht den Lesern frei, davon Probeexemplare heranzuziehen und mit Kindern und Jugendlichen zu diskutieren.
Mit dem Band möchte die Bundesprüfstelle ihr Bemühen fortsetzen, ihre Entscheidungen und Entscheidungsbegründungen einer breiteren Öffentlichkeit bekanntzumachen und einer kritischen Auseinandersetzung zugänglich zu machen.
Mein Dank gilt Prof. Dr. Joachim H. Knoll und den anderen Autoren, die ihre Beiträge unentgeltlich zur Verfügung gestellt und viel Verständnis für Verzögerungen bei bei Fertigstellung aufgebracht haben.
Für empfehlende Hinweise im Bekanntenkreise danke ich ebenso wie für Hinweise zur Verbesserung zukünftiger Auflagen.

Rudolf Stefen
Vorsitzender der Bundesprüfstelle
für jugendgefährdende Schriften

Bonn-Bad Godesberg, den 10. Oktober 1978

Inhaltsverzeichnis

Joachim H. Knoll
»Noch eine BRAVO-Analyse!«   11

Joachim H. Knoll
Die gegenwärtige Jugend und was sie liest –
Zur Typologie und zum Medienkonsum der heutigen Jugendgeneration   27

Joachim Braun
BRAVO im Spiegel der Literatur   91

Joachim Braun
Die Jugendzeitschrift BRAVO aus der Sicht von
Schülern und Lehrern   117

Gert Braun
BRAVO = ein Ärgernis für rechts und links   131

Rudolf Stefen
Über Jugendzeitschriften 1978   147

Rudolf Stefen
Kontrast-Zeitschriften zu BRAVO   159

Indizierung der Jugendzeitschrift BRAVO-Ausgaben 6 und 7/72
Entscheidung Nr. 2384 der BPS v. 6. 10. 1972   165

Indizierung der Jugendzeitschrift BRAVO-Ausgabe 46/77
Entscheidung Nr. 2672 v. 12. 1. 1978   221

Nichtindizierung der Jugendzeitschrift BRAVO-Ausgabe 49/77
Entscheidung Nr. 2691 v. 13. 4. 1978   261

Joachim H. Knoll

»Noch eine BRAVO-Analyse!«

Der Titel der Publikation, die wir hier vorlegen, könnte einen derartig irritierten Aufschrei veranlassen. Es gibt fürwahr eine dichte Fülle wissenschaftlicher, vermeintlich wissenschaftlicher, feuilletonistischer und denunziatorischer Auseinandersetzungen mit der kommerziellen Jugendpresse und insbesondere mit dessen Auflagestar »BRAVO«. Die anklägerische Absicht bei der Beschäftigung mit dem Medium »Jugendzeitschrift« scheint insgesamt zu überwiegen, wobei es zumal unter der älteren Generation eine Ablehnung gibt, die von links bis rechts reicht. Konservativ eingestimmte Beobachter sehen in »BRAVO« ein Indiz für den Kulturverfall und für ein nurmehr vordergründiges Interesse an den Umwelt- und Kulturereignissen. Sie monieren, und dies wohl zum Teil mit Recht, daß sich »BRAVO« aus den Verbindlichkeiten der Tradition entlasse, daß Wertsetzungen, die über die Tagesaktualität hinausgreifen, nicht erkennbar seien und daß einer Einstellung zugestimmt werde, die sich am Rande einer zunehmend differenzierter werdenden Subkultur befinde. Diesem Anwurf könnte freilich entgegengehalten werden, daß »BRAVO« ein im Grunde kleinbürgerliches Blatt ist, das sich mit den kleinbürgerlichen Wohlverhaltensregeln solidarisiert und sich seinen Lesern auch anempfiehlt. Marxistische Autoren, auch solche, die sich gern als »radikale Demokraten« etikettieren, sehen in »BRAVO« ein Produkt der gegenwärtigen Konsumgesellschaft, ein Produkt, das kritisches Selbstbewußtsein nicht herstelle, das die Jugendlichen anleite, sich in die Mechanismen des Konsums einzuüben und solchermaßen systemverfestigend sei. Es werde, so wird von dieser Stelle argumentiert, eine Schein- und Gegenwelt konstruiert, die die Enttäuschungen, Frustrationen und Unzulänglichkeiten der alltäglichen Schul- und Berufswelt erträglicher mache; diese Gegenwelt kompensiere die zutiefst inhumane Realität. Hier sei ein »kapitalistisches« Vehikel für einen rosaroten Eskapismus. Schließlich sind beide Positionen auch in der larmoyanten Klage vereint, daß das Blatt perfid gut gemacht sei, daß es auf die Gunst der Jugendlichen treffe und daß es trotz heftiger Attacken über Jahre hin der stabilste Auflagenstar unter den Jugendzeitschriften sei. Die Analyse wie auch der schmissige Report lassen in der Regel die Adressaten, also die Jugendlichen, die Leser des Blattes, außer Betracht, sie räumen auch nicht der Redaktion von »BRAVO« das eigentlich selbstverständliche Recht ein, zu den Ergebnissen und Meinungen der Rechercheure Stellung zu nehmen. Die Widerrede – das war jüngst aus den Nachwehen einer Sendung des ZDF über »BRAVO« lehrreich zu erfahren – wird dann vielfach in gleich unduldsamer Weise in die Spalten von »BRAVO« transportiert, wobei ich vermute, daß das medienpolitische Hick-Hack die Jugendlichen wohl nicht sonderlich interessiert oder gar verstört. Da kann ich mich vielleicht irren.

Ich habe mich auch gelegentlich, vor allem in der vormals von *R. Stefen* betreuten Zeitschrift »Medien- und Sexualpädagogik«, über Jugendzeitschriften und dabei auch über »BRAVO« geäußert und persönliche Eindrücke und Bedenken vorgetragen, habe aber gleichzeitig auch deutlich zu machen versucht, daß man sich nicht mokant über eine Publikation hinwegsetzen dürfe, die über eine so beträchtliche Reichweite verfügt. »BRAVO« ist nun einmal, man mag das aus mancherlei Gründen bedauern, ein auffälliges Medium, das für Jugendliche gemacht ist und das gleichzeitig auch ein Indikator für jugendliches Selbstverständnis sein dürfte. Wenn es richtig ist, daß der Redaktion von

»BRAVO« im Monat etwa 5 000 Leser-Zuschriften zugehen, so rangiert sich dieses Blatt in eine Position, die hinsichtlich ihrer pädagogischen Funktion nicht unterschätzt werden darf. Die in »BRAVO« vermittelten Ratschläge und Empfehlungen haben gleichsam autoritativen Leitbildcharakter. Wird eine Jugend pädagogisch weithin unbetreut gelassen, versagen sich Eltern wie auch die offiziellen Bildungsinstitutionen insbesondere in jener Phase des Jugendlebens, da sich Persönlichkeit bildet und zunehmend entfaltet, so treten in dieses Vakuum pädagogische Ratgeber ein, die außer durch ihren kommerziellen Erfolg nicht kontrolliert sind. Diese Pädagogik erhält ihr Alibi durch den wöchentlichen Kioskverkauf, ich möchte allerdings diese Abstimmung nicht als Rechtfertigung akzeptieren.

In dieser knappen Vorrede seien nur einige Aspekte aufgenommen, die später noch breiter ausgeführt werden. Einmal muß etwas gesagt werden über die Absicht und die Komposition des Bandes; sodann muß das Phänomen »BRAVO« bewußt gemacht werden und schließlich muß von den Adressaten, also den Jugendlichen, geredet werden, deren Selbstdarstellung heute vielfach nur in der Dürre statistischer Unverbindlichkeit eingefangen wird.

Zunächst einmal muß hervorgehen, daß der vielfach »Beklagte« oder auch »Angeklagte« hier die Möglichkeit erhält, sich zu erklären, sich darzustellen oder auch zu rechtfertigen. Der Titel »Pro und Contra« kann ja nur eingelöst werden, wenn die BRAVO-Redaktion die Möglichkeit zur Einrede erhält. Es muß ausdrücklich bedauert werden, daß diese Chance bisher von den BRAVO-Opponenten nicht wahrgenommen wurde und daß sie sich solchermaßen dem Vorwurf auslieferten, eben nur eine Seite der Medaille zu Worte kommen zu lassen.

Wir haben in unserer Publikation der Redaktion von »BRAVO« Platz eingeräumt und auch – abgesehen von einer Begrenzung des Umfangs – keinerlei Auflagen gemacht. Ich meine, daß sich dadurch eine eher unbefangene und auch den gegenseitigen Standpunkt kritisch respektierende Haltung einstellen könnte. Weder Denunziation noch auch intellektuell gemeintes Totschweigen können in der Medienlandschaft angängig sein. Der Aufbau des Bandes mag belegen, daß wir versuchen wollen, die kommerzielle Jugendpresse in Beziehung zu setzen zu jenen Befunden, die die wissenschaftlich verfahrende Jugendkunde und Jugendsoziologie ermittelt hat, wobei der Frage nachzugehen sein wird, ob kommerzielles Angebot und jugendliche Bewußtseinslage korrespondieren, oder ob die kommerzielle Jugendpresse nur in ein Vakuum eintritt, von dort her jugendliches Interesse erst inauguriert und das suggerierte Interesse dann manipuliert.

Wichtig erscheint den Herausgebern vor allem, auf das Produzenten-Adressatengeflecht einzugehen; es muß in diesem Zusammenhang nach der Medieneinstellung von Jugendlichen und Erziehern gefragt werden, auch nach den Mechanismen, die für einen Jugendmedienschutz zur Verfügung stehen. Es sei gar nicht hinwegdiskutiert, daß dabei *R. Stefen*, dem Vorsitzenden der Bundesprüfstelle für jugendgefährdende Schriften, eine besonders delikate Aufgabe zufällt. Er hat sich »BRAVO« gegenüber mehrfach kritisch geäußert und den Einspruch auf dem Hintergrund eines begründeten Norm- und Wertebewußtseins belegt, er hat auch mitgewirkt an Indizierungsverfahren, die ihm von Amts wegen aufgetragen sind, in denen »BRAVO« eine eindeutige Absage erteilt wurde. Diese Vorerfahrungen werden sich in diesem Band nicht unterschlagen lassen, sie werden allerdings auch nicht vorrangig angesprochen werden. Der in diesem Medienbereich Kundige kennt die Urteile und deren Begründungen; Teile davon gelten meinem Dafürhalten nach bis auf den heutigen Tag, und ich habe sie auch in meinem umfänglichen Beitrag nicht ausgespart. Ich halte es in der Auseinandersetzung mit

»BRAVO« für einen Akt der wissenschaftlich-intellektuellen Redlichkeiten, daß Vorbehalte und Vorwürfe nicht unterdrückt werden. Es steht eben außer Frage, daß sich »BRAVO« wie jede andere am Kiosk erhältliche Jugendzeitschrift an den Maßgaben des Jugendmedienschutzes messen lassen muß.
Kurzum: Wir werden zunächst von einer allgemeinen Jugendphänomenologie ausgehend unser Augenmerk auf den Medienkonsum Jugendlicher richten und uns dann – zunehmend präziser werdend – auf den »Fall« »BRAVO« eingrenzen. Es soll tunlichst nichts beschönigt und auch nichts aufgeregt angeklagt werden, was der Anklage nicht wert ist und nur Ausdruck einer ideologischen Befangenheit wäre.
Ich habe schon darauf hingewiesen, aus welchen Gründen linken wie rechten Kritikern »BRAVO« ein Ärgernis ist. Die Gründe, die auch später noch einmal versammelt werden, brauchen an dieser Stelle nicht wiederholt zu werden. Ist von kommerziellen Jugendzeitschriften die Rede, so stellt sich die eindeutige Assoziation ein, daß darunter vor allem »BRAVO« zu verstehen sei. Ich gestehe, daß ich zu den regelmäßigen »BRAVO«-Lesern gehöre, da ich annehme, aus diesem Medium vieles über die gegenwärtige Bewußtseinslage der Jugendlichen – ihre Sehnsüchte, ihre Defizite, ihre Fragen und auch ihre Interessen – zu erfahren. Eine Zeitschrift kann schließlich nicht nur suggerieren und manipulieren, sie muß, um angenommen zu werden, auch auf ihre Adressaten »zuschreiben«, muß deren Attitüden artikulieren, deren Sprache schreiben und deren Interessen erreichen. Ich halte es für zu einfach, »BRAVO« vorzuwerfen, die Zeitschrift konstruiere bewußt eine Gegenwelt, die den Jugendlichen einfach aufgezwungen werde. Hier scheint mir eher ein unausgesprochener Einklang von kommerziellem Kalkül und jugendlicher Bedürftigkeit vorzuliegen. Es ist übrigens verwunderlich, daß sich die profes-

sionellen Medienwissenschaftler, die Publizistik- und Kommunikationswissenschaftler also, bisher in so geringem Maße der kommerziellen Jugendpresse angenommen haben. Interpretiere ich die bislang erstellten Analysen richtig, so haben sich vor allem Pädagogen und Soziologen dieses Gegenstandes bemächtigt, wobei sie freilich auch Techniken zu Hilfe genommen haben, die sonst in der Publizistik- und Kommunikationswissenschaft benutzt werden, wie etwa die quantitative und qualitative Inhaltsanalyse. Es ist sicher richtig, daß es den über Dreißigjährigen wohl schwer fällt, dem Phänomen »BRAVO« gerecht zu werden, da hier Sprach- und Mentalitätsbarrieren einer unbefangenen Betrachtung entgegenstehen. So schreibt »Presse-Report« (2/77, p. 6) zu Recht:

»Die Auseinandersetzung mit den Jugendzeitschriften ist für Leute über dreißig nicht ganz einfach. Denn erstens wirken die Themen vielfach leicht exotisch, und zweitens spricht die Jugend zum Teil eine andere Sprache. Trotzdem ist es kein müßiges Unterfangen, da es, auch wenn die jugendlichen Käufer selten großes Interesse an Beratung haben, doch sinnvoll scheint zu wissen, was man so alles im Angebot hat.«

Für den Medienwissenschaftler, auch für den Pädagogen, müßte eigentlich die relative Konstanz der Themen in »BRAVO«, der Idealbilder, der Aufmachung interessant sein, da sich daraus herleiten ließe, daß die vielerorts vertretene Meinung vom raschen Generationenumschlag denn doch nicht so eindeutig stimmen könne. In mehreren Untersuchungen, die wir auch in Bochum durchgeführt haben, hat sich uns die Hypothese nahegelegt, daß der Generationenumschlag in immer rascher werdendem Wechsel vonstatten gehe, daß sich – um im Kontext der endenden 60er Jahre und der beginnenden 70er Jahre zu reden – etwa alle fünf Jahre eine neue Generation herausbilde, die sich von der vorangegangenen grundsätzlich unterscheide. Diese Beobachtung bezieht sich wohlgemerkt auf den repräsentativen Querschnitt. In dem ersten grundsätzlichen Beitrag dieses Bandes habe ich den Zweifel an dieser Annahme näher erläutert und begründet. Würde man einmal von der Annahme ausgehen, daß sich Jugendgenerationen in rascher Folge verändern und sich mit diesem Wandel auch Einstellung, Selbstverständnis und äußere Erscheinungsformen anders ausprägen, so könnte doch auch vermutet werden, daß sich die kommerzielle Jugendpresse diesem Prozeß anpassen müsse. Bei einer eher impressionistischen Übersicht über die letzten Jahre von »BRAVO« scheint solche Anpassung nicht belegbar. Anläßlich eines überschauenden Reports von Jugendzeitschriften – vor allem bei einem Vergleich der Auflagen-Hits »Freizeit-Magazin« (Aufl. IVW/3. Quartal 1976 390 106 verkauft) und »BRAVO« (1 170 718, im selben Zeitraum verkauft) – formuliert der »Presse-Report« (Zielgruppe Jugend, p. 8):

»Thematisch sind zwischen ›Freizeit-Magazin‹ und »BRAVO« keine großen Unterschiede festzustellen, vielleicht wirkt die Burda-Zeitschrift etwas biederer. Aber das kann auch an der Aufmachung liegen. Denn die unterscheidet sich gewaltig. Der Chronist, der vor zehn Jahren schon intensiv mit Jugendzeitschriften befaßt war, war zunächst verblüfft, als er »BRAVO« in diesen Tagen wieder in die Hand nahm. Er hatte das Gefühl, die Zeit sei stehengeblieben. Die Aufmachung schien ihm unverändert, ja sogar die Themen und Personen waren dieselben.

Pierre Brice als Winnetou, hatten wir den damals nicht als Otto-Sieger? Aufklärung wie eh und je, jetzt allerdings in Bildern, und der »BRAVO«-Starschnitt! Das ist doch alles schon mal dagewesen. Auch die Otto-Wahl gibt es noch. Sogar die Aufmachung der einzelnen Seiten mutete ihn heimisch an. Das Layout (die Art und Weise, nach der Text, Bilder und Farbe auf den Seiten verteilt werden) schien ihm unverändert. Das Ganze sehr locker und mit viel Schwung, vielleicht ein bißchen unruhig. Aber was soll's? Warum sollten die »BRAVO«-Leute ein erfolgreiches Rezept verändern? Oder, wie die englischen Sportler sagen: ›Never change a winning team!‹«

Würde man von der Konstanz der Themen und der Auflagenhöhe über einen vergleichsweise langen Zeitraum ausgehen, so dürfte man wohl annehmen, daß sich das Selbstverständnis der jungen Generation über eben diesen vergleichsweise langen Zeitraum nicht verändert hat. Unsere Annahme von dem raschen Generationen-Umschlag ließe sich von daher nicht rechtfertigen. Bleiben wir bei der Vermutung, daß sich in den letzten zehn Jahren erhebliche Generationen-Umbrüche ausmachen lassen, und die nicht nur innerhalb der gymnasialen und studentischen Jugend, so wäre weiter zu prüfen, ob die angenommene Konstanz richtig beobachtet ist. Die Geschichte und die Veränderungen von »BRAVO« sind noch zu schreiben und diese Historiographie kann und will hier nicht geleistet werden. Unbeschadet des wissenschaftlich unsicheren Fundaments möchte ich aus der relativ kontinuierlichen Beobachtung doch mutmaßen, daß sich hinsichtlich der Themen und deren Gestaltung eine gewisse Veränderung ergeben hat. Sehe und lese ich die Berichte aufmerksam, so stelle ich fest, daß z. B. die stilisierte und stereotyp verfaßte Heldenlegende heute nicht mehr bedenkenlos kolportiert wird. Vormals galt der glanzkaschierte Reim: Findelkind/Kind aus unterpriviligiertem Milieu/ewig unterdrückt/bricht aus den familiären, beruflichen, schulischen Zwängen aus/trifft zufällig auf den Entdecker/die Anfänge sind hart und entbehrungsreich/der Tüchtige und Strebende setzt sich durch/ der Erfolg stellt sich ein/auch der Einklang mit der Familie, mit Mutter und Vater stellt sich wieder her/am Ende der erfolgreiche und folgsame Sohn. Auf diesen Reim läßt sich »BRAVO« heute nicht mehr reduzieren. Nicht daß

»BRAVO« ein Intelligenzblatt geworden sei, da sei der Bauer-Konzern und die heutige Jugendgeneration vor, aber die Masche ist differenzierter und ideenreicher gewirkt, eher auf den heutigen Jugendlichen – wer ist das schon? – abgestimmt.

Selbst die Bundeszentrale für gesundheitliche Aufklärung, Köln, arbeitet in Aufklärungsfragen mit »BRAVO« zusammen, so geschehen in der Broschüre »Muß-Ehen muß es nicht geben.« Dieser Sachverhalt kann auch abgelesen werden an einer von der Bundeszentrale herausgegebenen Schrift, in der *W. Grunninger* formuliert: Als brauchbares Unterrichtsmittel für die Geschlechtserziehung eine von vielen Jugendzeitschriften wie z. B. »BRAVO« ... (Schriften und Unterrichtsmittel zur Geschlechtserziehung, Stuttgart 1975, Kap. 3.1). Von daher scheint mir die Anmerkung über »BRAVO« in der ZDF-Sendung »Aufgeklärt oder abgeklärt? – Sexualverhalten und Sexualerziehung Jugendlicher« (vom 28.10.76) nur bedingt treffsicher, wenn es etwa heißt: »Wer Sexualerziehung in den Schulen ablehnt oder unerträglich erschwert, sollte wissen, daß er damit zuläßt, daß die meisten Jugendlichen dann vom Leben selbst, und das heißt auf der Straße aufgeklärt werden oder von gewissen Jugendzeitschriften. Diese Zeitschrift hat einen großen Markt. Unter dem Deckmantel der Seriosität veröffentlicht sie Pornographie. Das liest sich so: Die Entwicklung zur Frau wirft bei Mädchen immer wieder neue Fragen auf. Gute und einfühlsame Aufklärung hilft alle Probleme zu lösen, so »BRAVO«. Daß hier Sex als Konsumware zu Markt getragen wird, bedarf wohl keines Kommentars. Wie sieht es bei einer seriösen »BRAVO«-Massage aus?

»BRAVO« hat eine Auflage von 1,3 Millionen. Man kann davon ausgehen, daß jedes Heft von drei Jugendlichen gelesen wird. Das ist die Realität. Besonders verhängnisvoll in den Auswirkungen auf die Jugendlichen ist die Kombination aus Sex und Crime. Und zum Konsumverhalten

tritt folgerichtig der Leistungsdruck. Die Doktoren *Korff* und *Sommer* sind erfundene Namen. Gibt es nicht. Sie mißbrauchen die Hilflosigkeit und Unkenntnis junger Menschen aus wirtschaftlichen Interessen. Und so sehen Fragen und Antworten aus: (Texteinblendung: »1. Finden Sie es unanständig, wenn vierzehnjährige Mädchen mit Jungen schlafen?, 2. Wie können sich Vierzehnjährige schützen und an Verhütungsmittel (welche) gelangen?, 3. Muß es das erste Mal weh tun und bluten oder nicht?, 4. Kann ein Mädchen, das seine Periode noch gar nicht hat, schwanger werden? (4 Mädchen, 14, aus Jülich). Dr. Sommer antwortet: 1. Nein, 2. Mit chemischen Mitteln aus der Apotheke, 3. Ja, aber unwesentlich, 4. Nein...«).
Die vierte Frage ist falsch beantwortet. Eltern, die der schulischen Sexualkunde skeptisch oder ablehnend gegenüberstehen, müssen sich fragen lassen, ob sie die Aufklärung von Kindern und Heranwachsenden durch Zeitschriften wie »BRAVO« und die Straße verantworten können. (Das Band der Sendung wurde uns freundlicherweise vom ZDF zur Verfügung gestellt.)
Ich bleibe dabei: Familie, Betrieb, Berufsschule, auch außerschulische Jugendbildung stellen nicht jenes Maß an pädagogischer Sorgfalt und Anteilnahme zur Verfügung, dessen der Jugendliche bedarf, und die Zuflucht in das Surrogat der kommerziellen Angebote liegt dann eben nahe. Solange »BRAVO« besteht und in dieser Auflagenhöhe floriert, ist diese Zeitschrift eine flagrante und handgreifliche Anklage gegen die institutionalisierte Jugendhilfe und Jugendpädagogik. Letztlich sei in dieser Vorrede von den Adressaten die Rede, auf deren Interesse offenbar die kommerziellen Medienprodukte rechnen können. Wir werden später die gegenwärtigen Profile der heutigen Jugendgeneration im Kontext der wissenschaftlichen Expertisen differenzieren. Das dazu vorfindbare Schrifttum ist nahezu Legion. Nun kommt uns dieser Tage ein »Jugend-Report«

zur Hand (Jugend-Report, Jugend- und Meinungsbildung, Sand-Benz, Ergebnisse empirischer Jugendforschung, Bonz-Verlag, 1976), der, da er auf Fortsetzung angelegt ist, für künftige Jugendforschung bedeutsam werden kann. Vermutlich kann er eher als die sich vielfach vergewissernden wissenschaftlichen Expertisen punktuelle Daten vermitteln, die die gegenwärtige Befindlichkeit der jungen Generation charakterisieren.

Wir geben nachfolgende Antworten auf Fragen wieder, soweit sie sich auf unser Thema beziehen; einer intensiveren Interpretation scheinen die statistischen Materialien nicht zu bedürfen.

Frage:
»Wer ist zur Entspannung und Unterhaltung am besten geeignet?«
(Vorlage einer Liste)

	gesamt	14–16	Alter 17–19	20–24
Fernsehen	44%	44%	43%	46%
Radio	37%	37%	41%	35%
Illustrierte/Zeitschrift	11%	8%	8%	15%
Jugendzeitschrift/ Musikzeitschrift	5%	11%	5%	2%
Tageszeitung	1%	0%	2%	1%

Frage:
»Wer regt am stärksten zum Nachdenken an?«
(Vorlage einer Liste)

	gesamt	14–16	Alter 17–19	20–24
Fernsehen	43%	43%	41%	43%
Tageszeitung	28%	23%	29%	31%
Illustrierte/Zeitschrift	13%	14%	11%	12%
Radio	8%	7%	9%	8%
Jugendzeitschrift/ Musikzeitschrift	7%	12%	7%	5%

Frage:
»Wer kann am besten dazu verhelfen, Ärger und unangenehme Dinge zu vergessen?«
(Vorlage einer Liste)

	gesamt	14–16	Alter 17–19	20–24
Fernsehen	42%	39%	44%	43%
Radio	42%	47%	41%	39%
Illustrierte/Zeitschrift	8%	5%	6%	12%
Jugendzeitschrift/ Musikzeitschrift	6%	9%	7%	3%
Tageszeitung	1%	0%	1%	1%

Es gilt: Zunächst unspezifisch befragt, reagiert der Jugendliche gewissermaßen in der Erwachsenenrolle; konkreter auf seine Jugendrolle hin befragt, favorisiert er jene Medien, von denen er annehmen kann, daß sie seinem Selbstverständnis am ehesten Ausdruck verleihen. Wiederum aus dem Jugend-Report seien dazu die nachfolgenden statistischen Belege mitgeteilt:

Frage:
»Wer geht am stärksten auf die Probleme Jugendlicher ein?«
(Vorlage einer Liste)

	gesamt	14–16	Alter 17–19	20–24
Jugendzeitschrift/ Musikzeitschrift	60%	68%	62%	53%
Fernsehen	16%	18%	15%	16%
Radio	16%	10%	15%	20%
Illustrierte/Zeitschrift	5%	3%	4%	7%
Tageszeitung	1%	1%	2%	2%

Frage:
»Wer bringt die brauchbarsten Informationen über Pop-Musik?«
(Vorlage einer Liste)

	gesamt	14–16	Alter 17–19	20–24
Jugendzeitschrift/ Musikzeitschrift	59%	66%	59%	53%
Radio	34%	28%	33%	40%
Fernsehen	5%	5%	4%	5%
Tageszeitung	0%	1%	1%	0%
Illustrierte/Zeitschrift	0%	0%	0%	0%

Frage:
»Und jetzt einmal umgekehrt, wer geht am wenigsten auf die Probleme Jugendlicher ein?«
(Vorlage einer Liste)

	gesamt	14–16	Alter 17–19	20–24
Tageszeitung	54%	59%	50%	52%
Illustrierte/Zeitschrift	30%	25%	34%	30%
Fernsehen	6%	5%	7%	6%
Radio	5%	8%	5%	3%
Jugendzeitschrift/ Musikzeitschrift	5%	2%	3%	7%

Es erweist sich wiederum die banale Einsicht, daß die Frageform die Antwort bestimmt; oder anders: Nur wer vernünftig fragt, wird auch vernünftige Antworten erwarten dürfen. Eines dürfte aus den Daten ersichtlich sein, daß nämlich hinsichtlich des Medienkonsums unspezifische Antworten dann zu erwarten sind, wenn die altersspezifischen Besonderheiten nicht explizit berücksichtigt werden. Werden indes Jugendliche als Jugendliche befragt, so wird den kommerziellen Angeboten, insbesondere im Bereich der Druckmedien, ein hervorragender Stellenwert zugesprochen. Von diesen Daten, die in vielfältigen Untersuchungen belegt sind, von der Diagnose also, wäre es geboten zur Therapie voranzuschreiten. Die können und wollen wir nicht leisten. Ich möchte nur auf ein Beispiel aufmerksam machen, welche »notwendigen Veränderungen« aus der gegenwärtigen Jugendsituation angezeigt sein können. In einem Beitrag in der »Welt« (12. 2. 77) gibt *Rudolf Affemann* unter dem Titel »Warum unsere Jugend immer mehr aus der Bahn gerät« eine Ursachenanalyse, der er den folgenden Katalog »notwendiger Veränderungen« anschließt. Dies nur Beispiel, wie Therapie verfaßt sein könnte:

»1. Unsere Städte und Siedlungen sind unter dem Blickpunkt des Kind- und Familiengemäßen zu gestalten.
2. das Bildungswesen gilt es vom Menschen her zu entwerfen.
3. Erziehung zur sinnvollen Verwendung von Freizeit ist unumgänglich.
4. Durch Erziehung ist der Konsumprägung des Kindes entgegenzuwirken. Seine aktiven, kreativen Kräfte sind freizusetzen. Erziehung zum Fernsehen mit Maß und Ziel ist nötig.
5. Mobilisierung der Gesundungskräfte, Aktivierung der Leistungsfähigkeit setzt konsequente und geduldige Erziehung voraus. Diese Erziehung kann nicht nur durch die Familie und Schule geleistet werden. Sie muß auch am Arbeitsplatz geschehen.
6. Nach Jahrzehnten eines extravertierten und expandierten Lebens müssen wir die Möglichkeiten der Familie, innerseelisches und zwischenmenschliches Leben zu entwickeln, neu entdecken.
7. Der Mann sollte begreifen, daß die Familie mehr Chancen zu seiner Selbstfindung bietet als der durchschnittliche Beruf.
8. Die Möglichkeiten zur Selbstverwirklichung der Frau in der Familie sind stärker zu betonen. Mit ihrem vorübergehenden Berufsverzicht müssen flankierende

Maßnahmen wie Weiterbildungsangebote, bessere Kommunikationsmöglichkeiten, Erziehungsgeld beziehungsweise Hausfrauengehalt und anderes verbunden sein.
9. Unser Verständnis von Erziehung ist neu zu bestimmen. Erziehung ist Führen und Wachsenlassen, Förderung und Forderung. Erziehung verlangt nach personaler Autorität.
10. All die bisher geforderten Maßnahmen verlangen entsprechende Politische Konzepte. Politische Strategien sind folglich von den Grundgegebenheiten und Grundbedürfnissen des Menschen aus zu entwickeln. Jugend- und Familienpolitik darf nicht wie bislang ein Dasein im Schatten der »großen« Politik führen. Jugend- und Familienpolitik *ist* große Politik«.

Sinn dieser Vorrede konnte es gewiß nicht sein, dem kritischen Leser, den Jugendlichen, den Eltern, Erziehern oder Rezensenten die Mühe zu ersparen, die nachfolgenden Beiträge durchzugehen und zu gewichten; eine verkürzte Inhaltsangabe kann so nicht geboten werden. Es sollten nur einige Aspekte hervorgekehrt werden, die später eine intensivere Berücksichtigung erfahren. Wir begeben uns mit dieser Darstellung auf ein wissenschaftlich unsicheres Terrain, jede weiterführende Hilfestellung wird daher dankbar begrüßt.

Joachim H. Knoll

Die gegenwärtige Jugend und was sie liest

Zur Typologie und zum Medienkonsum der heutigen Jugendgeneration

1. *Jugendgenerationen von der Nachkriegszeit zur Tendenzwende und danach*

Die Generationenabfolge, der Umschlag von Einsichten und Ansichten in der jungen Generation, vollzieht sich in der Nachkriegszeit mit einer derartigen Geschwindigkeit, daß die wissenschaftliche Expertise – geht sie nur über den punktuellen Zustandsbericht hinaus – kaum mehr Schritt zu halten vermag. Konkret: die meisten jugendlichen Erhebungen spiegeln zum Zeitpunkt ihres Erscheinens bereits eine Jugendgeneration wider, die sich anschickt, in den Hintergrund zu treten.

Bei einem freilich recht grobschlächtigen Überblick über die Generationenfolge in der Nachkriegszeit lassen sich vier, wenn nicht gar fünf unterschiedliche Generationen ausmachen, die sich in Selbstverständnis, Einstellungen und Gesellungsformen deutlich voneinander abheben.

Als eine erste Nachkriegsgeneration wären jene Jugendlichen anzusehen, die am Ende des Krieges – vom Nationalsozialismus noch geprägt – an der Schwelle zum Erwachsenenalter standen und vor allem in Schulen und Hochschulen eine neue Bewußtseinslage herzustellen suchten. *Theodor Litt* und *Eduard Spranger* haben aus der Erfahrung der Hochschulen heraus an dieser Generation, die

die des Suchens und Fragens genannt wurde, viel Positives ausgemacht. Auf einen einfachen Nenner gebracht, hat *Spranger* im Überblick über fünf Jugendgenerationen, die er in seiner akademischen Laufbahn erlebt und begleitet hat, gemeint, es sei die »wertvollste« Generation gewesen, nicht zuletzt deswegen, weil sie einen Prozeß der Identitätsfindung vollzog, der jenseits vorgegebener und sich traditional versichernder Leitbildvorstellungen ablief.

Mit der zunehmenden wirtschaftlichen Prosperität tritt dann am Beginn der fünfziger Jahre eine Generation hervor, die nurmehr von fern von den Kriegsereignissen betroffen war und die eine Zukunftsphilosophie entwickelte, die am Wohlstands-, Wohlfahrts- und materiellen Sicherheitsdenken der Erwachsenen orientiert war. *Helmut Schelsky* hat bekanntlich dieser Generation das Etikett »skeptisch« beigelegt, eine Kennzeichnung, die zwar handlich war, aber der differenzierten Zustandsschilderung, wie sie *Schelsky* selbst darlegte, nur partiell entsprach. Daß auch diese Generation nicht von langer Dauer sein konnte, ergibt sich aus einer allgemeinen anthropologischen Einsicht, daß nämlich der Prozeß der Individuation, der sich ja im Jugendalter anbahnt, nicht einzig auf materieller Sicherung gründen kann, sondern daß für diesen Prozeß Identifikationsmuster zur Verfügung stehen müssen – z. B. Weltanschauungen, Ideologien, konkrete Utopien oder traditionale Religionsformen – die geeignet sind, den jungen Menschen über die alltägliche Unmittelbarkeit hinaus zu transzendieren.

Auf die skeptische Generation folgte die von *Viggo Graf Blücher* als »unbefangene Generation« etikettierte Jugend, die am Beginn der sechziger Jahre in den Vordergrund trat, aber bereits in der Mitte der sechziger Jahre einer neuen Generation Platz machen mußte, die in vereinseitigender und gekürzter Interpretation des tatsächlichen Befundes als »kritische Generation« ausgewiesen wurde. Gerade bei dieser Generation, wir können sie auf die Jahre

1968 bis 1974 lokalisieren, wird deutlich, wie wissenschaftliche Jugendkunde und Publizität zu unterschiedlichen Einschätzungen kommen. Das heißt hier: zwar hat die publizistische Auffälligkeit, die Beachtung der Medien den Eindruck entstehen lassen, als sei die neue Jugendgeneration insgesamt »kritisch«, politisch bewußt, systemkorrigierend bis -verändernd eingestellt, aber in Wahrheit – und darauf hat vor allem *Walter Jaide* wiederholt aufmerksam gemacht[1] – war diese Sichtweise nur ein Ausschnitt, bezog sich vor allem auf den Raum der Schulen und Hochschulen und hat sich in die mehrheitlich schweigende Masse der Jugendlichen nicht hineinverlängert.

Wohl konnte sich publizistisch die kritische Generation besser ins Wort und ins Bild setzen, aber sie hat doch nicht die Gefühlslage und die Einstellung der jungen Generation am Beginn der siebziger Jahre insgesamt wiedergegeben. Die damals angestellten repräsentativen Untersuchungen[2] vermitteln eher das Bild einer sich aus Ratlosigkeit und Orientierungsverlust, auch aus mangelnder Kommunikationsmöglichkeit und -fähigkeit in privatistische Moralen und Existenzvorstellungen zurückziehenden Jugendgeneration. Die kritische Jugendbewegung der sechziger und sieb-

---

[1] S. jüngst *W. Jaide*, Jugend und Politik heute, Soziale und politische Einstellungen und Verhaltensweisen im Spiegel neuerer Untersuchungen in der Bundesrepublik Deutschland, in: Aus Politik und Zeitgeschichte, 25. 9. 1976, p. 3 ff. Nachdrücklich ist hinzuweisen auf *W. Jaide*, Hrsg., Jugend im doppelten Deutschland, in: Kölner Zeitschrift für Soziologie und Sozialpsychologie, 1975, H. 3.

[2] S. hierzu u. a. *W. Jaide*, Das Verhältnis der Jugend zur Politik, Neuwied 1964; *J. H. Knoll*, Jugend, Politik und politische Bildung, Heidelberg 1962; *H. Schelsky*, Die skeptische Generation, Eine Soziologie der deutschen Jugend, Düsseldorf/Köln 1957; *L. v. Friedeburg*, Zum Verhältnis von Jugend und Gesellschaft, in: Zeugnisse, Frankfurt 1963; *J. H. Knoll, G. Wodraschke, J. Hüther*, Jugend und Kulturpolitik, Eine empirische Untersuchung über die kulturpolitische Informiertheit und Meinung Jugendlicher in einer Großstadt des Ruhrgebiets, Neuwied 1970.

ziger Jahre hat vielleicht zehn Prozent des jugendlichen Kollektivs insgesamt erfaßt und damit das quantitative Schicksal anderer, historischer Jugendbewegungen geteilt. Auch die bürgerliche Jugendbewegung am Beginn unseres Jahrhunderts hat sich nie zu einer Massenbewegung entwickeln können; es sind aber von ihr – und das dürfte auch heute wieder gelten – Antriebe ausgegangen, die fermentierend in den verschiedensten Gesellschaftsbereichen nachgewirkt haben. Auch wenn die kritische Generation bereits wieder Geschichte geworden ist, so sind ihre Nachwirkungen – positiv und negativ – deutlich spürbar.

Nach der »Tendenzwende« – wir müssen diesen Begriff nachfolgend noch etwas näher bestimmen – ist dann wieder eine andere Generation hervorgetreten, die unsere Gegenwart bestimmt und das Bild herstellt, das wir uns von der Jugendgeneration heute machen. Freilich, eine handliche Formel steht für diese Generation noch nicht zur Verfügung, wenn auch die eilige Presse ihr das denunziatorische Plakat »angepaßte Generation« anhängen möchte.

Aber vielleicht handelt es sich bei dieser Generation gar nicht um einen neuen Bewußtseinstyp. Ich neige zu der Annahme, daß die Einstellungen und Neigungen, die Gesittungen und Gesellungsformen, wie sie bei der Mehrheit der Jugendlichen am Ende der sechziger Jahre entwickelt waren, heute hervortreten und als allgemein akzeptierte Normen begriffen werden. Denn sieht man sich die Jugendbefunde deutlicher und vor allem im repräsentativen Querschnitt an, so sind die Nuancen in Bewußtseinslage und Einstellung zwischen 1968 und 1975 nicht eben signifikant. Dem widerspricht freilich die allgemeine Aussage, daß die »Tendenzwende« sich auch bis in die Jugendgeneration hinein erstrecke.

Dazu einige Hinweise. Ohne hier in eine ausufernde Kennzeichnung des Begriffs und der Sache »Tendenzwende« eintreten zu wollen, sei nur soviel dazu angemerkt:

Die sogenannte konkrete Utopie, beispielhaft in der »Schule« des Neomarxismus entwickelt, theoretisch immer wieder verfeinert und sprachlich etikettiert und chiffriert, hat sich angesichts der wirtschaftlichen und politischen Möglichkeiten in der Bundesrepublik in ein breiteres Bewußtsein und Selbstverständnis nicht einbeziehen können. Die mit der Utopie verknüpften Reformvorstellungen übersehen das Mögliche und Machbare, übersteigen einfach die finanziellen Ressourcen. Kommt hinzu, daß die Mehrheit der Bevölkerung den Neomarxismus auf seine historischen Vor- und Fehlformen bezog und von daher nicht bereit war, die vermeintlich wissenschaftliche Weltanschauung zu akzeptieren. Die Zustimmung, vor allem im Kreise von Gymnasiasten und Studenten, rührte gerade von dem wissenschaftlichen Anspruch des Marxismus her und auch von dem Angebot, das hier bereitgehalten wurde, sich in ein geschlossenes System integrieren zu können, das auf jede Frage eine offenbar belegbare Antwort anbot. Hier war jenseits materieller Vordergründigkeiten ein Identifikationsmuster verfügbar, das geistige Sicherheit und Solidarität versprach. Vielleicht war auch die Zustimmung dadurch begünstigt, daß das Leben in einer pluralistisch verfaßten Staatlichkeit weniger eindeutig, weniger erträglich zu sein scheint. Es ist fraglos einfacher, sich mit einer Weltanschauung zu solidarisieren, ohne zuvor andere Möglichkeiten der Daseinsbestimmung erprobt oder erfahren zu haben. Die Tendenzwende, meist in die Nähe konservativer Gedanken und Theorien rangiert, hat einen Prozeß der Desillusionierung eingeleitet, der bereits erkennbare Wirkungen auf Staat, Wirtschaft, Bildungswesen, Einstellungen usw. zeitigt.

Neben vielen anderen Beschreibungsversuchen ragen vor allem jene Vorträge heraus, die im November 1974 in der Bayerischen Akademie der Schönen Künste in München von *Hermann Lübbe, Gerd Albers, Golo Mann, Hans*

Maier, Robert Spaemann, Ralf Dahrendorf gehalten wurden.[3] Dort wurden damals Gedanken mitgeteilt, die bereits in der Konservativismus-Diskussion der sechziger Jahre vorformuliert waren,[4] jetzt aber in konzisere und die Tagesdiskussion übergreifende Formen gegossen wurden. Im Blick auf die junge Generation hat *Klaus Mehnert* den Sachverhalt des »Zeitbruchs«[5] beschrieben und dabei die Jugendbewegung der sechziger Jahre als ein Weltphänomen gedeutet, das seine stärksten Aktivitäten vor allem in den USA, Frankreich, der Bundesrepublik und Japan entwickelte, aber auch in China oder in der Sowjetunion subkutan vernehmbar war.

Mehnert kommt nach seinem langen, material- und belegreichen Gang durch die Geschichte der Protestgeneration zu dem Schluß, daß es sich bereits um ein historisch gewordenes Phänomen handelt, dessen Kräfte »in alle Winde«[6] verschlagen sind, teils angepaßt und gesellschaftlich konform, teils isoliert und ihrer Wirkung beraubt. »Die große Woge ist vorbeigerauscht, und hat nur viele kleine Rinnsale zurückgelassen.«[7] An *Mehnerts* Beobachtungen, Analysen und auch Vermutungen haben sich zahlreiche Rezensenten zustimmend und ablehnend gerieben, verbunden aber sind sie in der Annahme, es habe sich um eine Jugend-

---

3 Tendenzwende? Zur geistigen Situation der Bundesrepublik, Stuttgart 1975.
4 *M. Greiffenhagen*, Der neue Konservativismus der siebziger Jahre, Reinbek b./Hamburg 1974; *G.-K. Kaltenbrunner*, Gibt es eine konservative Theorie?, in: Aus Politik und Zeitgeschichte, 19. 10. 1974, p. 3 ff.; sh. dort auch die Beiträge von *H. Glaser*, Die Mitte und rechts davon, Bemerkungen zur Tendenzwende in der Bundesrepublik; *R. Saage*, Konservativismus und Demokratie. *H. Dietz*, Jugend in der Tendenzwende, in: Die politische Meinung, Nr. 170, Jg. 1977.
5 *K. Mehnert*, Jugend im Zeitbruch, Woher – Wohin?, Stuttgart 1976.
6 A.a.O., p. 447.
7 A.a.O., p. 446.

bewegung internationalen Zuschnitts gehandelt, deren Zeit und Stunde vorbei sei. Aus der Fülle der Besprechungen sei nur eine ausgewählt, die im Anschluß an *Mehnerts* Aspekte jugendliche Gesellungsformen in ihrer geschichtlichen Abfolge aufweist.

Walter Laquer, versierter Porträtist der bürgerlichen Jugendbewegung und gescheiter Historiker der zwanziger Jahre, schreibt in der FAZ:[8]

»Die Revolution der Studenten der sechziger und frühen siebziger Jahre ist zu Ende, fürs nächste jedenfalls; die öffentliche Diskussion ist verstimmt, die Gemüter haben sich beruhigt, die Publikationen der noch existierenden Gruppen, Grüppchen und groupuscules erscheinen unter Ausschluß der Öffentlichkeit. Die Eule der Minerva setzt erst am Abend, wenn es dunkelt, zum Flug an, das Erscheinen der Interpreten und Historiker bedeutet im allgemeinen, daß eine historische Periode abgeschlossen ist. Die Revolte der Studenten ist nicht spurlos vorbeigegangen; eine ganze Anzahl von ihren Worten ist in den allgemeinen Sprachschatz eingegangen; Philosophen, Komponisten und Modeschöpfer haben davon neue Impulse empfangen, die Studenten von 1968 sind inzwischen mindestens Assistenten, und die Assistenten sind Professoren geworden. In manchen Universitäten (nicht jedoch in den Vereinigten Staaten) haben Verbände der äußersten Linken noch erheblichen Einfluß, anderswo sind solche Einflüsse im wesentlichen auf den Lehrkörper beschränkt. Wenn sich die ›Unbedingten‹ der deutschen Burschenschaft des frühen 19. Jahrhunderts allen möglichen radikalen Geheimgesellschaften anschlossen, wenn sich die Unentwegten der deutschen Jugendbewegung im Nerother Bund und anderen Gruppen zusammenfanden, so geben sich heute die Rebellen der sechziger Jahre im multinationalen fliegenden Zir-

---

[8] In: Frankfurter Allgemeine Zeitung, 25. 9. 1976.

kus des Obersten Ghadafi ein Stelldichein. Die Gemäßigten, die große Mehrzahl, haben den Weg ins sogenannte bürgerliche Leben gefunden, haben ihr Interesse kulturellen oder religiösen Fragen oder dem Umweltschutz zugewendet. Man findet sie in Amerika wie in der Bundesrepublik bereits im politischen Establishment wie auch in der Kommunalpolitik, opponierend, aber nicht gar so weit von der Generallinie der Partei entfernt, kritisch, aber im Rahmen der systemimmanenten Kritik. Man trifft sie in der Sozialfürsorge und als Gottsucher in Kirchen, Synagogen und buddhistischen Klöstern.«

Und natürlich wird auch dort der Vergleich mit dem Gestern angestellt:

»Keine Jugendbewegung war in ihren Erscheinungsformen so vielfältig und phantasievoll, im Entwurf einer neuen demokratischeren Gesellschaft so radikal und zugleich konstruktiv wie die der sechziger Jahre. Aber wie alle Jugendbewegungen zuvor rekrutierte auch sie ihre Heerführer aus jenen privilegierten Schichten des Bürgertums, die ihre Söhne auf Universitäten schicken konnten. Und diese Bürgersöhne, deren wirtschaftliche Existenz und berufliche Zukunft niemals gefährdet waren, scheiterten – mit Ausnahme der französischen Studenten – an dem Versuch, sich der breiten Masse der Arbeitnehmer verständlich zu machen.

Die Jugendbwegung der sechziger Jahre ist tot, zehn Jahre, nachdem sie begonnen hat. Ihre äußeren Erscheinungsformen leben weiter, soweit sich daraus Geld machen läßt: Ausgebleichte Jeans sowie der wohltemperierte, geglättete Sound der Rockmusik sind für die gutbürgerliche Freizeit immer noch aktuell. Mehr noch: Was die Jugendrevolte in Bewegung setzte, wirkt bis heute tief in die Parteien und in die Gesellschaft hinein.«

Und an späterer Stelle findet sich die ironische Bemerkung:

»Geblieben sind also die jungen Professoren, die sich mit wechselndem Erfolg mühen, einer neuen und vor allem an-

dersgearteten Generation, ihre Ideen zu vermitteln.« Es könnte noch hinzugefügt werden, daß andererseits das Über- und Mitläufertum nach der Tendenzwende sonderbare Verrenkungs- und Modernitätsversuche mit sich brachte.

2. Die Widersprüche der Gegenwartsgeneration – Klischees versagen

Schließt man sich jener Ansicht an, daß im Zusammenhang mit der Tendenzwende auch in der jungen Generation ein Trendwechsel stattgefunden hat, so wäre des weiteren zu fragen, wie sich diese neue Generation im Vergleich zu ihren Vorläufern ausnimmt. Zunächst kann – in gewisser Vereinfachung freilich – festgestellt werden, daß zumal in einer flächigen Publizistik Klage darüber geführt wird, daß diese neue Generation so überaus anpassungsbeflissen sei und daß diese Disposition durch die äußeren wirtschaftlichen und bildungspolitischen Verhältnisse (Rezession, Arbeitslosigkeit, Stellenmangel, Numerus clausus) nur noch verstärkt werde. Es habe, so wird leichthin behauptet, in der jungen Generation ein Rückzug auf die Privatheit stattgefunden; die öffentlich-politischen Besorgnisse fänden in der jungen Generation ein geringeres Interesse als vordem, insgesamt werde dem bescheidenen Glück im geborgenen Winkel nachgelaufen; windstill, unauffällig, grau sind Vokabeln, die zur Etikettierung herhalten müssen.

An dieser Diagnose ist natürlich mancherlei Richtiges, nur scheint der Vergleich mit der Jugendbewegung der endenden sechziger Jahre unangemessen. Man kann eben nicht einmal Ausschnitte aus der jungen Generation heranziehen und auf der anderen Seite mit dem repräsentativen Querschnitt argumentieren. Sodann sollte auch immer bedacht werden, auf welchem Weg die Befunde ermittelt wurden, wie Ansichten über Jugendliche zustandekommen.

Lassen wir den grundsätzlichen Einwand von *E. K. Scheuch*,[9] daß es *die* Jugend gar nicht gäbe, beiseite, so ist gegenüber der Mehrzahl der Beschreibungen der Einwand vorzubringen, daß vielfach aus der zufälligen Beobachtung aus dem eigenen Umkreis heraus pauschale Urteile getroffen werden. Diese Beobachtung kann – wie *Karl Bednariks* Buch vom jungen Arbeiter in den fünfziger Jahren zeigte[10] – zu verblüffenden und vor allem stimmigen Einsichten führen, die von der mühevollen wissenschaftlichen Expertise kaum abweichen. Sodann werden zur Ermittlung des jugendlichen Selbstverständnisses Fragen an die Jugend gerichtet, deren Inhalt möglicherweise außerhalb ihrer unmittelbaren Betroffenheit liegen. Es sollte doch möglich sein, solche Fragen zu formulieren und sie in Erhebungen vorzulegen, die dem Interesse der Jugendlichen selbst entsprechen. Jugendliche sollten nicht über etwas Auskunft geben, was sie nicht zentral berührt. Hierher gehört die fast penetrante Fragerei über ihr politisches Interesse oder Desinteresse, wobei das Ergebnis dann immer Erstaunen hervorruft, weil nämlich *Hennis'* Satz stets belegt wird, daß der »normale Mensch« in »normalen Zeiten« weithin unpolitisch ist.

Ein weiterer Einwand betrifft die wissenschaftlich fundierte Momentaufnahme, die zwar aktueller als eine Befragung klassischen Stils sein kann, aber nur Ausschnitte vermittelt und auf Auffälligkeit hin angelegt ist. Ich will dies an einem Beispiel verdeutlichen. Der »Stern« annonciert in

---

9 Die Jugend gibt es nicht. Zur Differenziertheit der Jugend in heutigen Industriegesellschaften, in: Jugend in der Gesellschaft. Ein Symposium, München 1975.
10 *K. Bednarik*, Der junge Arbeiter heute, Stuttgart 1953.

Nr. 41, vom 30. 9. 1976,[11] einen Bericht über »Jugend '76« mit der Ankündigung, man werde erfahren, »wonach sie sich sehnt, was sie von der Zukunft erwartet, wen sie mag, wie sie wählt – und warum die Älteren Angst vor ihr haben«. Politische Fragen, Fagen nach politischer Einstellung, nach der Demokratie, der Parteien und dem Partei-Image rangieren im Vordergrund. Darüber hinaus wird noch das Lebensziel erkundet, die Einstellung zu Beruf und Leistung und wie man ein Mehr an Freizeit verwenden wolle. Außerdem ergibt ein Beliebtheitsspiegel, daß *Rosi Mittermayer* und *Albert Schweitzer* bei der »Jugend '76« die ersten Plätze einnehmen. Die Befragung wurde vom EMNID-Institut durchgeführt, wodurch wissenschaftliche Seriosität fraglos gegeben ist. Nur scheinen Jugendliche selbst bei der Zielrichtung der Fragen nicht berücksichtigt, und erst ein breiteres Repertoire von Fragen hätte Rückschlüsse auf das Gesamt der Jugendgeneration zugelassen. Die Ergebnisse lassen dann das folgende Resümee über die gegenwärtige Jugendgeneration als plausibel erscheinen:

»Sie arbeitet zielstrebig in Schule und Beruf. Sie denkt immer zuerst an die eigene Zukunft und einen angemessenen Lebensstandard, aber nicht an den Kampf für mehr Demokratie und soziale Gerechtigkeit. Die Jugend '76 geht nicht für andere auf die Straße wie die Protestgeneration von 1968. Sie hat keine Zeit für politisches Engagement – oder keine Lust. Die mündigen Bürger von morgen halten schon heute den Mund. Der Numerus clausus an den Universitäten, die zunehmende Jugendarbeitslosigkeit und das feindselige Verhalten der älteren Generation haben die Trendwende gebracht: vom Aufbegehren zur Anpassung.«

---

[11] Der »Stern«, Jugend '76, 30. 9. 1976, p. 98 ff.

Auch ein Beitrag im »SPIEGEL«[12] läßt die Denunziation gleich unverblümt in die Überschrift eindringen: »Jugend '76«: »Lieber Gott mach mich krumm«. Aus dieser Titelgeschichte, in der viele Expertisen, kompetente Äußerungen wirklich Sachverständiger ausgebreitet werden, ergeben sich u. a. folgende Kennzeichnungen für die gegenwärtige Jugendgeneration: ernüchtert und normalisiert, ordentlich und opportunistisch, angepaßt und horizontverkürzt, realitätsdistanziert und eskapistisch, apathisch und resignativ, wenn politisch, dann eher rechts als links.

Angesichts dieser, partiell sicher zutreffenden Chiffren, deren aggressiv-anklägerischer Ton nicht einmal kaschiert wird, verwundert es denn nicht, wenn sich die junge Generation nicht verstanden und begriffen fühlt und Zuflucht bei denen sucht, die ihre Sehnsüchte produzieren und reproduzieren, wie etwa bei der kommerziellen Jugendpresse. Kommt hinzu, daß die Vorgeneration eine Wertephilosophie entwickelt und indoktriniert hat, deren Nachwirkungen bis auf den heutigen Tag spürbar sind. So ist etwa der Begriff und Inhalt von »Leistung« in einer Weise diffamiert worden und in beängstigende Zusammenbindungen eingegangen wie Leistungsdruck, Leistungsstreß, Leistungsterror, Leistungsgesellschaft usw., daß schon der Hinweis auf die Leistung als Stimulus menschlicher Selbstverwirklichung als konservative »Entgleisung« gebrandmarkt wird. Von daher ist etwa die Behutsamkeit verständlich, die R. *Affemann*[13] in einem Beitrag über »Lebenshärte« walten läßt: »Auch im Hinblick auf die jüngere Generation ist mehr Erziehung notwendig. Damit meine ich individuelle Förderung und Forderung. Allerdings sollten wir zu

---

12 Der »Spiegel«, Nr. 15, 5. 4. 1976, p. 46.
13 *R. Affemann*, Lebenshärte ungewohnt, in: ARAL-Journal, Frühjahr/Sommer 1976, Bochum 1976, p. 3.
S. auch: *D. Bell*, Die Zukunft der westlichen Kultur, Frankfurt/M 1976.

sinnvollen Leistungen erziehen, Leistungen, die Entfaltung der Persönlichkeit des einzelnen und Zusammenleben in der Gemeinschaft begünstigen«.
Und eine weitere Einstellung, die indes nicht nur aus der Vorgeneration hergeleitet werden sollte, sondern im Zuge zunehmender Verstaatlichung der Gesellschaft liegt, sollte an dieser Stelle unmißverständlich namhaft gemacht werden.

3. *Ansprüche und Aussprüche Jugendlicher heute*

Was schon in der skeptischen Generation beobachtet werden konnte und was *K. Bednarik* am jungen Arbeiter ausmacht, hat sich in der Folgezeit – im Zuge der Hinwendung zu wohlfahrtsstaatlichen Ansprüchen – nur noch verfestigt und stärker ausgeprägt: das Zurückgehen privater Initiative und die totale Beanspruchung des Staates für die individuelle Existenzsicherung. Der Staat wird auch in der jungen Generation als Instanz für die totale Für- und Vorsorge verstanden, und der Staat leistet solcher Mentalität noch dadurch Vorschub, daß er, zumal in bildungspolitischen Bereichen – etwa dem der außerschulischen Jugendbildung –, das Prinzip der Subsidiarität verwässert und sich selbst Pflichten und Aufträge auferlegt, die durch die private Initiative, etwa durch Partikularkräfte der Gesellschaft, in gleicher Weise zu lösen wären.
Dieses Verständnis vom Vorsorgecharakter des Staates hat geradezu zu einer Flucht in die Institutionen und Subinstitutionen des Staates angeleitet. Das Anwachsen des öffentlichen Dienstleistungsgewerbes, die Flucht junger Hochschulabsolventen in die Sicherung der staatlichen Verwaltung (Schul- und Justizwesen) sind Zeugnis für das blinde Vertrauen in die Stabilität des Staates und für die Über-

tragung der individuellen Vorsorge- und Existenzsicherung an die Institution Staat. Versagt der Staat in dieser Beziehung oder muß er sich versagen, d. h. seine Möglichkeiten und Grenzen deutlich machen, so werden Reaktionen freigelegt, die sich am Rande personaler Feindseligkeiten bewegen.

Ich meine, daß *Biedenkopfs* Programm von der »neuen sozialen Frage« gerade dieser Tendenz entgegensteuern will, d. h. mehr der pluralistisch verfaßten Gesellschaft und ihrer Eigeninitiative anheimgeben will, als die Regulierung aller materiellen Sicherungen der staatlichen Gesetzgebung und Fürsorge auszuliefern. Von der hier angedeuteten Perspektive aus kommt denn auch *Klaus Scholder* in einem bedenkenswerten Aufsatz[14] zu der Charakterisierung der gegenwärtigen Jugend als einer »wehleidigen Generation«. Unter besonderer Beachtung der Hochschulsituation schreibt *Scholder*:

»Der Staat wurde immer mehr zum Multi-Markt, der alles bereitzustellen hatte und in dem jedermann sich nach Lust und Laune bedienen konnte. Und mitten in dieser Entwicklung stießen wir sehr plötzlich und sehr hart an unsere Grenzen. Die Studienplätze wurden ebenso knapp wie die Lehrstellen, der Leistungsdruck wuchs, und es zeigte sich, daß die Möglichkeiten des Staates weit begrenzter waren, als wir angenommen hatten. Die Generation im Übergang traf diese Entwicklung fast unvorbereitet. Und so reagierte sie, wie enttäuschte Erwartung häufig reagiert: mit Selbstmitleid.

Die Grenzen des Wachstums haben doch breiteste Schichten der Bevölkerung zu spüren bekommen. Fast alle Menschen bei uns haben sich Gedanken machen müssen, wie sie mit den veränderten Bedingungen zurechtkommen. Ich glaube,

---

14 *K. Scholder*, Eine wehleidige Generation, in: wie vor, p. 4 ff. S. auch: *P. Kmieciak*, Wertstrukturen und Wertwandel in der Bundesrepublik Deutschland, Göttingen 1976.

daß sich sehr schnell der Hering-Kaviar-Effekt auswirken wird.
Nämlich die jedermann bekannte Tatsache, daß wir seltene Dinge für kostbar und häufige und alltägliche Dinge für wertlos halten. Gäbe es Heringe so selten wie Kaviar, so erschienen sie uns gewiß als einzigartige Delikatesse. Das ist im übrigen keine Frage der politischen Gesinnung, sondern eine Frage der menschlichen Natur.
Was ich damit meine ist folgendes. Jede qualifizierte Ausbildung, und insbesondere ein Studium, ist und bleibt ein Privileg, für das andere bezahlen müssen. Jeder Studienplatz etwa kostet den Steuerzahler zwischen 15 000 und 100 000 Mark im Jahr. Das war es, was wir vergessen hatten, als solche Plätze angeboten wurden wie Sonderangebote im Supermarkt. Fast ein Jahrzehnt ließen wir eine verwöhnte Generation daran glauben, daß dies nun immerfort so sein könnte und müßte. Diese verwöhnte Generation hat mit einem ungewöhnlichen Ausbruch von Selbstmitleid auf diesen Irrtum reagiert.«

In einem eher allgemeinen Zugang zur Jugendproblematik der gegenwärtigen Generation sei letztlich noch ein Aspekt aufgenommen, der ebenfalls wiederholt Anlaß zur Klage, wie auch zu hochstilisiertem Krisengerede Anlaß gibt. Es wird nicht nur im populären Schrifttum betont, daß Verhaltensstörungen in der gegenwärtigen Jugendgeneration ein Ausmaß angenommen hätten, das so vorher nicht anzuteffen war. Es wird darüber hinaus vorgebracht, daß die psychosexuelle Situation heutiger Jugendlicher erheblich von den früheren Generationen abweiche. Zu letztgenanntem Punkt kann nach Durchsicht der Zeitschrift »Sexualmedizin«[15] vor eilfertigen Meinungen und Behauptungen

---

[15] S. hierzu vor allem den Beitrag *A. Husslein,* Wien, Geschlechtsverkehr, Kontrazeption und Aufklärung, Eine empirische Studie an 516 österreichischen Jugendlichen, in: Sexualmedizin, H. 11, Nov. 1976, p. 796 ff.

nur gewarnt werden. Unsere Kenntnis über jugendliches Sexualverhalten ist bis auf den heutigen Tag weithin sektoral und ein Vergleich mit früheren Generationen erscheint schon deshalb begrenzt oder gar unzulässig, da vor Jahren eben nicht mit gleicher Akribie jugendliches Sexualverhalten registriert wurde. Zwar wissen wir, daß sich die sogenannte Akzeleration auch psychosexuell ausgewirkt und sich die Pubertät vorverlagert hat, daß vormalige Tabuisierungen weithin aufgehoben zu sein scheinen – manches spricht dafür, daß diese Tabus weiterbestehen, trotz vermehrter Aufklärung –, aber andererseits wird doch auch belegt, daß frühzeitige Partnerbindungen eingegangen werden und solchermaßen den Vorwurf der Promiskuität widerlegen. Man kann aus Gesprächen mit Jugendlichen den Eindruck gewinnen, daß Fragen der Sexualität – auch wenn sie in der Unverbindlichkeit des »man« angesprochen werden – unbefangener angegangen werden, als noch vor etwa 15 oder 20 Jahren. *Dieter Baacke* hat in einer lesenswerten Studie »Die 13- bis 18jährigen«[16] auch die Befunde der gegenwärtigen Jugendsexualität im Beispiel ausgefächert und dabei bewußt gemacht, daß auch sogenanntes »abweichendes Verhalten« heute innerhalb der Jugendgeneration nicht unbedingt einer moralisch-negativen Indizierung unterliegt. Er weist an dieser und anderer Stelle auf die positiven Auswirkungen der Liberalität hin, die durch die Subkultur in die Jugendgeneration insgesamt eingedrungen sind.[17] Indes, ein Blick in die kommerzielle Jugendpresse

---

S. auch unter einem speziellen Aspekt *M. Müller-Küppers*, Fehlhaltungen transitorischen Charakters, Psychiatrische Gesichtspunkte der sexuellen Entwicklung und Reifung, in: Sexualmedizin, H. 9, Sept. 1976, p. 617 ff.

16 *D. Baacke*, Die 13- bis 18jährigen, Einführung in die Probleme des Jugendalters, München 1976; sh. auch ders., Jugend und Subkultur, München 1972.

17 *D. Baacke*, Jugend und Subkultur, a.a.O., p. 125 ff.

legt die Vermutung nahe, daß trotz erheblicher Fortschritte in der psychosexuellen Aufklärung noch nicht jenes Maß an Hilfe entwickelt worden ist, das für den individuellen Fall anwendbar ist. Jugendliche sind nach wie vor auf den außerschulischen und außerfamiliären Zuspruch angewiesen.

Wir hatten auf zwei Aspekte aufmerksam zu machen versucht, die in der Tagesdiskussion beherrschend sind: neben der psychosexuellen Befindlichkeit die Annahme, daß in der Jugendgeneration unserer Tage die Verhaltensstörungen auffällig höher seien – und zwar quantitativ und auch qualitativ. In Fernsehsendungen, in Hörfunkprogrammen und in aggressiven Artikeln ist das Thema wiederholt behandelt worden. Aus Stellungnahmen junger Menschen in der »ZEIT« möchte man fast den Eindruck gewinnen, daß Verhaltensstörungen sich in den Selbstdarstellungen Jugendlicher nicht widerspiegelten. Die »Süddeutsche Zeitung« fand das Thema so wichtig, daß sich ein Gesundheitsforum damit befaßte[18] und in der Auswertung die Summe zog:

»Ärzte, Pädagogen und Psychologen sind sich einig im Befund: Die Zahl der auffälligen, der verhaltensgestörten Kinder nimmt stark zu, in allen Altersstufen vom Säugling bis zum Fünfzehnjährigen. Hubert Harbauer berichtete, 30 bis 50 Prozent der Verhaltensstörungen seien im Zusammenhang mit der Gruppe, Kindergarten oder Schule zu beobachten. Die Symptome sind immer ähnlich: Manipulationen wie Nägelbeißen oder Haarausreißen, Übererregbarkeit, Unkonzentriertheit. Im gleichen Maß wie die Verhaltensstörungen zunehmen, nimmt die Leistungsfähigkeit der Schulkinder ab. Was sind die Ursachen von alledem?«

Wir wollen schließlich versuchen, aus den im engeren Sinn wissenschaftlichen Erhebungen, Zusammenfassungen und

---

18 Süddeutsche Zeitung, 2. 4. 1976, p. 13.

Interpretationen ein Bild über die gegenwärtige Jugendgeneration zu gewinnen, wobei freilich hinsichtlich der Frageformen und der Frageninhalte die bereits vorgebrachten Einwände weiterhin zu gelten hätten. Zu den letzten Ruhmestaten der Bildungskommission des Bildungsrates gehört die Anregung, derzufolge das Gutachten über »Lernen im Jugendalter«[19] entstanden ist. Hier ist erstmals in der Bundesrepublik und für unsere hiesigen Verhältnisse der Versuch unternommen, die bisherigen empirischen Arbeiten zur Jugendkunde zusammenzubringen, sie zu analysieren und in Blick auf eine Jugendtypologie auszuwerten.

Wir hatten früher im Auftrage der »Kommission zur Beratung der Bundesregierung in Fragen der Politischen Bildung« eine freilich nur bescheidene Übersicht bis zum Jahre 1964 vorgetragen;[20] jetzt liegt also eine Synopse vor, die eine aktuelle, empirisch gesicherte Typologie Jugendlicher ermöglicht. Freilich unterwindet sich die Arbeit selbst nicht dieses Anspruches, sie kompiliert, bereitet auf und hält die Meinung der Interpretatoren weitgehend zurück. *Dieter Baacke* hat dieser stupenden Arbeit einen umfänglichen Kommentar gewidmet, aus dem sich auch Merkmale der gegenwärtigen Jugendgeneration herausdestillieren lassen.[21]

Meine eigenen Arbeiten werden in die Expertise der Bildungskommission respektive die der beauftragten Bearbeiter einbezogen, so daß ich mich berechtigt fühle, auf einige Fehleinschätzungen hinzuweisen.

---

19 *W. Hornstein* et al., Lernen im Jugendalter, Ergebnisse, Fragestellungen und Probleme sozialwissenschaftlicher Forschung, Stuttgart 1975. Über die Einstellungen Jugendlicher berichtet nun fortlaufend *Sand, Benz*, Jugend-Report, München 1976 f.
20 *J. H. Knoll*, Jugend, Politik und politische Bildung, a.a.O.
21 *D. Baacke*, Jugend: Zeit der Orientierung?, in: Neue Sammlung, Mai/Juni 1976, H. 3, p. 250 ff.

Die Arbeit von meinen Mitarbeitern und mir »Jugend und Kulturpolitik«,[22] wie auch die Arbeit meines vormaligen Mitarbeiters und Kollegen *Hüther*,[23] werden ausführlich angegeben und ausgelegt; ich muß jedoch darauf hinweisen, daß unsere gemeinsamen Untersuchungen zwischen 1966 und 1968 angestellt wurden und demzufolge nur die Anfänge der sogenannten »Kritischen Generation« auffangen konnten. Wenn diese Arbeiten als Interpretation gegenwärtiger Jugendlicher aufgefaßt werden, so sehe ich darin eine Bestätigung für die vorab aufgestellte Hypothese, daß die Durchschnittlichkeit der Jugendgeneration der endenden sechziger Jahre sich heute als symptomatische Jugendtypologie durchgesetzt hat. Das heißt, was wir damals ermittelt haben, – und zwar mit dem Anspruch von eingegrenzter Repräsentativität – scheint heute noch Gültigkeit zu besitzen. Oder anders gewendet: die damals schweigende Mehrheit ist heute die akzeptierte Repräsentanz der jungen Generation.

Damals wie heute verhält sich die junge Generation relativ distanziert zu veranstalteter Jugendbetreuung; die kommunalen Einrichtungen wie Jugendheime, Häuser der offenen Tür, Jugendfreizeitstätten haben ihren Einfluß über das relativ geschlossene Publikum hinaus nicht ausdehnen können. Die Neigung zu eher privaten Gesellungsformen ist nach wie vor vorherrschend. Trotz des wiederholt beklagten Defizits an traditioneller Familienerziehung erweisen sich Jugendliche bis über das 16. Lebensjahr hinaus als erheblich familienzentriert. Schule und Betrieb auf der einen Seite und private Geselligkeit und Freizeit auf der anderen stehen unverbunden nebeneinander. Der Lebens-

---

22 *J. H. Knoll, G. Wodraschke, H. Hüther*, Jugend und Kulturpolitik, a.a.O.
23 *J. Hüther*, Sozialisation durch Massenmedien, Ziele, Methoden und Ergebnisse einer medienbezogenen Jugendkunde, Opladen 1975.

vollzug Jugendlicher erweist sich insofern als schizophren, als in Schule und Betrieb und auf der anderen Seite im privaten Freiraum Einstellungen offenbart und Gewohnheiten gepflegt werden, die sich oft konträr erweisen.
Hinsichtlich der Mediennutzung hat *Baacke* aus dem Gutachten der Bildungskommission folgende Sätze herausgefiltert:
»*... fast zwei Drittel der Jugendlichen lesen täglich eine Tageszeitung, Schüler und Studenten eher als Lehrlinge.*
– Jugendliche, sofern sie nicht dezidiert politische Interessen haben, lesen in der Regel die Zeitungen ihrer Eltern und werden auch auf diese Weise durch deren Präferenzen bestimmt.
– Bücher spielen eine wenn nicht große, so doch gleichbleibend sichere Rolle (freilich lesen beispielsweise gewerbliche Lehrlinge nur 29, höhere Schüler 44 Bücher im Jahr).
– Die durchschnittliche Fernsehdauer (2–3 Stunden) nimmt mit wachsendem Alter, steigendem Ausbildungsniveau und steigender sozialer Schichtzugehörigkeit ab.«[24]
Die letzte Aussage kann indes durch maßgebliche Untersuchungen über die Mediennutzung nicht bestätigt werden. Ausbildungsniveau und sozialer Status korrelieren positiv mit erhöhtem Medienkonsum.
Hinsichtlich des jugendlichen Sexualverhaltens läßt sich nur auf bereits Gesagtes verweisen, daß nämlich Jugendliche frühzeitige Partnerfixierungen eingehen, daß sexuelle Libertinage nicht stattfindet, wenn auch die erste Koituserfahrung im Durchschnitt signifikant früher liegt als noch vor 20 Jahren.
Das Verhältnis »Jugendliche-Politik« haben wir ebenfalls bereits angesprochen und dabei darauf hingewiesen, daß auch die endenden sechziger Jahre keine politische »Mobilisierung der Jugend« mit sich gebracht haben. Alle Unter-

24 *D. Baacke*, Jugend: Zeit der Orientierung?, a.a.O., p. 255.

suchungen der sechziger Jahre weisen nach, daß bei den Jugendlichen der Prozentsatz politisch Interessierter und Engagierter[25] relativ konstant ist und die Marge von 30 Prozent nur unerheblich übersteigt. Unsere Untersuchung über »Jugend und Kulturpolitik«, die nach Kenntnis und Meinung differenzierte, erbringt unter dieser Perspektive einen Wert von etwa 31 Prozent. Aus neuen Untersuchungen, über die *Achim Moeller* berichtet,[26] läßt sich u. a. herauslesen, daß 76 Prozent der Jugendlichen »an Politik nur mittelmäßig oder wenig interessiert sind«. Auch hinsichtlich der politischen Präferenzen – nach dem Grobmuster links, rechts, mitte – scheinen auffällige Abweichungen von der Gesamtpopulation kaum erkennbar.

Die hier versammelten Aussagen über das Bild der gegenwärtigen Jugendgeneration erfahren eine Unterstützung, wenn man eine jüngst veröffentlichte Studie von *W. Jaide* heranzieht, in der EMNID- und INFAS-Umfragen aus 1971 bis 1975 und Untersuchungen des Autors aus den letzten Jahren zusammengefaßt sind. Nach *Jaide* ergibt sich bezüglich der Einstellung Jugendlicher zu privaten und öffentlichen Angelegenheiten eine eindeutige Rangstufung, derzufolge »öffentliche Angelegenheiten ›minderrangig‹ eingestuft werden«.[27]

Auf den oberen Rängen sieht man als Lebenswünsche: »glückliches Familienleben, interessanter Beruf mit viel Abwechslungen, Freunde, auf die man sich verlassen kann« und eine Rangordnung der Interessensgebiete erbringt die

---

[25] So bei *J. Habermas,* Student und Politik, Eine soziologische Untersuchung zum politischen Bewußtsein Frankfurter Studenten, Neuwied 1961.
[26] *A. Moeller,* Mobilisierung der Jugend?, Wenig Aussagen über politische Einstellung der Jungwähler, in: Das Parlament, Nr. 38, 18. Sept. 1976, p. 10.
[27] *W. Jaide,* Jugend und Politik heute, a.a.O., p. 3 ff.

folgenden Placierungen: »Musik, Mode und Kleidung, Sport, technische Fragen, Wirtschaftsfragen, Haushalt, politische Fragen, psychologische und soziologische Fragen, Literatur und Kunst, religiöse Fragen«.
Aus vielen Gesprächen mit Jugendlichen gewinnt man zudem den Eindruck, daß sich die in den Rangreihen ausdrückende Privatheit auch in die Kommunikationsbereitschaft hineinverlängert.
Jugendliche geben sich, drehen sich die Gespräche um Religion oder den Intimbereich, merkwürdig verstellt. Gefühle werden entweder durch Schnoddrigkeit überdeckt oder bleiben unausgesprochen. Es dauert lange, bis die Barriere dieser sprachlosen oder abgekapselten Privatheit aufgezogen wird.
Dadurch, daß *Jaide* in seiner Darstellung die Verhaltensweisen an den Dimensionen »zufrieden versus unzufrieden« mißt, gelingen Einblicke in die Jugendbefunde, die andere Autoren nicht mit dieser Eindeutigkeit bewußt machen können. Aus den Zufriedenheitsbekundungen Jugendlicher seien im Anschluß an *Jaide* nur die folgenden Feststellungen herausgegriffen:

»1. Die Schule wird bei aller Kritik am öffentlichen, allgemeinbildenden Schulwesen von immerhin der Hälfte (... sogar von drei Vierteln: EMNID 1973) als zufriedenstellend beurteilt.

2. Berufliche Ausbildung und Arbeit werden im allgemeinen (noch) günstiger beurteilt als die Schule: mindestens 60 Prozent der Hauptschüler mit Berufsausbildung (EMNID 1975) und (in EMNID 1973) sogar 80 Prozent von allen Jugendlichen bezeichnen ihre Arbeit als zufriedenstellend oder sehr zufriedenstellend.

3. Die Zufriedenheit mit Ausbildung und Arbeit ist eingebettet in die überwiegende Zustimmung zum gegenwärtigen Wirtschaftssystem der Bundesrepublik Deutschland (70 Prozent).

4. Zweidrittel bis Dreiviertel der Jugendlichen äußern Zufriedenheit (...) mit dem politischen System und halten die westdeutsche Form der Demokratie für die relativ beste Staatsform. Allerdings werden auch hohe Erwartungen an den Staat in bezug auf soziale und politische Sicherheit im Inneren und Frieden nach außen gestellt ...«[28]
Wir versagen es uns, am Ende einer Überschau über einige Erhebungen und Beobachtungen der jungen Generation unserer Tage ein verkürzendes Gesamtbild zu entwerfen. Merkmale, die für dieses Porträt belangvoll wären, sind: Privatheit, Anpassung, politische Distanz, eingeschränkte Kommunikationsbereitschaft, private Gesellungsformen, Verzicht auf Experimente, die Verunsicherung mit sich bringen können. Gelegentlich ist der Eindruck nicht abzuweisen, daß die junge Generation bereits erstaunlich alt ist und die Jugendzeit nicht als Zeit der Irrungen und der tastenden Orientierung begreift. Eines sollte indes bewußt bleiben, daß alle repräsentativen Erkundungen die Extremfälle abkappen und daß dabei ein Bild entsteht, das so rein im Einzelfall wohl nie anzutreffen ist.

4. Jugendliche im Umfeld einer neuen Popularkultur

Die Auskünfte, die wir von Medienwissenschaftlern, Pädagogen, Soziologen und den aufmerksam interessierten Beobachtern der Medienlandschaft über Konsum und Nutzung der Massenmedien erhalten, sind insgesamt widersprüchlich. Bei allen gegensätzlichen Interpretationen und Argumentationen scheint doch die Zeit eines denunziato-

---

[28] W. Jaide, a.a.O.

rischen Verhältnisses zu den Massenmedien, bestimmt durch einen nachklingenden Kultur- und Zivilisationspessimismus in den fünfziger und sechziger Jahren, überwunden, und allgemach hat sich ein angemesseneres Verständnis und Einverständnis hergestellt.
Während vordem die Massenmedien in den Gegensatz zu einer Elitekultur rangiert wurden, wird heute nirgendwo mehr ernsthaft in Frage gestellt, daß Massenmedien Be-bestandteil einer Gegenwarts- und Popularkultur sind. *Alphons Silbermann*[29] hat diesen Vorgang in die Formel eingebunden: »In unseren Tagen vollzieht sich der Übergang von einer über Jahrhunderte bestehenden Eliteliteratur zur Massen- besser gesagt Popularliteratur«. Und was hier auf dem Hintergrund einer in Vorschlag gebrachten »vergleichenden Lesekultur-Forschung« formuliert ist, läßt sich auf den gesamten Bereich der Massenmedien anwenden, denen man nicht gerecht zu werden vermag, wenn man ihrer Bewertung Maßstäbe elitärer Kultur zugrunde legt. Kultur und Bildung haben sich in der geschichtlichen Abfolge »demokratisiert«, das heißt, sie sind für jedermann verfügbar geworden, sind nicht mehr auf den Kreis der »Kulturträger« begrenzt und müssen solchermaßen neue Formen annehmen.
Einige Hinweise auf die von uns behaupteten Widersprüchlichkeiten. Wer sich den Standpunkt einer elitär verfaßten Kulturgesinnung erhalten hat, wird dazu neigen, massenhafte Information und Unterhaltung, vor allem die elektronisch vertriebene, zu diffamieren. Damit ist aber heute, wie gesagt, kein Zugang zu einer rechten Einschätzung der Massenmedien zu erzielen.

---

29 *A. Silbermann*, Lesekultur und Umfragen, in: Internationales Archiv für Sozialgeschichte der deutschen Literatur, 1. Band 1976, p. 231 ff.

Geht man von äußeren Daten aus, so könnte man vermuten, daß zu keiner Zeit so viel gelesen wurde wie heute, oder daß zumindest zu keiner Zeit so viel Lesbares, nicht immer freilich Lesenswertes produziert wurde wie heute. Die Frankfurter Buchmesse 1976 hat die vormaligen Superlative wiederum in den Schatten gestellt. »Diesmal stellen mehr Verlage (4 139) als im Vorjahr (4 039) aus, werden mehr Bücher (278 000) als 1975 präsentiert (251 000), davon 83 000 Neuerscheinungen (1975: 79 000). Die Zahl der beteiligten Länder hat sich von 61 auf 68 erhöht. Und die Besucherzahl wird nach dem ersten Andrang steigen: man rechnet mit etwa 200 000 Gästen (1975: 172 000).«[30] Diese noch beeindruckenden Zahlen belegen das reale Leseinteresse noch keineswegs; es müßten doch noch die massenhaften Druckerzeugnisse der Presse, der Illustrierten, der Wochenend- und Regenbogenblätter, der kommerziellen Jugendpresse usw. hinzugezählt werden. Kein Zweifel dürfte darüber aufkommen, daß zu keiner Zeit ein so immenser Markt für das gedruckte Wort zur Verfügung stand und daß die Regale in Zeitschriftenläden und Supermärkten das bunte Angebot kaum aufzunehmen vermögen. Die ökonomische Bilanz ist imponierend, auch die Verschiebungen auf dem Markt, denn keineswegs ist der Buchvertrieb und Mehrumsatz auf die angestammten Stätten des Buches, die Buchhandlungen, beschränkt. Zu einer Massen- oder Popularkultur des Buches gehören auch die Umschlagplätze außerhalb des immer noch vielfach elitär angehauchten Buchhandels. Signal einer »Tendenzwende« war wohl das Erscheinen eines Bremer Kaffeerösters auf der Buchszene. 500 000 Exemplare eines farbigen Tierbuches sollten für den Schleuderpreis von 9,85 DM in 7 500 Filialen und Depots über den Ladentisch verkauft werden. Der vehemente Einspruch hat zwar den Preis ver-

---

30 Die »Welt am Sonntag«, 19. 9. 1976, p. 2.

ändert, nicht aber den Einbruch eines Branchenfremdlings verhindern können. Der Verteilungskampf, der sich hier im Einzelbeispiel darstellt, wird insgesamt wie folgt beschrieben: »Die letzte Bilanz heißt, der Buchhandel hält von den fünf Milliarden Umsatz 55 Prozent (2,8 Milliarden), die Kaufhäuser inzwischen 400 Millionen, ebensoviel der Versandhandel, 600 Millionen die Buchgemeinschaften.«[31] Und gerade in diesen Tagen beginnt eine neue Initiative. Die Programmzeitschrift »Hör Zu«, mit über 4 Millionen verkauften Exemplaren die größte Zeitschrift Europas, eröffnet einen Buchklub besonderer Art, den »Hör-Zu-Buch-Service«, in dem nur das gängige und durch hohe Auflagen wohlfeil gemachte Buch eine Chance haben wird. *Habe, Hemmingway* und *Hally* – so setzt sich in diesem Buchklub das Maßgebliche der Weltliteratur zusammen. Daß es sich hierbei um süffige Konsumprodukte handelt, in denen erzählt und nicht sonderlich reflektiert wird, sollte nicht sogleich den Widerspruch hervorrufen, zumal in einer Zeit, in der das schlichte Erzählen und Mitteilen in intellektualistischen Verruf geraten ist.

Diese wenigen Hinweise auf das Ansteigen eines populären Lesekonsums könnten noch ergänzt werden. So etwa durch die Tatsache, daß trotz des zunehmenden Medienkonsums der Absatz von Tageszeitungen gestiegen ist, daß das »Buch zum Film« und zum Fernsehbericht in hoher Publikumsgunst steht und daß die Aufwendungen für den Medienkonsum stetig ansteigen.

Dazu folgender statistischer Beleg.

---

31 Zit. nach *G. Rühle,* Der Kampf auf dem Buchmarkt, Frankfurter Allgemeine Zeitung, 18. 9. 1976.

Aufwendungen pro Monat für Massenmedien in der Bundesrepublik Deutschland:

Medien/Geräte	4 Personen-Arbeitnehmer-Haushalt mit mittlerem Einkommen		4 Personen-Haushalt von Beamten und Angestellten mit höherem Einkommen	
	1974	1975	1974	1975
Hörfunk- und Fernsehgerät	21,44	26,34	27,65	29,87
Plattenspieler/ Tonbandgerät	7,16	9,08	12,83	13,24
Bücher/Broschüren Zeitungen/Zeitschriften	20,88	24,25	41,50	48,28
Massenmedien insgesamt	61,30	72,06	99,14	109,16

Das entspricht einem Anteil am privaten Verbrauch von etwa 4%.32
Diese Sachverhalte lassen sich wiederfinden, wenn man dem Medienkonsum Jugendlicher nachgeht und ebenfalls dabei feststellt, daß – nach dem Bildungsstatus, beruflicher Stellung und familiärem Niveau freilich unterschiedlich – der Medienkonsum, auch der der gedruckten Medien, erheblich zugenommen hat.33
Und doch will die Klage nicht verstummen, die *Georg Ramseger* in den frühen Jahren des Fernsehens in die plakative Formel faßte: »Das Fernsehen ist der erklärte Feind des Buches«. Dieser pauschalen Abhebung schließe ich mich

---

32 Nach: Media-Perspektiven, H. 8, 1976, p. 392.
33 S. *Diekershoff* et al., Lese- und Fernsehgewohnheiten von 14- bis 17jährigen, in: Medien- und Sexualpädagogik, H. 1, 1973, p. 16 ff. und *R. Klockhaus*, Befunde und motivationspsychologische Überlegungen zum Medienkonsum Jugendlicher, in: Communicatio socialis, H. 1, 1976, p. 1 ff.

nicht an, wenn ich auch andererseits den Hinweis für bedenkenswert halte, daß mit zunehmender Freizeit der Lesekonsum nicht proportional ansteigt. Um dem vermutlich nachlassenden Leseinteresse zu begegnen, hat sich die »Deutsche Lesegesellschaft« jüngst eine wissenschaftliche Kommission beigelegt, die Vorschläge und Modelle zur Förderung des Lesens in der Bundesrepublik entwickeln soll. Der Münchner Medienwissenschaftler *Langenbucher*, Mitglied dieser Kommission, hat jüngst angedeutet, in welche Richtung diese Modelle gehen könnten.[34] Er meint, daß einmal in den Schulen ein stärkeres Bewußtsein auch für den technischen Herstellungsprozeß des Buches entwickelt werden müßte, »mach Dein Buch selbst«, und daß adressatenspezifische Kataloge für Erwachsene zu erstellen seien, weil Erwachsene vielleicht nur so aus der Fülle des Gedruckten das sie interessierende herausfinden könnten. Hierzu liegen ermunternde Beispiele aus England vor, und auch im vorschulischen Bereich beginnt man mehr vom Leser, d. h. vom Kind aus zu denken und weniger von jenen Jugend- und Kinderbuchpädagogen, die gerne vorschreiben wollen, was Kinder denken und lesen sollten und woran sich ihr Interesse und ihr Spaß zu entzünden habe.

Ute Blaich hat gerade diesen Aspekt der Kinderbuchliteratur jüngst behandelt und dabei festgestellt: »Kinder wissen genau wie Bilderbücher beschaffen sein sollen. Auch Verlage scheinen das jetzt begriffen zu haben«.[35]

---

34 So mitgeteilt in NDR Hörfunk II am 11. 10. 1976.
35 »Zeit«magazin Nr. 39, 17. 9. 1976, p. 31 ff.
Zur Mediennutzung und Medienwirkung allgemein u. a.: *W. Teichert*, Über neue Untersuchungen zur Mediennutzung und Medienwirkung, in: Bertelsmann-Briefe, H. 87, Juli 1976, p. 3 ff.

5. Medienkonsum – Zwischen Unbefangenheit und Denunziation

Ob diese hier angedeuteten Maßnahmen einen Gegensteuerungseffekt auslösen können, muß zunächst noch abgewartet werden. Eines dürfte jedoch sicher sein, daß der Medienkonsum des Fernsehens weiter steigt, wenn auch die neuen teleskopischen Verfahren zur Ermittlung der Sehbeteiligung eine gewisse Vorsicht nahelegen. »Infratest« und »Infratam« hatten Sehbeteiligungen ermittelt, die mit jetzt vorliegenden Daten nicht übereinstimmen. Einige Publizisten haben aus den neuen Werten die Schlußfolgerung gezogen, daß das Fernsehen in seiner Programmgestaltung nicht mehr die Seherwünsche und Seherpräferenzen des Fernsehens berücksichtige und daher ein Rückgang der Attraktivität des Fernsehens die Folge sei.

Dem stehen indes andere Belege gegenüber; so die »Funkmedienanalyse 1976«, aus der sich u. a. ergibt: »Waren es 1971 erst 74,5 Prozent und 1974 77,0 Prozent aller Bundesbürger über 14 Jahren, die täglich mindestens eine viertel Stunde Fernsehprogramm konsumierten, so stieg ihr Anteil in diesem Jahr sogar auf den Rekordwert von 78,7 Prozent. Im Durchschnitt ... sitzt jeder über 14 Jahre alte Bundesbürger täglich zwei Stunden und 21 Minuten vor dem Fernsehapparat«.[36] Daß dieser so erhebliche Medienkonsum, der übrigens die von uns 1967 ermittelten Werte um fast 100 Prozent übersteigt, Auswirkungen auf die familiären Geselligungsformen haben muß, liegt auf der Hand. *Klaus Brepohl*, Mitverantwortlicher in der Audio-Visions-Zentrale des Instituts der deutschen Wirtschaft und der dort herausgegebenen »AVZ-Information«, berichtet über die Ver-

---

36 Nach: Frankfurter Allgemeine Zeitung, 16. 6. 1976, dpa.

änderungen des Familienlebens unter dem Einfluß des Fernsehens.

Die Untersuchung kann hier nicht detailliert wiedergegeben werden, wir begnügen uns mit dem Fazit: »Die Untersuchung kommt u. a. zu dem Ergebnis, daß das Fernsehen einerseits die wichtigste gemeinsame Beschäftigung der Familie ist, daß es sich aber andererseits hemmend auf familiäre Interaktionen auswirkt. Dieses Ergebnis ist sicher nicht erstaunlich, da eine Fernsehsendung die Konzentration auf den Bildschirm erfordert; jedes Gespräch kann dazu führen, daß man den Faden des Informationsflusses verliert. Es wäre interessant, einmal der Frage nachzugehen, was die Familien vor der Einführung des Fernsehens abends getan haben, ob sie auch da schon eine solche Zeit gemeinsam verbrachten oder mehr getrennte Wege gingen. Diese Untersuchung scheint einmal mehr zu bestätigen, daß die familiäre Gemeinsamkeit vor dem Bildschirm kein echtes Beisammensein ist, sondern daß man gemeinsam, aber isoliert im Bildschirm den Partner sieht«.[37] Der in sozialpsychologischen Untersuchungen stets betonte Prozeß einer kollektiven Vereinsamung und Vereinzelungen wird im konkreten Beispiel handgreiflich.

Wir können hier nicht die Fülle empirischer Erkundungen über das Verhältnis von Freizeit und Mediennutzung referieren, wir sind an anderer Stelle darauf bereits intensiver eingegangen.[38] Es kann pauschal festgehalten werden – und eine solche Feststellung legt u. a. eine Untersuchung von *Stolte* und Mitarbeitern und die viel zitierte und interpretierte NHK-Studie aus Japan nahe[39] –, daß mehr als

---

37 Nach: AVZ, Institut der deutschen Wirtschaft, H. 9, 1976, p. 1.
38 *J. H. Knoll, J. Hüther*, Medienpädagogik, München 1976, s. dort auch die Literaturverweise.
39 *J. H. Knoll, J Hüther*, Medienpädagogik, a.a.O., p. 12 ff.

drei Stunden der Freizeit auf die Mediennutzung entfallen; bei *Stolte* sind es drei Stunden und sechs Minuten, bei der japanischen Studie werden höhere Werte mitgeteilt: so verwenden Männer werktags auf

Lesen von Zeitungen, Zeitschriften, Bücher	40'
auf den Hörfunk	35'
auf das Fernsehen	2 h 47'

Die Werte für Sonn- und Feiertage liegen signifikant darüber.

Diese, zunächst nicht nach Altersgruppen spezifizierten Aussagen machen u. a. folgendes deutlich:
1. Der Medienkonsum in dem wachsenden Freizeitraum nimmt stetig zu.
2. Der Übergang von einer »Elitekultur« zu einer »Popularkultur« scheint vollzogen, und kulturkritische Vorbehalte gegenüber diesem Prozeß bestehen kaum mehr oder werden als unangemessen überdeckt und verdrängt.
3. Trotz des zunehmenden Fernsehkonsums befinden sich die Druckmedien in einer erkennbaren Aufwärtsentwicklung. Diese Aufwärtsentwicklung kann quantitativ vor allem belegt werden bei Tageszeitungen, Freizeit- und Publikumszeitschriften, Sachbüchern und belletristischen Erzählwerken.
4. Die zunehmende Mediennutzung bewirkt Veränderungen in den Kommunikationsformen und in den Gesellungsmustern, die zu einer stärkeren Vereinzelung und Isolation führen.

Gehen wir nunmehr von den mehr allgemeinen Aussagen zu der speziellen Fragestellung nach der Jugendliteratur und den Präferenzen Jugendlicher für Themen, Inhalte und Gestaltungsformen gedruckter Medien über.

Zunächst sei betont, daß das Thema Jugendliteratur oder Jugendschrifttum in der Geschichte der Pädagogik, der Sozialwissenschaften und der Psychologie stets eine intensive Aufmerksamkeit gefunden hat. Viel edle Absicht war da im Spiel. Die Propagandisten der Jugendliteratur wollten zumal am Beginn unseres Jahrhunderts die Jugend auf das Lesen »wertvoller« Bücher verpflichten, wobei unter wertvoll das verstanden wurde, was die Älteren für wertvoll hielten.

6. *Jugendliteratur – eine windstille Tradition?*

Wenn heute die Forderung aufgestellt wird, man solle das Jugendschrifttum an den Wünschen Jugendlicher orientieren, Bücher nach deren Geschmack entwickeln, so lautete damals die Devise, das von den Älteren für richtig und wertvoll Erkannte an die Jugend weiterzugeben, das traditionelle Kulturbewußtsein auf die Jugendlichen zu projizieren. Am Beginn der pädagogischen Reflexion über eine deutsche Jugendliteratur stehen *Heinrich Wolgast, Carl Götze* und *Hermann Leopold Köster,* die im Kontext der vielgestaltigen Reformpädagogik eine selbständige Richtung hervorbrachten, die auch heute noch eine historisierende Reverenz erfährt.[40] Nicht, daß es nicht schon vor ihnen Jugendliteratur gegeben hätte, spezielle Jugendzeitschriften lassen sich bereits im 18. und 19. Jahrhundert nachweisen, aber sie haben bei der Gesamtinventur deutscher Pädagogik deutlich zu machen gewußt, daß das, was außerhalb der

---

40 S. *H. L. Köster,* Geschichte der deutschen Jugendliteratur, Neudruck, München/Berlin 1972, UTB 125.

Schule gelesen wurde, nicht unbeachtet bleiben dürfe. Fortan mangelte es nicht mehr an Empfehlungen wie Bücher für Jugendliche anzulegen und zu schreiben seien und was, außerhalb des Schulunterrichts, aus der Weltliteratur den Jugendlichen empfohlen werden sollte. Bis in die Zeit nach dem Zweiten Weltkrieg waren Jugendliteraturpädagogen am Werke, das für Jugendliche geeignete Schrifttum zu sichten, in Anthologien zu verpacken oder in Empfehlungen weiterzureichen. Inzwischen hat sich eine Jugendliteraturforschung etabliert, die sich auch international ausrichtet. *Ch. Bühler* u. a. haben zur Begründung dieser pädagogischen Spezialdisziplin wesentlich beigetragen, indem sie von der Entwicklungspsychologie aus ein sogenanntes Lesealter erkannten und darauf auch Themen bezogen, die dem erreichten Entwicklungsstadium entsprachen und die weitere Entwicklung beförderten.[41] In internationaler Perspektive ergibt sich eine erstaunliche Einhelligkeit hinsichtlich der Literatur-Präferenzen Jugendlicher. Wir geben einen Hinweis aus dem Frankfurter Kolloquium 1969 über »Jugendliteraturforschung international« wieder:[42]

»*Das Internationale Institut für Kinder-, Jugend- und Volksliteratur in Wien erstellte für die UNESCO 1968 eine Studie über ›Meistgelesene Kinder- und Jugendbücher in fünf Ländern‹ (International Aspects of Children's and Young People's Reading). Dabei wurden Dänemark, die CSSR, Ungarn, Spanien und Österreich berücksichtigt. Es zeigte sich, daß die besten und die seichtesten Bücher an der Spitze der Lieblingslektüre stehen und daß sich kaum nationale Unterschiede ergeben. Die meisten Bücher sind*

---

[41] S. *L. Binder*, Der junge Leser – Ergebnisse einer natürlichen Entwicklung oder sozialer und nationaler Prägungen, in: Jugendliteraturforschung international, hrsgg. v. *K. Doderer*, Weinheim 1970.
[42] Jugendliteraturforschung international, a.a.O., p. 18 ff.

richtige ›internationale‹ wie Grimms und Andersens Märchen, Defoes ›Robinson Crusoe‹, Kästners ›Emil und die Detektive‹, die Werke von Jules Verne, aber auch Bücher wie die Karl May Bände, Lassie etc. Zu ähnlichen Ergebnissen – in kleinem Rahmen – kam Hans Bödecker bei seiner Umfrage im Jahr 1957, als er die Lieblingslektüre von 10 170 Mädchen und Knaben untersuchte. Es stellte sich heraus, daß unabhängig von der landschaftlichen Zugehörigkeit – also in Norddeutschland und Süddeutschland – die gleichen guten und die gleichen ›reißerischen‹ Autoren genannt wurden.«

Nun, die hier vorgenommenen Qualitätsurteile wollen wir nicht erörtern, zumal die Autoren nicht angeben woher – außerhalb ihres subjektiven Bezugs- und Wertesystems – sie die Wertungsmaßstäbe ableiten.

In neueren Untersuchungen zur Jugendliteratur wird demgegenüber schon differenzierter verfahren, indem Dimensionen genannt werden, die eher intersubjektiv überprüfbar sind. Dimensionen, die jetzt für maßgeblich gehalten werden, sind u. a.:

»– Lesen als kommunikativer Vorgang
 – unterschiedliche Befähigung der jungen Leser zur Teilnahme an der literarischen Kommunikation
 – schichtenspezifische Bedingungen des Literaturverhaltens und Literaturkonsums
 – wissenschaftliche Sichtung und Erforschung trivialer Texte
 – kritische Überprüfung von Inhalt und Aufgabe des Literaturunterrichts«.[43]

Freilich, auch solche Arbeiten zur Jugendliteraturforschung setzen sich dem Vorwurf aus, modernistische Floskeln nicht hinreichend zu präzisieren; denn was kann schon »kritische

---

43 So in: *K. I. Maier*, Jugendschrifttum, Formen, Inhalte, pädagogische Bedeutung, Bad Heilbrunn/Obb. 1973, p. 185.

Überprüfung« meinen, wenn nicht angegeben wird, wo die Grundlegungen für die Überprüfungen abgeleitet sind. Außerdem scheint auch die bedenkenlose Verwendung des Begriffes »schichtenspezifisch« – angesichts vielfältigen wissenschaftlichen Widerspruchs – nicht mehr zulässig.

An dieser Stelle seien einige mehr allgemeine Überlegungen zu unserem Thema eingeschoben. Einmal wird unter Jugendliteratur meist das verstanden, was Jugendliche außerhalb der Schule und des dort verordneten Literaturkanons konsumieren. Zwar sind inzwischen die »versäumten Lektionen« auch im Schulunterricht, der ja weithin didaktisch fremdbestimmt und durch die kultur- und bildungspolitischen Vorgaben festgelegt wird, berücksichtigt, aber doch nicht soweit, als daß etwa auch jugendlicher Sprachgebrauch im Unterricht analysiert würde. Insgesamt ist eine Bestandsaufnahme der jugendlichen Gegenwartssprache noch nicht vorgenommen worden; wir wissen immer nur bruchstückhaft, wie sich Jugendliche artikulieren und wie sie durch ihre Artikulation Einstellungen bekunden oder verdecken.[44] Vielfach grenzen sich Generationen schon sprachlich ab.

Wird von Jugendliteratur gesprochen und von dem Verhalten der Jugendlichen zum gedruckten Wort, so ist die Schelte schnell bei der Hand, daß zumal die Schule die Lust und das Vergnügen an Literatur verderbe, daß Interpretieren und angestrengte Suche nach Sinn und Absicht die Unmittelbarkeit gegenüber der Literatur verhindere. Schulliteratur und außerschulische Jugendliteratur falle – nicht zuletzt durch die Schuld studienähnlicher Emsigkeit und Blutleere – auseinander, Literatur werde den Jugendlichen durch die Schule arg verleidet. Daß diese eingeschliffene,

---

44 S. hierzu *H. Küpper*, Lachfibel, Jagdschein und inneres Gewürge, Die Sprache der Bundeswehrsoldaten wird erforscht, in: die »Welt«, 18. 6. 1976, p. 23.

durch Generationen kolportierte Anklage bis in unsere Tage besteht, mag aus einer jüngsten Kontroverse abgelesen werden. *Hans Magnus Enzensberger,* der inzwischen seine eigene Tendenzwende vollzogen und marktpolitisch umgemünzt hat, widmet unter der Überschrift »Ein bescheidener Vorschlag zum Schutze der Jugend vor den Erzeugnissen der Poesie«45 dem Literaturunterricht in der Schule eine ausschweifende Schelte. Er folgt dabei u. a. dem Essay *Susan Sontags* von 1964 »Against Interpretation« und findet letztlich zu der Karikatur: »Nur für die Minderjährigen unter unseren Mitbürgern hat das Recht auf freie Lektüre keine Geltung. Sie, die ohnehin alltäglich in Betonbunkern gefangen gehalten werden, welche das Gemeinwesen zu diesem Zweck errichtet hat, zwingt man fortgesetzt, Gedichte zu lesen, und was noch viel entsetzlicher ist, zu interpretieren, Gedichte, an denen sie in den meisten Fällen keinerlei Interesse bekundet haben«. An dieser Einrede ist wohl zutreffend, daß »der Schüler und sein Interesse bei diesem Unterricht nicht berücksichtigt werde«, aber *Harald Weinrich* hat in Erwiderung dieser Attacke doch auch zu Recht angemerkt, daß »es sich bei diesem Essay um die langatmige Ausbreitung der eigenen Identifikationsproblematik handelt«, *Enzensberger* schlüpfe in das anbiedernde Gewand des Kleinbürgers, der »die glückliche Wiedergeburt bekannt gibt: Hallo, ihr Bürgerkinder, da ist sie wieder, eure Literatur! Und ich selber bin auch wieder da! Fein, nicht?«.46

Nehmen wir den Streit als das, was er signalisiert, das Leiden der Schüler und das Leiden der Eltern an der Schule, an einer Schule, die sich durch pseudorationales Refor-

---

45 Frankfurter Allgemeine Zeitung, 25. 9. 1976.
46 *H. Weinrich,* Nicht jeder, der die Zunge herausstreckt, ist deshalb schon Einstein, in: Frankfurter Allgemeine Zeitung, 9. 10. 1976.

mieren den Schein der Fortschrittlichkeit zulegen möchte.⁴⁷

An dieser Schule läßt sich auch die quasi schizophrene Einstellung unserer gegenwärtigen Jugendgeneration belegen, die privates Leben und schulische Pflichten sorgsam auseinanderdividiert, die Verbindungen und Bezüge zwischen beiden abkappt. Wenn ein Hamburger Kritiker anmerkt, daß die Schüler »einfach aussteigen, völlig desinteressiert sind, daß sie nur noch Musik konsumieren, oder rauchen und trinken«, dann ist die Institution Schule an ihr pädagogisches Ende gekommen.

Wir wollen pointiert formulieren: von der Schule gehen heute erzieherische Einflüsse nur noch in beschränktem Maße aus, und wie Betrieb und privates Leben voneinander getrennt sind, so verlängert sich auch die Schule nicht in die private Lebenssphäre Jugendlicher. Die in der Schule und von der Schule weitergereichten Leitbildvorstellungen werden zwar konsumiert, sie werden indes nicht internalisiert.

Wir kehren nach diesem Einschub zurück zum Zentrum unseres Themas: Jugendliteratur als Phänomen außerschulischer Popularkultur. Beschäftigt man sich mit dem Leseinteresse Jugendlicher, so gerät natürlich zunächst das sogenannte Jugendbuch oder die Jugendliteratur in den Blick, ein gleichsam pädagogisch angelegter Buchtyp, der ins Lesen einführen und zum dauernden Leseverhalten anleiten soll. Ob es angesichts der vielfältigen Einflüsse von Medien noch sinnvoll ist, jugendliches und erwachsenengemäßes »Lesegut« strikt voneinander abzuheben, mag zumindest mit einem Fragezeichen versehen werden. Jugendliche reagieren bei Veranstaltungen, die sich von den normalen Darstellungsformen in den Massenmedien abheben, in der Regel ablehnend. Dazu ein Beispiel: Der Erfolg der »Sesame-

---

47 S. hierzu: Schule: Es gibt keine fröhliche Jugend mehr, in: der »Spiegel«, H. 23, 1976, p. 38 ff.

Street«, einem Programm für den vorschulischen Bereich, gründet in Amerika und auch hierzulande nicht zuletzt in der Mache; das heißt, hier wird Fernsehen in einer Form vollzogen, die das Kind oder der Jugendliche auch im sogenannten »Normalprogramm« sieht. Mit allen technischen Raffinessen, mit Ausstattung und Effekten wird hier »wie üblich« gearbeitet, und nur die Inhalte deuten darauf hin, daß hier eine besondere Zielgruppe angesprochen wird. Versuche in der Bundesrepublik, Kinder- und Jugendsendungen schmuckloser und belehrender, pädagogisch also zu gestalten, haben bei der Zielgruppe geringe Zustimmung gefunden. Ein gleiches dürfte auch im Bereich der Jugendliteratur gelten. Jugendliche haben heute den Zugang zu der Literatur, die auch Erwachsene lesen, und sie mißtrauen jeder jugendspezifischen Ghettoisierung. Natürlich bestehen hier altersbedingte Unterschiede. Es ist sicher, daß am Beginn des Jugendalters noch Leseinhalte bevorzugt werden, die sich deutlich am Abenteuer- und Phantasiebedürfnis dieser Altersgruppe orientieren.

Bei den empirischen Untersuchungen, die über Leseverhalten, Leseintensität und Leseinhalte berichten, ist allerdings eine gewisse Vorsicht angezeigt, die die Autoren solcher Untersuchungen auch meist selbst sehen. Lesen und zumal das Lesen von Büchern ist heute immer noch – wir werden auch gegenteilige Stimmen bringen – Ausweis von Kultiviertheit und verleiht einen gesellschaftlich höheren Rang. Da wundert es denn nicht, daß nach wie vor in den Umfragen über das Freizeitverhalten Jugendlicher und Erwachsener das »Lesen« an erster Stelle steht, obwohl die tatsächlichen Zeitaufteilungen nachweisen, daß das »Fernsehen« den größten Teil der zur Verfügung stehenden freien Zeit beansprucht. Es sollte in diesem Zusammenhang indes mitbedacht werden, daß sich der Fernsehkonsum so weit »habitualisiert« hat, d. h. Teil des »normalen« Tagesablaufs geworden ist, daß er nicht mehr als Freizeitveranstaltung

begriffen und erfahren wird. Wir wollen zunächst auf einige frühere Untersuchungen zum jugendlichen Leseverhalten hinweisen, um von dort aus die Frage beantwortbar zu machen, ob sich das Leseverhalten der heutigen Generation von dem der vorangehenden deutlich unterscheidet.
Das vom Deutschen Bildungsrat initiierte Kompendium »Lernen im Jugendalter«[48] hat den Aspekt »Lernen durch Medien« breit referiert. Dieser 1975 erschienene Band bezieht sich hierbei auf Untersuchungen, die am Beginn oder in der Mitte der sechziger Jahre durchgeführt wurden und von daher kaum Schlüsse auf das aktuelle Leseverhalten der gegenwärtigen Jugendgeneration zulassen. Einige Tatbestände, die in diesen Untersuchungen ausgesprochen werden, überbrücken die Generationsunterschiede. Im Anschluß an Arbeiten von *Rosenmayr, Beeg, Ipfling* u. a. wird u. a. ausgesagt:
»*Beeg hatte in einer Untersuchung im Jahre 1956 ermittelt, ›daß von den Jungarbeitern durchschnittlich in einem Jahr 22 Bücher gelesen werden, von den gewerblichen Lehrlingen 29 Bücher, von den kaufmännischen Lehrlingen 34 Bücher und von den höheren Schülern 44 Bücher‹*«.
Diese Daten sind allerdings zu einem Zeitpunkt erhoben worden, wo sich das Fernsehen als Massenmedium noch nicht durchgesetzt hatte. Auf der anderen Seite dürfte allgemein gelten, daß Unterschiede in der Leseintensität durch Bildungsstand und Anforderungschrakter einer Ausbildung nachhaltig beeinflußt werden. So stellt *Rosenmayr* fest, »daß 72 Prozent der Lehrlinge gegenüber 90 Prozent der höheren Schüler ihr letztes Buch im Halbjahr der Befragung gelesen hatten.« Und schließlich weist *Ipfling* darauf hin, daß »Volks- und Berufsschüler zu rund 25 Prozent praktisch gar keine Bücher lesen«.[49]

---

48 *W. Hornstein* et al., Lernen im Jugendalter a.a.O.
49 Wie vor, p. 196 ff.

Rosenmayr führt weitere Bedingungsfaktoren für die Leseintensität an, so daß Buchbesitz der Eltern und das »kulturelle Niveau des Elternhauses« das Leseinteresse Jugendlicher nachhaltig stimulieren. Schulniveau, Ausbildungsniveau, sozialer Status der Eltern, korrelieren signifikant mit dem Leseverhalten. *Rosenmayr*, aber vor allem auch eine EMNID-Untersuchung aus 1966, sind über die vordergründigen Daten noch hinausgegangen und haben die Inhalte der Buchlektüre zu erkunden gesucht. Wir zitieren aus der Zusammenstellung »Lernen im Jugendalter«:

»Zunächst zeigen sich geschlechtsspezifische Unterschiede in den Interessensgebieten: In der EMNID-Untersuchung von 1966 nannten Jungen zwischen 14 und 17 am meisten Abenteuer und Wildwestromane (23 Prozent), Mädchen nannten zum gleichen Prozentsatz Unterhaltungsliteratur und zu 11 Prozent Reise-, Natur- und Tierschilderungen sowie Jugendbücher.«

Rosenmayr hat seine Untersuchung differenzierter angelegt, indem er nach Alter, Geschlecht und Schul- bzw. Ausbildungsniveau unterscheidet:

»Lehrlinge im Alter von 15 und 17 Jahren lesen gegenüber den höheren Schülern der gleichen Altersgruppen auffällig mehr Bücher aus der Sparte Abenteuer, Sagen, Detetivgeschichten (43 Prozent bei den 15jährigen Lehrlingen, 19 Prozent bei den 15jährigen Oberschülern). Nahezu gleich verhalten sich Lehrlinge und Schüler hinsichtlich ihres Interesses an Sachbüchern; hier ist auffällig, daß mit zunehmendem Alter vor allem die Lehrlinge vermehrt zum Sachbuch greifen (21–30 Prozent), während das Interesse bei den höheren Schülern mit zunehmendem Alter eher rückläufig ist (36 bis 29 Prozent). Die Unterschiede im Leseverhalten werden besonders deutlich an der Sparte ›Belletristik, Dramen und Gedichte‹. Hier zeigt sich zwar eine Zunahme mit zunehmendem Alter auch bei Lehrlingen, aber die Werte bleiben erkennbar gering (9 bis 14 Prozent), die darüber

liegenden Werte der höheren Schüler (25–45 Prozent) sind gewiß auf schulische Anleitung, auch auf den dort verordneten Literaturkanon zurückzuführen«.

Eine Bemerkung sei in diesem Zusammenhang angeführt, mit der *Rosenmayr* die Unterschiede charakterisiert: »es fehlt bei Lehrlingen anscheinend völlig die verstärkte Hinwendung zum literarisch wertvollen Buch«. Wenn schließlich auch noch von der »Erziehung zum kulturell Höherwertigen« gesprochen wird,[50] so darf vermutet werden, daß hier noch aus dem Fundus eines gesicherten Bildungsbürgertums argumentiert wird. Diese Identifikationssicherheit dürfte heute kaum mehr zur Verfügung stehen. *Rosenmayr* und Mitarbeiter[51] haben der Versuchung nicht widerstehen können, eine fatale Klassifikation in »literarisch minderwertig« einzuführen, wobei neben »literaturkritischen Kriterien« auch solche der Jugendpsychologie bestimmend gewesen sein sollen.

7. Jugendliche und ihre kommerzielle Unterhaltungsliteratur; erste Vorahnungen

Viele Autoren der sechziger Jahre sind durch neue Phänomene in der Jugendpublizistik verstört worden, etwa durch den schon damals beeindruckenden Verkaufserfolg des kommerziellen Jugendperiodikums »BRAVO«. In der damaligen Zeit spielte auch die inzwischen als glanzkaschiertes APO-Blatt eingegangene Zeitschrift »Twen« – für die reife, unbeschwerte und leicht intellektualisierte Jugendgenera-

---

[50] Zit. nach: wie vor, p. 200.
[51] L. Rosenmayr et al., Kulturelle Interessen von Jugendlichen, Wien/München 1966, p. 151.

tion – eine Rolle, die ebenfalls nach dem Schnittmuster der »Volksliteratur für Teens und Twens« konzipiert war.[52]
Angesichts dieser neuen, von den Jugendlichen offensichtlich mit Zustimmung und Beifall aufgenommenen Jugendpublizistik gelingt zunächst die nüchterne Einschätzung nicht. Diese Jugendpublizistik wird gleich einer vehementen Denunziation ausgeliefert. So heißt es bei *Helmut Lamprecht* etwa: »Kitsch entsteht durch Massenkonsum. Schon heute gibt es eine umfangreiche sogenannte ›Volksliteratur‹, die gewaltige Profite aus dem erschreckend gedrückten Niveau erzielt. Was da erzeugt wird, das sind gefühlstriefende Serienfabrikate – Gefühl von der Stange, konventionalisierter Geschmack«.[53] Freilich ist dieser Gattung mit literaturkritischen Einwänden kaum beizukommen, eher mit dem Vorwurf, daß hier nicht Realitätsbewußtsein hergestellt werde, sondern daß die verblichenen »Trotzkopf- und Herzblättchen«-Bücher in freilich modernistischer Variante Auferstehung feiern. Der schöne Schein der Irrealität, das ist das Ärgernis, das den beherzten Widerspruch herausfordert.
Gegen Ende der sechziger Jahre wird dann in der Jugendliteraturforschung ein moderaterer und nüchterner Ton angeschlagen. Unter dem Eindruck eines stärkeren gesellschaftlichen Bewußtseins kann auch in der Jugendbuch-Diskussion eine »realistische Wende« konstatiert werden.
Zwar bemängelt *Alfred Clemens Baumgärtner*,[54] »daß es noch eine beträchtliche Anzahl von Jugendbüchern gibt, die an der Wirklichkeit unserer Zeit, unserer besonderen gesellschaftlichen Situation mit ihren Spannungen und Wandlungen, hoffnungslos vorbeigreifen«, aber er kann

---

52 *H. Lamprecht*, Teenager und Manager, München 1965.
53 *H. Lamprecht*, a.a.O., p. 53.
54 *A. C. Baumgärtner*, Perspektive der Jugendlektüre, Beiträge zur Leseerziehung, Weinheim 1969, p. 94.

doch gleichzeitig Beispiele anführen, in denen eine neue Qualität des Jugendbuches versucht wird. Einmal werden jetzt Themen angesprochen, die das Verständnis anderer Völker und Kulturen wecken wollen, und sodann treffen wir vermehrt auf Publikationen, die »das sozialkritische Moment ins Zentrum rücken«.[55] Auch *Richard Bamberger* zielt mit seinem Urteil über die Jugendliteratur in die gleiche Richtung, wenn er konstatiert, »... die Jugendlektüre schneidet bei einem Vergleich mit der modernen Erwachsenenliteratur durchaus nicht schlecht ab« und zum Beleg darauf hinweist, daß die Erwachsenen im Lesen »minderwertigen Gutes geradezu einen Rekord« aufstellten.[56]
Den stärksten Realitätsbezug in der Diskussion um die Jugendlektüre darf man dem »Arbeitskreis für Jugendliteratur« bescheinigen, der sein erstes Jahrbuch unter den Titel »Jugendliteratur in einer veränderten Welt«[57] stellt. Hier werden zunächst Sünden und Versäumnisse markiert, und dann wird die falsche Abhebung von »wertvoller« und »Volksliteratur« gebrandmarkt. Mehrfach wird beklagt, daß eine planmäßige Leseerziehung weder in der Schule noch im Elternhaus stattfinde, daß Jugendbuchkritik an der Unzulänglichkeit literarischer Maßstäbe verelende und daß das Lesen heute keineswegs mehr gesellschaftliche Wertschätzung genieße. Unverblümt wird da behauptet: »Bei vielen Jugendlichen gilt Belesenheit eher als ein Zeichen sozialer Schwäche und nur selten als Auszeichnung. Der betrachtende, verweilende, passive Leser ist verdächtig in einer Gesellschaft, die Aktivität, Tempo, Erfolg und jugendliche Vitalität idolisiert«.[58] Von solcher Bestandsaufnahme wird

---

55 Wie vor, p. 100.
56 *R. Bamberger*, Jugendliteratur und Buchpädagogik, München 1971, p. 30.
57 Jugendliteratur in einer veränderten Welt, Bad Heilbrunn/Obb. 1972.
58 In: wie vor, p. 34.

dann zu Perspektiven und Prognosen vorangeschritten, die
die veränderten Verhaltensweisen und Konsumgewohnheiten massenmedialer Umwelt in Rechnung stellen. So wird
darauf hingewiesen, daß Unterhaltung, Information und
Belehrung auch über andere Kanäle als über das Buch
transportiert werden kann. Schon heute haben Fernsehen,
Platten, Bildplatten, VCR-Technologien wesentliche Bereiche besetzt, in denen früher das Buch eine konkurrenzlose
Stellung hatte. Nicht, daß durch eine solche Entwicklung
die Stellung des Buches grundsätzlich beeinträchtigt werde,
es tritt nur in Konkurrenz zu anderen Medien, die bei
Beachtung ihrer medienspezifischen Möglichkeiten vielfach
Unterhaltung und Information besser zu vermitteln vermögen.

Die Prophetie scheint mir indes vorerst noch zu kühn:
»Nach Jahrhunderten der Buchliteratur könnte das elektronische Zeitalter jetzt wieder eine mündliche Literatur hervorbringen«.[59] Dem steht derzeit noch entgegen, daß die
elektronischen Medien noch nicht ubiquitär nutzbar sind;
die Audiovision befindet sich erst im Anfangsstadium.

Die neue Nüchternheit, Unbefangenheit und Vorurteilsfreiheit hat indes die Jugendbuch-Fachzirkel noch nicht zu
freundschaftlichem Einvernehmen angeleitet. Wie es innerhalb der Institutionen zugeht, wie sich Rivalitäten und
Wertsetzungen abgrenzen, das läßt ein Beitrag in der
»Welt« mit der Überschrift »Licht im Labyrinth des Jugendbuches« erahnen.[60]

*»Obgleich erst im Mai dieses Jahres ins Leben gerufen,
ist die ›Deutsche Akademie für Kinder- und Jugendliteratur‹ in Volkach schon eine recht heftig diskutierte Institution geworden. Auf der Frankfurter Buchmesse stieß sie*

---

[59] In: wie vor, p. 145.
[60] M. Schwarzkopf, Licht im Labyrinth des Jugendbuches, in: die
»Welt«, 9. 10. 1976.

auf eher kühle Resonanz, und das Fachmagazin ›Buchmarkt‹ bezeichnete in seiner jüngsten Ausgabe die junge Volkacher Akademie sogar als eine ›Loge für besonders würdig Befundener, Kinder- und Jugendbüchern Zensuren zu erteilen‹.
Im Rahmen der diesjährigen ersten Preisverteilung in Volkach in dieser Woche versuchte der Präsident der Akademie, Professor Alfred C. Baumgärtner, ihre Ziele und Aufgaben deutlich zu umreißen und den ›literaturpolitischen‹ Standpunkt der Einrichtung zu klären.
Sie ist nicht, wie in mancher Kritik unterschwellig anklang, als ›Gegengründung‹ zu irgendeiner schon bestehenden Einrichtung gedacht. Auf dem Sektor Jugendbuch gibt es nämlich schon das Deutsche Jugendschriftenwerk und den Arbeitskreis der Jugendliteratur. Ende Oktober wird schließlich noch der Arbeitskreis ›Roter Elefant‹ gegründet. Eine verwirrende Fülle guten Rates von berufener Stelle scheint da auf Buchhändler und Buchkäufer zuzurollen!
Professor Baumgärtner aber sieht es gerade als eine der Hauptaufgaben ›seiner‹ Akademie, die keine Lehr-, sondern eine Förderanstalt für Jugendliteratur ist, durch Erörterung der Probleme zu einer Klärung der verworrenen Lage des Jugendbuches beizutragen und ›Orientierungspunkte‹ für Käufer und Verkäufer zu schaffen. Den ›gordischen Knoten‹ der Jugendliteratur mit ihrem Mischmasch aus politischer ›Aufklärung‹, Psychologie und pädagogischen Versuchen so zu entwirren, daß die inzwischen verunsicherten Eltern und Erzieher wieder Licht sehen, wird nicht einfach sein. Zugleich soll dieses Ziel nicht durch ausschließliche Förderung einer bestimmten Richtung im Jugendbuch erreicht werden. Sicherlich keine leichte Aufgabe für die nur dreiköpfige Jury!
Erfreulich wäre es natürlich, wenn auf die Dauer eine Zusammenarbeit aller Jugendbuch-Fachkreise gelänge. Doch solange dies noch nicht so recht klappen will, wäre es eben-

so erfreulich, die Arbeit einer engagierten Gruppe nicht durch Vorurteile zu erschweren und sie mit dem Vorbehalt einer ›rechten Gegengründung‹ einfach ›links‹ liegenzulassen.«

Aber vielleicht könnte sich mancher Disput um das Jugendbuch und die Jugendlektüre erübrigen, wenn man den Adressaten, den Jugendlichen eben, stärker an der thematischen und verlegerischen Planung beteiligte. Die Praxis der Preisverleihung für sogenannte »Jugendbuchautoren« weckt Zweifel. Die Juroren, in der Regel Erwachsene, legen ihre Maßstäbe nicht eindeutig klar, sie vermuten, was der Jugend förderlich und bekömmlich sei und versichern sich dabei der Hilfe von Pädagogik, Soziologie und Jugendpsychologie. Daß dabei viel positive Ermunterung zustande gekommen ist, daß das Jugendbuch Beachtung und Förderung erfahren hat, ist unbestritten. Immerhin werden heute in Zeitungen und Zeitschriften zu den Geschenk- und Weihestunden des Buches auch Jugendbücher rezensiert. Dieses Geschäft dürfen – bei der gebotenen Kürze – vor allem die schreibenden Kritikdamen versehen.

Nicht immer sind die preisgekrönten auch die erfolgsgekrönten Bücher. Zwei Initiativen versprechen hier eine gewisse Veränderung. Wir hatten schon auf die adressatenspezifischen Kataloge der »Deutschen Lesegesellschaft« hingewiesen, die, auf das Jugendbuch gewendet, dem Jugendlichen Hilfe geben könnten, sich im Dickicht des Gedruckten zurecht zu finden. Eine andere Möglichkeit wird jetzt erprobt, nämlich ein Buch- und Verlagsprogramm nach den Wünschen der jugendlichen Leser zu entwickeln. Aus einer Pressenotiz wird die Konzeption ersichtlich: »Neue Wege des Lektorats hat der Hamburger Cecilie Dressler Verlag bei der Konzeption einer Biographiereihe für Jugendliche beschritten. Er fragte 300 Schüler zwischen 12 und 16 Jahren nach ihren Lesewünschen, bevor er sein Programm festlegte. Die Rangfolge der Biographie-Wünsche: 1. Beatles, 2. Kennedy, 3. Einstein, 4. Chaplin, 5. Disney. Außer den 40 vom Verlag vorgeschlagenen Themen wurden Hitler, Marilyn Monroe und (die sowjetische Turnerin) Olga Korbut genannt. Der Verlag reagierte: Die ersten Bände (Preis DM 12,80) gelten den Beatles, Kennedy und der Korbut. Dann folgen Louis Armstrong, Graf Zeppelin und Heinrich Böll. Herausgeberin *Elisabeth Raabe:* ›Der war zwar ziemlich weit hinten, aber den finden wir nun einmal wichtig‹«.[61]

Ich höre bereits den Einwand, daß solchermaßen nur das reproduziert werde, was Jugendliche als ihre Wünsche anmelden, und daß bei diesem Verfahren nur das standardisiert Erfolgreiche und Auffällige eine Chance erhalte. Das Jugendbuch, das verhaltenere Töne anschlage, das der Auffälligkeit nicht nachlaufe, würde vom Markt ausgeschlossen; pädagogische und jugendpsychologische Entwicklung könne so nicht stattfinden. Andererseits sollte allerdings gelten, daß zunächst den Wünschen des Adressaten zu entsprechen sei, selbst auf die Gefahr hin, daß der publikumswirksame Erfolg zum vorrangigen Gradmesser werde.

Neben den Bedenken, die ich nicht sonderlich hoch veranschlage, sollte doch das Positive an dieser Initiative hervorgehoben werden. Hier könnte sich eine Jugendliteratur bilden, die sich auf die Zustimmung der Jugendlichen berufen kann und in der sich ihre Wünsche und ihr Selbstverständnis dokumentieren.

Darüber hinaus wird mit dieser Initiative auch etwas über das Leseinteresse Jugendlicher ausgesagt. Biographien, von denen sich der Jugendliche Leser Anleitungen zur eigenen Identifikationsfindung verspricht, stehen an hervorragender Stelle der Buchwunschliste. Dicht gefolgt stehen an zweiter Stelle der Buchwunschliste Jugendlicher die Sachbücher und

---

[61] Zit. nach: Der »Spiegel«, 13. 9. 1976, Nr. 38, p. 208.

die popularwissenschaftlichen Bücher, die von Verhaltensforschung und naturwissenschaftlicher Welterklärung handeln. Diesen Präferenzen suchen vor allem die Taschenbuch-Hersteller zu entsprechen, die gerade unter den Jugendlichen viele Käufer finden.

8. Von der Vorahnung zur Realität: Die kommerzielle Jugendpresse

Wir hatten bereits darauf hingewiesen, daß es heute fraglich erscheint, das Leseinteresse und die Leseintensität Jugendlicher nur auf das Buch zu beziehen. Tageszeitungen und Zeitschriften nicht jugendspezifischer Ausrichtung wollen wir hier übergehen. Eingehender muß allerdings von einer Form der Jugendliteratur gesprochen werden, die unter dem Stichwort *kommerzielle Jugendpresse* zusammengefaßt wird. Natürlich kann die jugendspezifische Presse nicht auf die kommerziellen Publikationen reduziert werden. Bis auf den heutigen Tag besteht keine exakte Übersicht über Anzahl und Gehalt der Jugendpresse. Während in den zwanziger Jahren nur drei Zeitschriften das Feld der Jugendpresse besetzt hielten, nämlich der »Gute Kamerad«, das »Kränzchen« und der »Heitere Fridolin« hat sich heute eine breite Palette der kommerziellen, der halbkommerziellen und der nichtkommerziellen Jugendpresse etabliert. Die Zahlenangaben über die Jugendzeitschriften variieren erheblich.

Meist wird geäußert, es gebe 851 Jugendzeitschriften. In einem Beiblatt zum Amtsblatt des Bayerischen Staatsministeriums für Unterricht und Kultus werden unter der Rubrik Jugendzeitschriften indes nur 32 Titel aufgelistet, eine 1967 erschienene Bibliographie »Der Schüler als

Staatsbürger« weist 155 Titel aus, wobei der Begriff »Jugendzeitschriften« auf die »Schülerpresse« reduziert wird.[62] Grob geschätzt kann unter der Rubrik Jugendpresse ein Bestand von etwa 1 500 Zeitschriften in der Bundesrepublik als sicher gelten. Während die Schüler- und Studentenpresse wie auch die konfessionell geprägten Jugendzeitschriften weithin stagnieren und nur selten publizistische Beachtung finden, ist die Steigerungsrate der kommerziellen Jugendpresse im Zeitraum zwischen 1959 und heute nahezu atemberaubend. »BRAVO« startete 1956 mit dem ersten Heft und weist ein Jahrzehnt später bereits eine verkaufte Auflage von 706 664 und 1977 von 1 404 059 Exemplaren wöchentlich aus. Hinzu kommen noch kommerzielle Konkurrenzblätter, die ebenfalls die konfessionellen oder politischen Jugendzeitschriften an Auflagenhöhe weit übertreffen: so Popfoto, Pop, Popster, Musikexpress, Sounds, BRAVO-Poster. Allerdings ist das Sterben und Neuerstehen auf diesem Markt besonders hektisch, so daß Zahlen aus dem Vorjahr bereits heute nicht mehr gelten. Ich halte es für wenig aufschlußreich, wenn man den »Guten Kameraden« der zwanziger Jahre, der nie über eine Auflage von 100 000 hinauskam, mit »BRAVO« unserer Tage vergleicht,[63] weil sich Produkte aus dem massenmedialen und dem vormassenmedialen Zeitalter nicht recht vergleichen lassen.

Es soll hier nur im nebenhinein darauf hingewiesen werden, daß die Lesebereitschaft Jugendlicher durch weitere Produkte, die zum Teil auch das Interesse Erwachsener finden, befriedigt wird. Hier ist zunächst an die umfangreiche Comics-Literatur zu denken. *Rudolf Stefen* teilt in seiner ver-

---

62 *K. Friesicke*, Die Jugendpresse in der Sackgasse, in: Recht der Jugend und des Bildungswesens, H. 3, März 1974, p. 65 ff.
63 *B. Karch*, Jugendpresse unpolitisch, in: Recht der Jugend und des Bildungswesens, H. 4, April 1974, p. 112 ff.

dienstvollen Arbeit »Massenmedien und Jugendschutz«[64] unter Bezugnahme auf eine Zusammenstellung der Marktbeherrscher in der Zeitschrift »Capital« u. a. folgende Auflagenhöhen mit:

Asterix	1 200 000
Micky Maus	450 000
Fix und Foxi	350 000
Supermann	180 000

In einer Übersicht der drei marktbeherrschenden Firmen werden 12 Comics-Reihen genannt, deren Auflagen sämtlich über etwa 150 000 Exemplaren liegen. Der Comics-Umsatz betrug (nach Aufstellung in der gleichen Quelle) bei den drei Großen des Geschäftes – Ehapa-Verlag, Kauka-Verlag und Bastei-Verlag – 45 Millionen DM, 40 Millionen DM und 35 Millionen DM. Seit 1973 sind neue Reihen hinzugekommen, andere Titel sind verschwunden, der Gesamtumsatz dürfte sich jedoch kaum merklich verändert haben. Dieser Markt ist in der öffentlichen und publizistischen Diskussion bislang kaum in intensiveren Augenschein genommen worden. Zwar gibt es einige pädagogische und publizistikwissenschaftliche Arbeiten, die sich des Gegenstandes angenommen haben, aber die Verhaltensänderungen bei jugendlichen Comics-Lesern sind noch kaum erkundet.

---

64 *R. Stefen*, Massenmedien u. Jugendschutz, Schriftenreihe der Bundesprüfstelle für jugendgefährdende Schriften, H. 7, Bonn 1976.

9. Der Fall »BRAVO«

In einer regelmäßig in der Zeitschrift »Medien- und Sexualpädagogik« erscheinenden Kolumne »Zeitschriftenprofile« habe ich am Beispiel des Jahrgangs 1973 u. a. zu »BRAVO« ausgeführt:

»Über ›BRAVO‹ gibt es in der Medienkritik viel Aufhebens. Die Inhaltsanalysen, die sich – gewissermaßen als gefundenes Fressen – diesen Exponenten kommerzieller Jugendpresse herausgreifen, erscheinen in schöner Regelmäßigkeit, sie gelten als Nachweis gesellschaftskritischer Modernität. Holzer ist unter den Inhaltsanalytikern noch der, der trotz vorgefaßter Meinungen am präzisesten mit dem inhaltsanalytischen Instrumentarium umgeht und das Blatt kräftig beutelt. Und in der Tat: Viel Rühmendes kann über diese Zeitschrift auch nicht gesagt werden. Politik und Gesellschaftskritik werden aus den Redaktionsstuben offensichtlich ferngehalten, das Leben scheint sich nur in der Nachahmung der vorgeführten Helden zu erschöpfen. Die hektische Aufmachung läßt Intensität, läßt Begründungssätze, Sätze des ›Wenn-Aber‹, oder ›Einerseits-Andererseits‹ erst gar nicht zu, und alle Geschichten, die sich den Großen oder den kommenden Größen des Showbusiness zuwenden, sind nach dem gleichen Muster gestrickt: Kind aus einfacher Familie, von Haus und Schule ausgerückt, tingelt sich durch die Lande, findet – welch Zufall – einen Entdecker, erleidet zunächst Schiffbruch, aber der Erfolg stellt sich letztendlich ein.
Für die vorliegenden Hefte – die Namen sind auswechselbar – werden Donny Osmond, David Cassidy und Terry Jacks bereits auf dem Cover annonciert, in der ›BRAVO‹-Zentrale werden die kleinen Beiläufigkeiten, Fan-Adressen, Wünsche und Beschwerden ausgeteilt. Derzeit wird wieder-

um Verhaltenshilfe vermittelt und dies in einer als ›Psycho-Aufklärung‹ gemachten Bildergeschichte. Nette Bildchen sollen Eifersucht, erste Liebeskontakte und Techniken der Annäherung vermitteln. Gefühle sind relativ einfach komponiert, irrationale Barrieren, das tiefenpsychologische Terrain insgesamt, bleibt unbekannt, nur ein paar Tricks, ein paar rechte Worte genügen, um die ins Wanken geratene Harmonie wieder herzustellen. Dazu Poster, deren Bildqualität eine Diskussion einfach gar nicht erst lohnen, dergleichen kann man heute in der Boutique wohlfeil und in der Technik gefälliger aufgemacht erstehen. Die Nr. 23 vom 30. Mai verkündete schon auf dem Deckblatt vielversprechend ›Dr. Korff klärt wieder auf!!!‹ Für die ›BRAVO‹-Lesergemeinde scheint ›Dr. Korff‹ ein Gütesiegel und wenn es stimmt, daß an das Einmann-Unternehmen Sommer-Korff-Goldstein im Monat 5 000 fragende, Aufklärung und Klärung heischende Briefe adressiert werden (vgl. ›Entwicklungstendenzen der Jugendzeitschriften‹ im MSP 4/73, S. 7–22, insbesondere S. 17 f.), spricht das für die These, daß Sexualaufklärung und Sexualerziehung hierzulande nicht erkennbar stattfindet. Das Defizit praktischer Kenntnisse, solider Verhaltensweisen, eindeutiger Normorientierungen scheint fürwahr horrend. Daß ein Massenblatt an der Korrektur dieses Defizits mitwirkt, wäre für sich gesehen noch kein Grund zum Räsonnement, die erzählende Aufbereitung der Informationen garantiert zudem, daß die Aufklärung auch ihre Adressaten finden dürfte. So wird am Beispiel der Sexualtraum interpretiert, es wird bei Ängsten und Schwierigkeiten zu vertrauter Aussprache aufgefordert, ›körperliche Liebe‹ wird in Wort und Bild belegt, und auch auf sensible Pubertätsgefühligkeit kommt die Rede.

Die Bilder sind so glatt und verträumt keimfrei, daß sie zu Identifikationen einladen – aber die anmutigen Geschöpfe, die da Zartheit vorführen, sind eher aus der Zuckerwelt des Showbusiness als aus der Tristess randstän-

discher Gruppen. So wäre gegen diese Serie nur einzuwenden, daß Liebe nicht wie in dieser Bilderbuchwelt abzulaufen pflegt. In einem nächsten Kommentar werden wir noch ausführlicher auf die Serie eingehen. Die Witz-Seiten sind in der Regenbogenpresse wohl noch mit mehr Gehalt ausstaffiert. Das Bombardement an Reklame, in denen Konsum-Artikel für alle Wechselfälle des Lebens angeboten werden, ist ganz in die Konsumideologie eingebettet und will zu immer neuer Begehrlichkeit ermuntern. In den drei von uns eingesehenen Nummern sind die Lebenshilfe-Artikel, so etwa im ›BRAVO‹-Berufstip, in der Art allgemeinverbindlicher Horoskope abgefaßt. Über ein Einstellungsgespräch erfährt man so ›nützliche‹ Dinge und Hinweise wie: ›Laßt die Eltern zu Hause‹, ›keep-smiling! Lächeln!‹, ›schaut ihnen freundlich in die Augen‹, ›erzählt keine Romane‹, ›weder Dior- noch Gammel-look‹. Die Macher dieser Publikation werden sagen, daß ihnen die Auflagenhöhe recht gäbe. Nun gut – das kann auch der Chef-Redakteur der Bild-Zeitung sagen.

Zum Beleg dieses Sachverhalts – eben einer nur graduellen Veränderung in Aufmachung, Anlage und Stil – beziehen wir uns auf die Nrn. 17–22 in der Zeit zwischen dem 14. April und dem 18. Mai 1977. Auch hierbei kann es sich nicht um eine exakte Inhaltsanalyse handeln, nur um die Beschreibung einiger Auffälligkeiten. Zufolge der massenhaften Verbreitung von BRAVO kann es der Zeitschrift gelingen, neue Sternchen zu produzieren und in das Rampenlicht zu rangieren, andere Sterne, deren Glanz zu verlöschen droht, mit einem publizistischen Hilfsgenerator am Leben zu halten. In Nr. 17 wird der BRAVO-Boy des vorigen Jahres zu einer Prominenz hochstilisiert, die nur durch den Beifall zustande gekommen ist und durch Veranstaltungen, die innerhalb der Gemeinde auf Zustimmung rechnen konnten. In Nr. 18 wird des längeren und breiteren von David Cassidy berichtet, vormals ein Teenager-Idol diesseits und jenseits des Atlantiks, dessen neueste Scheibe (Gettin' in the Street) derzeit auf Platz 17 der Hit-Liste läuft. Es scheint auch erkennbar, daß sich sowohl in der Publikumsgunst und folglich auch in der von BRAVO der Bruder Shaun auf die vorderen Plätze schiebt; seinem unverbindlichen Trällerliedchen »Da Doo Ron Ron« kann Witz und sprachlicher Pfiff gewiß nicht nachgesagt werden. Würde man die Titelblätter als Indikatoren gegenwärtigen Interesses werten, so ergäbe sich für die fünf Nummern folgende Palette:

Nr. 17 Holger Thomas (der BRAVO-Boy),
Nr. 18 David Cassidy,
Nr. 19 Skateboard-Meister,
Nr. 20 Bay-City-Rollers,
Nr. 21 Bademoden für 1977,
Nr. 22 Buster, eine neue Gruppe, die derzeit in Liverpool Furore macht.

Nach wie vor liegen die Schwerpunkte bei Themen der Musik (Pop und Rock), bei Aufklärung (Dr. Sommer, Dr. Korff), bei der wöchentlichen Bildergeschichte in Fortsetzung und bei dem Roman, der die in den Heften immer wieder auftauchenden Gegenstände in Erzählung umsetzt.
In Nr. 22 wird erstmalig ein Inhaltsverzeichnis eingeführt, aus dem sich nun ablesen läßt, wie BRAVO seine Absicht und Ausführung rubriziert. Bislang war der Jugendliche ohne eine derartige Orientierungsstütze gelassen, man zwang ihn, das ganze Heft zu konsumieren, wollte er das ihn vorrangig Betreffende aufspüren. Kommt hinzu, daß offenbar auch das graphische und gestalterische Element mehr Sorgfalt erfährt. Sehen wir uns die Rubriken in Nr. 22 genauer an:

Aufreger der Woche; Stars aktuell; Musik; Poster/Porträts; Poster-Storys; BRAVO-Disco; Film, Fernsehen; Aufklä-

rung/Beratung; Serien in Wort und Bild; Motor/Sport; Roman; Mode/Kosmetik; Unterhaltung/Witze; Diskussion; Kontakte/Treffpunkt.
Der Chefredakteur von BRAVO, dem wir in diesem Band auch die Möglichkeit zur Stellungnahme eingeräumt haben, argumentiert auf dem Hintergrund der fraglos imponierenden Auflage, daß dies die Themen seien, die die Mehrheit der Jugendlichen interessierten und daß mit den gegenwärtigen politischen und ökonomischen Besorgnissen nun einmal bei den Jugendlichen kein Geschäft zu machen sei, daß derlei Themen nicht auf ihrer Wellenlänge lägen. Das mag zu einem erheblichen Teil gewiß stimmen, da politische und wirtschaftliche Fragen und Probleme bei uns meist in einer Form aufbereitet und angeboten werden, die ganz auf Ernsthaftigkeit und sprachliche Verstellung getrimmt sind. Es mag für sich sprechen, daß nicht einmal ein Großteil der Erwachsenen spezielleren Themen in der »Tagesschau« zu folgen imstande sind. Da werden Begriffe und Sachverhalte vorgeführt, die in der Schule nicht vorbereitend gelernt wurden, da wird aseptische Bedeutsamkeit zelebriert, da wird über die Ferne viel und über die Nähe wenig berichtet. Die Beobachtung des amerikanischen Fernsehens lehrt, daß in kommerziellen Unternehmungen auch Politik und Wirtschaft »verkauft« werden müssen, da greift der Nachrichten-Moderator geradezu durch die Scheibe und wirbt um die Aufmerksamkeit der Seher; freilich auch um den Preis, auf den der internationale Horizont des normalen amerikanischen Sehers reduziert ist. Nur etwa fünf Prozent der Nachrichten werden auf außeramerikanische Belange verwandt.
Zunächst also steht dem jugendlichen Interesse die hierzulande gebräuchlichste Aufmachung entgegen. Andererseits gibt es wohl Themen, die bei den Jugendlichen Betroffenheit auslösen; etwa die Jugendarbeitslosigkeit, die Berufsberatung, die berufliche Perspektive, die Verlängerung von

Schul- und Ausbildungssituation. Auf diese Aktualität geht BRAVO allenfalls im nebenhinein ein. Trotzdem darf BRAVO seit der Nr. 22 ein Mehr an Aktualität nachgerühmt werden; diese Aktualität bezieht sich vorzugsweise auf den Sport, der offenbar in Zukunft stärker berücksichtigt werden soll. Borussia Mönchengladbach und Formel-1-Rennen, auch das Drama des Speedway-Rennens in Civitanuova werden breit und reichlich bebildert in Rückblende illustriert!

Sieht man die sich hier in Rede stehenden Nummern an, so stellt sich der Eindruck ein, daß musikalisch wohl vorerst nur eine Gruppe internationale Beachtung verdienen könnte: die Bay City Rollers. Zwar liest man zwischen den Zeilen, daß der fortgesetzte Hymnus auf diese Band einige Jugendliche verstört, aber die internationalen Hitlisten widersprechen solchem leisen Zweifel. In der von Frank Elstner kommentierten »Aktuellen Hitparade« (22. 5. 1977) tauchen die BCR mehrfach auf: auf Platz 1 mit »Yesterday Hero«, auf Platz 6 mit »Rock and Roll love letter«, auf Platz 19 mit »I only wanna be with you«, ein Renner, dessen Intensität im Abklingen ist.

Der Publikumserfolg dieser Gruppe ist unstrittig, er kann publizistisch noch vermehrt werden, wenn die Gruppe in ihre Einzelteile zerlegt und solchermaßen individuell personalisiert wird. Man weiß dank BRAVO wie jedes Mitglied heißt, wie und wo es wohnt, welche Partner sie bevorzugen, wie sie sich mit ihren Eltern arrangiert haben usw. Von daher ist die Identifikation möglich, die mit einer Gruppe in Gesamtheit nicht stattfinden könnte. Unter den Bewerbungen als BRAVO-Boy wurde in diesem Jahr ein Junge abgelichtet, der die Identifikation total vollzogen hatte: Haarschnitt, Schal, Pose – alles a la Woody von den BCR; »wie er sich räuspert und wie er spuckt, das hat er ihm glücklich abgeguckt«. Man möchte dem Jungen wünschen, daß er irgendwann die BRAVO-Phase durchlaufen hat und zu einer, ihm gemäßen Identität findet.

Daß die Leitbild-Fixierung an die Vorgaben von BRAVO über das 18. Lebensjahr hinaus nicht reicht, scheint mir ziemlich gewiß und ergibt sich aus vielfachen Bekundungen Jugendlicher, die inzwischen der BRAVO-Welt entwachsen sind.

Insgesamt läßt sich hinsichtlich dieser Dimension von BRAVO eine nur geringfügige Veränderung konstatieren: die Indentifikationsmuster sind geblieben, die Ausdehnung in den sportlichen Bereich ist vermehrt und auf Aktualität hin angelegt.

Unter den Sparten Musik und Poster wird insgesamt das reproduziert, was derzeit marktgängig ist. In Heft 22 tauchen demzufolge auf: Marie Myriam, die über den Grand Prix Eurovision in London eine Tagesberühmtheit erlangt hat, Gaby Baginsky, Ingrid Steeger, Cliff Richard, der sich seit 1958 konserviert wie Oscar Wildes Dorian Grey; Buster und Bad Company werden als Gruppen vorgestellt; Jürgen Drews, der entweder im Kornfeld liegt oder barfuß durch den Sommer marschiert, ist inzwischen zur Poster-Reife avanciert. Ein weiterer Schwerpunkt, nach wie vor, sind die Rubriken Aufklärung und Beratung. Wir haben mehrfach darauf hingewiesen, daß BRAVO sich in diesem Bereich einige unstrittige Verdienste zurechnen kann, weil andere Erziehungsinstitutionen sich dem Aufklärungsbedürfnis und -erfordernis nicht stellen, sich aus falscher Prüderie auch einfach versagen.

Sexualpädagogik findet weithin weder in der schulischen noch in der außerschulischen Jugendbildung zufriedenstellend und umfassend statt. BRAVO leistet hier eine Funktion, die einem Bedürfnis zumindest teilweise nachkommt. 5 000 Zuschriften im Monat, diese Zahl ist mehrfach, auch in diesem Sammelband, genannt worden, sind ein Beleg dafür, daß offenbar viele Jugendliche mit ihren Fragen und Problemen allein gelassen sind und daß sie sich von »ihrem« Organ eine Antwort erhoffen. Übrigens auch ein Ausdruck dafür, daß eine »beredte Generation« sich in privaten Fragen einigelt, sich isoliert und die Anonymität aufsucht, die hier gesichert wird. Freilich würde man es begrüßen, wenn die Zuschriften an BRAVO der wissenschaftlichen – und dabei absolut diskreten – Analyse zugänglich wären und nicht so gehortet und geschützt würden wie der Gold-Schatz von Fort Knox. Ich weiß, daß diese Offenheit für den wissenschaftlichen Zugriff mit dem Hinweis gekontert würde, daß die Jugendlichen nur deshalb und vor allem deshalb an BRAVO schreiben, weil sie wissen, daß ihr »Eingesandtes« nicht in »fremde« Hände kommt.

Hat sich nun, so ist zu fragen, an Stil und Ausführung der Aufklärung etwas geändert? Mir ist aufgefallen, daß 1977 eine Aufklärungsform favorisiert wurde, die man als Gruppengespräch bezeichnen könnte. Jugendliche, ein Altersjahrgang, eine Schulklasse, stellen Fragen, die ausführlich behandelt und mit Widerrede beantwortet werden. Da wird nicht ex cathedra das rechte Verhalten gelehrt, da wird der Rat problematisiert und aus der eigenen, gewiß noch spärlichen Erfahrung in Frage gestellt; es kommt solchermaßen ein Aufklärungsgespräch zustande. Man möchte hoffen und für die Betroffenen wünschen, daß diese Gespräche in der hier abgedruckten Form auch tatsächlich stattgefunden haben. In Heft 22 wird übrigens in einem Gespräch von Haß und Eifersucht gehandelt, ein Gespräch, das möglicherweise den Vorwurf widerlegen könnte, BRAVO lege seine Aufklärung nur auf technizistisches Handlungswissen an und unterschlage demzufolge die Emotionalität und den Unterschied von Sexus und Eros. Übrigens, die von der Bundeszentrale für gesundheitliche Aufklärung in Zusammenarbeit mit BRAVO herausgegebene Broschüre »Muß-ehen muß es nicht geben« liegt keineswegs auf dieser Linie, ist wiederum nur eine technizistisch aufbereitete Anweisung, die übrigens einem Rollenmodell zuneigt, demzufolge der weibliche Körper bildlich in allen Details vorgestellt wird, der männliche demgegenüber offenbar als schutzbedürftig deklariert wird. Konkret: die Anwendung von Kontrazeptiva kann bei der Frau gezeigt, beim Mann allenfalls simuliert dargestellt werden.

Aufklärungs-Funktion kommt auch der »Foto-Love-Story« zu –, ein weiterer Schwerpunkt der BRAVO-Konzeption. In Heft 17 beginnt die larmoyante Bildergeschichte »Petting im Wald«, deren Reim relativ einfach gestrickt ist: Jugendliche Unbefangenheit und jugendlicher Überschwang führen zu Konsequenzen, die mangels Aufklärung nicht vorbedacht sind. Die Geschichte wird dann zunächst bis Nr. 22 so ausgefahren: Den unbeschwerten Teenies steht Nachwuchs ins Haus. Die Gefühle zwischen Beschwichtigung, beiderseitigem Einverständnis und elterlichem Widerspruch schwanken hin und her. Abtreibung oder uneheliche Geburt – das ist hier die Frage; eine Alternative, die argumentativ in dieser Form nicht vollzogen werden kann. Michaela und Peter, die Hauptpersonen dieser Tragik-Story, wollen heiraten, die barsche Mutter von Peter tritt dazwischen und deklamiert die Infamie: »Ich sorge für eine prima Abtreibung in Holland, Peter zahlt alles, Fahrt, Krankenhaus und Arztkosten. Es wird alles prima!« Es wäre ja noch schöner und BRAVO sei da vor, wenn nicht die Beratungsstelle oder die späte reuevolle Einsicht von Peter noch einen Ausweg wüßten, und sei es gegen den wütenden Einspruch von Mammi. Ich möchte die Mutmaßung nicht ganz von der Hand weisen, daß sich in BRAVO der Generationen-Konflikt in einer neuen Qualität darstellt. Die Eltern müssen durch die Jugendlichen zu einer neuen Einsicht bekehrt werden, ihr traditionell begründetes Wohlverhalten wird durch den Sittenkodex einer neuen Generation zur Veränderung gezwungen. Das Ende dieser Geschichte kann im Moment noch nicht abgesehen werden. Die Maschen sind indes im Bauer-Almanach publizistischer Strickmuster gewiß bereits vorgezeichnet.

Schließlich sei zu einem letzten Schwerpunkt, dem Fortsetzungs-Roman, noch ein Wort gesagt. Einer Generation, die, sei es durch eigene Erfahrung oder eigene Anschauung, die Probleme von Drogenkonsum – ob Alkohol oder Hasch – kennt, wird man die Lausbubengeschichten von Ludwig Thoma ebensowenig andienen können wie die Feuerzangenbowle, in der Rühmann die schulischen Triumphe und Schwänke der älteren Generation so herrlich, so infam und so verzeihlich-weise vor- und nachspielte. Abgelauschte Reminiszenzen, die die krude Numerus-clausus-Mentalität nicht mehr kennen und die heute als schiere Vergangenheit allenfalls überheblich belächelt werden können. Der Roman kolportiert Klassenschwänke moderner Art. Dem arrivierten Bundestagsabgeordneten soll der eigene Sohn, derzeit in Klasse 10, in volltrunkenem Zustand vorgeführt werden. Des Apothekers-Sohn kennt sich in den Ingredienzien aus, die diesen Zustand herbeiführen; außerdem ist da noch eine Rechnung zu begleichen, die allenfalls jugendlicher Eifersucht zuzuschreiben ist. Etwas Liebe ist gewiß auch im Spiel. Es steht zu befürchten, daß der naive Schülerspaß so glimpflich nicht abläuft und daß die gesellschaftlichen und medizinischen Komplikationen noch einige Hefte füllen werden. Aber das Faktum, das die Klasse 10 koedukativ ist, verspricht, daß das Happy-end auch zu neuen Ufern weist. Auf eine radikale Wende bei einem BRAVO-Roman kann und darf nicht gewartet werden.

Diese Hinweise mögen deutlich machen, daß BRAVO sich, freilich nicht übermäßig signifikant, gewandelt hat und daß sich mit Nr. 22/1977 eine Hinwendung zu einer vermehrten Aktualität ankündigt.

Wiederholt bin ich gefragt worden, wie denn auf dem Hintergrund inhaltsanalytisch Einschätzung BRAVO weltanschaulich zu verorten sei.

Zunächst sei dazu gesagt, daß die Abhebungen »links-rechts-mitte« ebenso unzulänglich sind wie die von »kon-

servativ-gemäßigt-progressiv«. Die Zuordnung von weltanschaulichen Positionen zu politischen Parteien, so wie sie derzeitig in der Bundesrepublik vorfindbar sind, geht ganz in die Irre. Die Eindeutigkeit und die politische Konsequenz des 19. Jahrhunderts ist uns abhanden gekommen – und man braucht das nicht einmal als einen Nachteil aufzufassen. Personen wie Blüm und Biedenkopf, wie Leisler Kiep und Carlo Schmid, wie Friederichs und Lambsdorf, wie Vogel und Apel lassen sich nicht auf die eindeutige, und deshalb vielfach nicht praktikable Doktrin reduzieren. Kommt hinzu, daß Begriffe, die man früher eindeutig weltanschaulichen Positionen zuordnen konnte, heute so vieldeutig geworden sind, daß sie mit unterschiedlichen Hintergrundsinterpretationen multifunktional verwendbar sind. Was sind die charakterisierenden Adjektiva, die auf BRAVO anzuwenden wären?: Systemkonform, konsumorientiert und konsumbewußt, liberal – in Weltanschauung und ungezwungen in den Gesellungs- und Gesittungsformen, hierarchisch gesinnt und doch gleichzeitig generationsspezifisch undogmatisch – wir reden ja hier nicht von dogmatisierten und indoktrinierten Randgruppen der studentischen Jugendgeneration – unkonventionell und doch gleichzeitig, nach individuell vollzogenen Brüchen, an den Konventionen sich wieder orientierend. Wollte man schon eine Chiffre wählen – sie ist zweifelsohne unzulänglich – so könnte man das Konzept von BRAVO als »liberal-konservativ« ausweisen; allerdings eine historische Rückversicherung kann und will dieses Konzept gewiß nicht reklamieren.«

Bei einer neuerlichen Durchsicht der Jugendzeitschriften habe ich Veränderungen größeren Ausmaßes nicht feststellen können. Bei »BRAVO« meine ich beobachten zu können, daß die Star-Porträts etwas weniger hymnisch und idealisiert angelegt sind, daß das Bild noch stärker als bisher an die Stelle des Wortes tritt. »ran« hat in jüngster

Zeit für einige Aufregung gesorgt und zwar mit einer Sexualaufklärungs-Serie, von der Berliner Psychologin *Eva Jaeggi* verfaßt, in der Aufklärung in handlicher, direkter, jugendforscher Weise veranstaltet wird. Der Sprachgebrauch enthält sich jeder Verstellung und Verschleierung, die Inhalte sind in Gebrauchsformeln und Anweisungen gegossen. Proteste kamen nicht nur von Pfarrern und Pädagogen, Unmut mußte auch in Gewerkschaftskreisen besänftigt werden.[65]

Seit der frühen Untersuchung von *Rosenmayr*[66] wird der Frage nachgegangen, inwieweit Jugendzeitschriften, insonderheit ›BRAVO‹, die jugendliche Vorstellungswelt beeinflussen, jugendliches Verhalten prägen und verändern, die Lebens- und Freizeitgewohnheiten regulieren und die Konsumlust anheizen. Schon *Rosenmayr* weist auf äußerliche Unterschiede hin, die bei ›BRAVO‹-Lesern und Nicht-›BRAVO‹-Lesern ermittelt wurden und berichtet von Bedenken, die in Österreich bei Erscheinen der ersten Hefte von ›BRAVO‹ vorgebracht wurden.

Seither sind weitere Untersuchungen gefolgt, aus denen der Schluß zu ziehen ist, daß die ›BRAVO‹-Gemeinde sich in ihrem Sprachgebrauch, in ihrer Verhaltensweise, in ihrer Lebenseinstellung solidarisiert und daß ›BRAVO‹ solchermaßen die Funktion einer pädagogischen Instanz außerhalb von Schule, Elternhaus und Betrieb einnimmt. Wenn sich ›BRAVO‹ selbst als Agentur der »sekundären Sozialisation« etikettiert, so kann dieser Selbsteinschätzung im Blick auf die solidarisierten ›BRAVO‹-Leser nur zugestimmt werden. Bedenklich dürften die prägenden Einflüsse vor allem bei

---

65 S. dazu: Man muß nicht immer bumsen können, in: der »Stern«, Nr. 18, 1976, p. 170; *R. Stefen*, »ran« geht ran mit »Fachfrau«, in: Medien- und Sexualpädagogik, H. 1, 1976, p. 18 ff. Dort wird auch ausführlich aus den Beiträgen zur Onanie zitiert.
66 *L. Rosenmayr* et al., Kulturelle Interessen von Jugendlichen, Wien/München 1966, p. 107 f.

den »Nur-BRAVO-Lesern« sein.[67] *Ernst Martin* berichtet im Anschluß an eine Darstellung von *Aufermann*: »Nicht einmal 5 Prozent der Leser von ›BRAVO‹ z. B. lesen auch eine Tageszeitung, selbst die Bild-Zeitung wird nur von 7,7 Prozent gelesen«.

Inzwischen sind auch mediendidaktische Modelle entwickelt worden, die die Schüler befähigen sollen, sich kritisch mit ihren Jugendzeitschriften auseinanderzusetzen.[68] Daß man die Bedenken gewiß nicht achtlos beiseiteschieben sollte, wird auch durch eine Aktivität der Bundesprüfstelle für jugendgefährdende Schriften unterstrichen. Mit Entscheidung vom 6. 10. 1972 wurden die Ausgaben 6 und 7/1972 in die Liste der jugendgefährdeten Schriften eingetragen. Hinsichtlich der Inhalte von ›BRAVO‹ wurde diagnostiziert, daß sie »normativ wirkten für: resignative Realitätsabkehr, Minderwertigkeitsgefühle bis hin zur Lähmung der Leistungsmotivation und Leistungsidentität, Schulversagen und Schulflucht, Desintegration der Sexualität in die gesamtmenschliche Persönlichkeit und für Flucht in Drogen und Alkoholgenuß. Die Inhalte verhindern außerdem das Erlernen von Frustrationstoleranz, die Berücksichtigung von sozialen Belangen wie gegenseitige Rücksichtnahme, Verzicht um des anderen willen und anderes mehr«.[69]

Nun, mit derart starkem Geschütz wird heute nicht mehr gegen ›BRAVO‹ argumentiert, dafür gibt es einige Gründe: einmal hat sich die Öffentlichkeit weithin mit diesem Typ der Jugendzeitschrift abgefunden, sodann erreicht ›BRAVO‹ ihre Leser nur für eine relativ kurze Phase ihres Jugendlebens – freilich eine Phase, in der wesentliche Sozialisierungsvorgänge ablaufen –, und schließlich hat sich ›BRAVO‹

---

67 S. dazu *E. Martin*, Wie sieht es im Kopf eines Nur-BRAVO-Lesers aus, in: Unsere Jugend, August 1976, p. 351 ff.
68 S. z. B. *D. Baacke*, Hrsg., Mediendidaktische Modelle: Zeitung und Zeitschrift, München 1973; sh. dort die Beiträge von *K.-J. Fischer*, p. 89 ff. und *H. Grosser*, p. 155 ff.
69 Zit. nach *R. Stefen*, Massenmedien, a.a.O., p. 37.

seit der Indizierung eine gewisse sprachliche und inhaltliche Zurückhaltung auferlegt. Kommt letztlich hinzu, daß der massenmediale Konsum Jugendlicher auf zwei Präferenzen ruht, auf dem Fernsehen und der Jugendzeitschrift. Korrekturen wären also durch das Fernsehen sicher möglich und auch tatsächlich nachweisbar.
Schließlich sei ins Positive gewendet der Zeitschrift auch eine pädagogische Funktion attestiert. Hier wird z. B. in der Sexualaufklärung eine Hilfe angeboten, die die anderen Sozialisationsagenturen dem Jugendlichen weithin versagen. Offensichtlich hat der schulische Sexualkunde-Unterricht noch nicht zum Abbau von Tabuierungen beigetragen und hinlänglich praktikable Einstellungen zu Sexus und Eros vermittelt. Die Aufklärungsserien, in Geschichten und Bilder verpackt, können für Jugendliche durchaus hilfreich sein, zumal dort ohne Verstellungen über Verhütungsmittel, Geschlechtskrankheiten und voreheliche Kontakte gesprochen wird.
Wir haben vorstehend versucht, einige Merkmale der gegenwärtigen Jugendgeneration aufzuzeigen und ihren Medienkonsum näher beleuchtet. Das vorschnelle Resümee der Publizistik, es handle sich um eine angepaßte Generation, sollte man nicht übernehmen. Es ist deutlich geworden, daß in dieser Generation, wie in ihren Vorgängern auch, viele Widersprüchlichkeiten eingeschlossen sind. Wollte man die Jugend anders als sie ist, dann sollte man nicht bei der larmoyanten Denunziation stehen bleiben, sondern sich um sie in ihrer privaten Lebenswelt mehr kümmern und sie dort verstehen lernen. Formen einer jugendnahen außerschulischen Pädagogik sind bislang über einige beherzte Experimente nicht hinausgekommen. Wenn nicht die vorhandenen Initiativen ermuntert und in ihrem Tun unterstützt werden, bleiben die Jugendlichen im Bannkreis »geheimer Verführer«.

Joachim Braun

BRAVO im Spiegel der Literatur

Literatur zu BRAVO existiert seit etwa 10 Jahren. Die Aspekte, unter denen BRAVO dabei behandelt wird, sind vielfältig.

Die gesamte Literatur zu dieser Jugendzeitschrift zu behandeln, würde bei weitem den Rahmen dieses Beitrags sprengen. Bei der eingehenden Lektüre fällt allerdings auf, daß sich die einschlägige Literatur im wesentlichen auf die hier behandelten Arbeiten reduzieren läßt. Von daher erschien es uns auch nicht erforderlich, eine ausführliche Bibliographie am Schluß dieses Buches aufzuführen. Um Unübersichtlichkeit zu vermeiden, haben wir bewußt auf die Behandlung von didaktischen Modellen zum Thema BRAVO verzichtet.
Das Ziel dieses Beitrages ist es, den Leser über die wichtigsten Arbeiten zu diesem Thema zu informieren. Über den reinen Inhaltsbericht hinaus soll dabei versucht werden, Übereinstimmungen und Differenzen der Arbeiten herauszustellen. Wir wollen damit demjenigen Leser helfen, der sich nicht im einzelnen mit diesem recht unübersichtlichen Gebiet beschäftigen kann, ein wenig Klarheit über die unterschiedlichen Auffassungen zu gewinnen und ihm gleichzeitig Hinweise auf die Wichtigkeit der jeweiligen Arbeiten geben. Dabei wird folgendermaßen verfahren:
In einer Einleitung wird ein kurzer Überblick über die jeweiligen Schwerpunkte der hier behandelten Beiträge gegeben. Der Schwerpunkt dieser Arbeit liegt dann im mög-

lichst nüchternen Referieren der besprochenen Beiträge. Damit deutlich zwischen der Meinung des Referenten und des referierten Autors unterschieden werden kann, habe ich Kommentar und Referat voneinander abgehoben, wobei das Referat auch den Sprachgebrauch des jeweiligen Autors berücksichtigt.

Einen allgemeinen Eindruck der Jugendzeitschrift BRAVO vermittelt *Erdmute Beha* in ihren beiden Beiträgen »Bravo« und in der mit *Broder* zusammen verfaßten Arbeit »Die große Bravofamilie«. Sie informiert über die Marktsituation der Jugendzeitschriften sowie deren Inhalt und zeigt die daraus resultierende Konsum- und Starideologie auf; darüber hinaus beschreibt sie die redaktionellen Schwerpunkte und die Zielsetzung BRAVO's.

Grundlegend für die BRAVO-Literatur sind gleichermaßen die Beiträge von *Dieter Baacke* »Bravo« und »Der traurige Schein des Glücks« sowie die Arbeit von *Rolf Gutte* »Gesellschaftliche Identifikationsangebote«, obwohl beide Autoren BRAVO aus unterschiedlichen Perspektiven behandeln. *Baacke* ermittelt am Beispiel BRAVO die visuellsprachlichen Methoden der kommerziellen Jugendpresse und weist nach, wie gerade in diesem Bereich die Doppelcodierung von Text und Bild die emotionale Wirkung der vermittelten Inhalte verstärkt.

Im Gegensatz zu dem kommunikationswissenschaftlichen und pädagogisch-didaktischen Ansatz *Baackes* betont *Gutte* die gesellschaftsstabilisierende Funktion dieser Zeitschrift. *Gutte* weist nach, wie deutlich die in BRAVO angebotenen Identifikationsinhalte durch die soziokulturellen und sozioökonomischen Rahmenbedingungen der Gesellschaft vorgegeben sind. BRAVO vermittelt nach *Gutte* nur solche Wertvorstellungen, die auf den Bestand des gegenwärtigen Systems ausgerichtet sind.

Trotz dieser unterschiedlichen Ausgangspunkte sind die didaktischen Anweisungen beider Autoren recht ähnlich.

Mehr aus der Sicht des Pragmatikers ist *Horst Neißer's* »Die Jugendzeitschrift, ihr Einfluß dargestellt am Beispiel BRAVO« geschrieben. *Neißer* wendet sich mit diesem Buch an Eltern, Lehrer und Jugendliche und berichtet zunächst über den Problemkreis der Pubertät, worin er die Hauptursache für die Beliebtheit BRAVO's sieht.

Ganz auf der Basis des sozialistischen Klassenkampfes stellt *R. Reiche* seine Überlegungen zum Thema »Sexualität und Klassenkampf« an. In diesem Buch geht er auch auf kommerzielle Zeitschriften ein. Er beschäftigt sich mit der unterschiedlichen Darstellung von Sexualität in den Zeitschriften BRAVO und der in den 60er Jahren bekannten Zeitschrift TWEN. So verschieden die Darstellung auch ist, so *Reiche*, das Anpassungsziel ist identisch. Die Unterschiede resultieren aus dem unterschiedlichen Niveau des Leserkreises.

Einen speziellen Beitrag zur BRAVO-Interpretation leistet *N. R. Wolf* in seinem Beitrag »Heldendichtung für Teenager«, in dem er sich mit der von BRAVO verwendeten Sprache beschäftigt. Er analysiert nach literaturwissenschaftlichen Methoden einen Report über *Katja Ebstein*, denn er ist der Meinung, daß durch die Analyse des Sprachniveaus nichtpoetischer Texte die Kritikfähigkeit der Jugendlichen zu den Inhalten dieser Texte eingeübt werden kann und daß durch die Erhellung des betont-aktuellen Sprachcodes die Zielsetzung der Redakteure offenkundig wird.

Erdmute Beha/Henryk M. Broder:

»*Die große BRAVO-Familie: Stars im Glück für Fans im Unglück*« *in* »*'ran 1, Mit Politik und Porno*«*, Frankfurt/ Main 1973, ²1977*

Inhalt:

BRAVO ist mehr als eine über Schlager und Film informierende Jugendzeitschrift; BRAVO ist Ideologieträger und Wegweiser für die Pubertierenden in die Welt der Erwachsenen, der sie gerade mit Hilfe ihrer Hauptlektüre zu entkommen glauben. Die Strategie der BRAVO-Redakteure ist es, Jugendliche zu kritiklosen Konsumenten zu formen. Andererseits muß man sich auch die Situation einer kommerziellen Jugendzeitschrift wie BRAVO innerhalb des marktwirtschaftlichen Systems der BRD bewußt machen. Um geschäftliche Erfolge erzielen zu können, muß man eine Interessengemeinschaft zwischen Redaktion und Industrie eingehen. Die finanzielle Lage BRAVO's zeigt ein Zitat des ›Spiegel‹ von 1968: »Bei einem Verkaufspreis von einer Mark deckt die Teenagerpostille ihre Herstellungs- und Vertriebskosten. Anzeigenaufträge minus Redaktionskosten ergeben einen jährlichen Gewinn von rd. 4 Millionen Mark.«
BRAVO ist abhängig von der Werbebranche: Entscheidend für den Profit eines Verlages sind Auflage und Reichweite. Denn nur dann ist man für die anzeigengebende Wirtschaft interessant. Dort stellt sich BRAVO als »Weg zum jungen Käufer vor«.
In diesem Zusammenhang ist wahrscheinlich auch der Redaktionswechsel, der 1972 innerhalb der Redaktionsleitung vorgenommen wurde – Chefredakteurin *Krakauer* wurde von *Gert Braun* abgelöst – zu sehen, denn von 1970 bis 1972 fiel das durchschnittliche Alter der Hauptzielgruppe der 14- bis 19jährigen. Dieser Trend war ein Alarmsignal für die BRAVO-Redaktion, weil eine Hauptzielgruppe der 10- bis 14jährigen über weniger Kaufkraft verfügt und so für die Werbebranche kaum relevant ist.
Folgende Mechanismen werden von BRAVO eingesetzt,

um eine möglichst lange und möglichst intensive **Leserblattbindung** zu erhalten:

Ein wichtiges Element dieser Konzeption ist die geschickt aufgebaute BRAVO-Familie, die aus der engen Gemeinschaft zwischen Stars und Fans steht. Die Fans dürfen an dem Leben der Stars, das mit stereotypen Bildern von Luxus und Karriere geschildert wird, in der Rolle des Verehrers teilhaben. Diese Tendenz läßt sich an zahlreichen Starbiographien nachweisen.

Ein weiteres wirksames Mittel, um die neuesten Tendenzen der Vorstellungswelt des Jugendlichen aufzufangen und zu verwerten, sind die Leserumfragen, die als Mitbestimmung kaschiert werden. Hauptaktion in diesem Rahmen ist die alljährliche Otto-Wahl, in der der Leser seine Favoriten aus Film, Fernsehen, Schlager und Sport wählen kann und so das Gefühl vermittelt bekommt, er habe unmittelbar Einfluß auf die Karriere seines sonst unerreichbaren Idols. Durch diese Marktforschung ist die Redaktion davor geschützt, am Leserinteresse vorbeizugehen.

Unter die Kategorie »MITBESTIMMUNG« fällt auch die BRAVO-Girl- und BRAVO-Boy-Wahl sowie die Aktion »BRAVO-Leser machen Mode«, durch d . dem Leser das Gefühl gegeben wird, daß er selber Trends be⁻ ˙ ˙ ˙ ˙ kann. Durch dieses scheinbare Mitspracherecht merkt der Leser nicht, wie stark BRAVO seine Vorstellungswelt bestimmt.

Die Rubriken »BRAVO Filmroman«, »Teletip«, »Hit der Woche« geben Konsumanregungen, die in die BRAVO-Mentalität passen. Gesellschaftlich relevante Ereignisse werden ausgeklammert, die heile BRAVO-Welt der Stars schirmt vor der Realität ab. Ein Indiz dafür, daß BRAVO die Kaufkraft der Jugendlichen freilegen will, ist die Verkoppelung von angebotenen Waren mit Identifikationssymbolen. Die dem Star geltende Emotion und Bewunderung soll auf ein Produkt übergeleitet werden.

Neben dem Starkult, durch den die Jugendlichen zu einer
Konsumideologie geführt werden sollen, hat die BRAVO-
Redaktion im Laufe der Zeit noch einen weiteren Themenbereich aufgebaut: den der »Lebenshilfe«. Hier wird vor
allem bei der Bewältigung der sexuellen Triebe geholfen.
Diese Komponente soll das Interesse der älteren Jugendlichen ansprechen und die Leserblattbindung erhalten. Obwohl die Sexualreporte in ihrer Aufmachung erotisch ge-
laden sind, um bei den Jugendlichen einen sexuellen Span-
nungszustand zu erhalten und zu verstärken, vermitteln
sie überlieferte Verhaltensformen und Wertvorstellungen. Die Progressivität der »Sexualaufklärung ohne Tabus«
ist nur vordergründig; auch in diesem Bereich wird der
Jugendliche in das traditionelle Sexualnormensystem der
Gesellschaft integriert.
Im Oktober 1972 wurden die beiden BRAVO-Nummern
6 und 7 indiziert. Der Indizierungsantrag wurde vom
Bayerischen Staatsministerium für Arbeit und Soziales bei
der Bundesprüfstelle für jugendgefährdende Schriften in
Bonn gestellt. Die Indizierung spricht jedoch nicht für ein
geschärftes Problembewußtsein der Jugendschützer gegenüber den tatsächlichen Gefahren BRAVO's für die Jugendlichen. Zwar werden vom Antragsteller Starkult, Hinführung zu kritiklosem Konsum und Ablenkung von Problemen der eigenen Welt als Kriterien der Jugendgefährdung
genannt, doch der Hauptgrund für den Indizierungsantrag
liegt in den Aufklärungsreports, die lt. Antragsteller sexuelle Intimitäten zwischen Jugendlichen in einer Weise schil-
dern, die starken Aufforderungscharakter enthält. Nicht die
Konsumideologie, sondern die sexuelle Gefahr, die der Antragsteller sieht, führten zur Indizierung der beiden Hefte,
denn bisher wurde nur das als jugendgefährdend erklärt,
was die Jugendlichen zur Veränderung der gesellschaftlichen und sexuellen Normen auffordert. BRAVO, durch
die Vermittlung von Konsum und Starideologie ein Agent

der Anpassung an bestehende Ordnungs- und Abhängigkeitsverhältnisse, wurde von den Jugendschützern nicht angegriffen, da sie hier ja systemerhaltende Funktion hat. Mit dieser Indizierung wurde auch zu spät auf BRAVO reagiert, weil BRAVO zunehmend, dem Lesebedürfnis folgend, sexuelle Themen wie z. B. Onanie behandelt. Doch BRAVO verursacht nicht die sexuelle Aktivität der Jugendlichen, sondern sie greift diesen Zustand nur auf und macht ihn sich aus wirtschaftlichen Erwägungen zunutze.

Wenn man dieses marktwirtschaftliche, konsumorientierte System akzeptiert, so folgt daraus, daß es für eine kommerzielle Jugendzeitschrift durchaus legitim ist, alle konsumfördernden Mechanismen einzusetzen, um Gewinn zu erzielen. Es geht nicht darum, die Gefahr der BRAVO-Konzeption zu relativieren, sondern es muß deutlich gemacht werden, daß die Problematik BRAVO's nur im Zusammenhang einer gesamtwirtschaftlichen Diskussion gesehen werden kann. Denn in diesem System ist BRAVO, beispielsweise neben der Werbung, nur ein Element.

Kommentar:

Die Lektüre dieses Beitrages bietet dem Leser einen allgemeinen und unkomplizierten Einstieg in das Thema, wobei auch die saloppe, leicht verständliche Sprache hervorzuheben ist. Er hat eine mehr analytische und beschreibende Funktion, ohne ein bestimmtes didaktisches Modell zu vertreten oder ausdrücklich politische Konsequenzen zu verlangen. Es wird vielmehr ein gewisses Verständnis für das Konzept der BRAVO-Redaktion gezeigt, die sich ja an den Gesetzen des Marktes orientieren muß und deshalb nicht kritisiert werden kann ohne den Hinweis, daß diese Kritik ebenfalls auf andere marktwirtschaftliche Produkte übertragen werden muß.

Dieter Baacke:

»Der traurige Schein des Glücks« in *K. Ehmer (Herausgeber): »Visuelle Kommunikation«, Köln 1974*

Inhalt:

Ausgangspunkt ist ein Überblick über die geschichtliche Entwicklung der deutschen Illustrierten. Durch die zunehmende industrielle Entwicklung hat sich der Verteilerapparat vergrößert, zwangsläufig damit verbunden ist eine steigende Kommerzialisierung. Die pädagogische Absicht, eindeutige Werte zu vermitteln, schwindet in dem Maße, in dem die Illustrierte zur ergiebigen Einnahmequelle wird. Daraus läßt sich die Formel ableiten, die die doppelte Abhängigkeit der Zeitschrift einerseits vom Anzeigenkunden, andererseits vom Leserkunden wiedergibt: je mehr Lesewillige, desto größer die Auflage; desto umfangreicher das Aufkommen an Anzeigen und umgekehrt: je mehr Anzeigen, desto besser die Ausstattung, desto zahlreicher die Leser. Diese Doppelseitigkeit von Angebot und Nachfrage bestimmt den heutigen Zeitschriftentyp. Schwerpunktmäßig wird nun in einer Zeitschriftenanalyse die Funktion des Bildes untersucht. Da die Abhängigkeit von der Werbewirtschaft wuchs, wurde das Verfahren ausgenützt, über das Bild als Identifikationsmuster Bedürfnisse im Leser zu wecken oder zu schaffen. So wie der Bildanteil in einer Zeitschrift ständig wuchs (1956 = 5%, 1975 = 50% und mehr), so wuchs auch seine Bedeutung. Veranschaulichte früher die Illustration den Text im Sinne einer Gedächtnisstütze, so ist das Bild heute zum Nachrichtenträger geworden. Dieser Aspekt der visuellen Kommunikation gewinnt auch bei einer Analyse der kommerziellen Jugendzeitschrift Bedeutung. Die kommerziellen Jugendzeitschriften Europas unterschei-

den sich in Aufbau, Machart und Themenauswahl nur geringfügig und haben internationalen Charakter. Führend auf diesem Sektor ist in der Bundesrepublik die BRAVO.
Vergleicht man das Verhältnis von Bild und Text in BRAVO, so stellt man fest, daß 65% der bedruckten Fläche Fotos und Zeichnungen sind. Die Illustration wirkt mit der Sprache in eine Richtung: eine Aussage soll verstärkt werden. Das Bild vermittelt unmittelbar eine Botschaft; mit dem visuellen Eindruck wird man zur Assoziation angeregt und entwickelt individuelle Vorstellungen. Die Bilder – sei es im redaktionellen Teil oder sei es in der Werbung – suggerieren das gleiche Weltbild: Jugend, Schönheit, Wohlstand. Entscheidende Lebens- und Erfahrungsbereiche wie beispielsweise Konflikte oder Versagen, mit denen man sich in der Realität auseinandersetzen muß, werden ausgesperrt. Auch die Farbkompositionen der Bilder entsprechen diesem harmonischen Einklang. Es wird ein reduzierter Weltausschnitt präsentiert.
Diese realitätsferne Mentalität zeigt sich auch in den Starbiographien. Der Leser wird in die Welt des Stars wie in eine fiktive Traumwelt geführt, die keinen Bezug zu seinem sozialen Umfeld hat. Der Star wird als Inkarnation aller pubertären Wunsch- und Konsumvorstellungen präsentiert. Doch um eine Identifikation zwischen Fan und Star möglich zu machen, wird das Idol als Musterexemplar des Durchschnittsmenschen und Mittelstandsweltbildes klischiert. Ein Beispiel dafür ist die Präsentation von *Roy Black* als der nette, erfolgreiche Junge von nebenan. Seine bürgerliche Moral wendet sich gegen alles, was eine Veränderung des gesellschaftlichen Status-quo bewirken würde. (Er kritisiert z. B. Gammler mit langen Haaren). Der Star wird als konsumkonformer Normalmensch aufgebaut; dadurch wird die Moral- und Gesellschaftsordnung stabilisiert, denn eine von der Industrie abhängige Zeitschrift wie BRAVO muß eine Rebellion gegen die Normen

der Konsumgesellschaft verhindern. So wird der Jugendliche mittels Star, der sich nur vordergründig gegen die ältere Generation auflehnt, in die Vorstellungswelt der Erwachsenen eingeführt. Die Moral, die BRAVO auf diese Weise an den Jugendlichen weitergibt, entspricht nicht einer weltanschaulichen Überzeugung, sondern dem Wunsch nach Profitsteigerung, und dazu muß die Kalkulation mit Industrie und Handel aufgehen. So muß der BRAVO-Redaktion der Vorwurf gemacht werden, daß sie diese Tatsache bewußt verschleiert; sie baut sich für den Leser ein Image als Anwalt der Jugendlichen auf.

Auch die Werbung in BRAVO ist auf Jugendliche spezialisiert: die angezeigten Produkte sind auf das Problemfeld von jungen Leuten abgestimmt, z. B. Präparate für eine schlanke Figur, gegen Pickel usw. In BRAVO sind redaktioneller Teil und Werbung einheitlich programmiert, der angebotene Weltausschnitt bleibt der gleiche.

Auch in der Story des Fortsetzungsromans wird die inhaltliche Einseitigkeit dieses Zeitschriftentyps deutlich erkennbar. Das Grundthema – Liebe mit Happy-End – wird nach dem Gut-Böse-Prinzip aufgebaut und von einer sich nur geringfügig ändernden Abfolge von Klischees, z. B. Nachtbar, Flughafen, Landsitz, eingerahmt. Die handelnden Typen des Romans werden so beschrieben, daß sich für den Leser eine Kategorisierung in Gut-Böse anbietet. Das Sprachniveau ist schlechtweg primitiv.

Die Tendenz, daß Tugend belohnt und Abweichung bestraft wird, da ja die Anpassung an das Bestehende gefordert ist, wird von der Reklame suggeriert und von den Stars bekräftigt, und auch im Roman weiter verfolgt. Der Jugendliche hat keine Möglichkeit, die bestehenden Normenmechanismen zu durchschauen und dadurch seine individuelle Lebenshaltung zu entwickeln, sondern er übernimmt unreflektiert Vorgegebenes. Dadurch wird sein Sozialisationsprozeß gestört.

Der zweite Großbereich neben der Traumwelt der Stars ist die Aufklärung. In der Rubrik »Liebesprobleme« sollen junge Leute echte Hilfestellung bekommen, um sich in der Realität zurechtzufinden. An der hohen Zahl der Leserbriefe läßt sich das Bedürfnis der Jugendlichen nach solchen Ratgebern erkennen. Offensichtlich werden die BRAVO-Psychologen als erzieherische Autorität akzeptiert, was zu einem Autoritätsvergleich mit anderen erzieherischen Instanzen herausfordert. Aus einer Analyse der Leserbriefe kann man ersehen, daß in den Fragen hauptsächlich die Bereiche Generationenkonflikt und erotische Schwierigkeiten angeschnitten sind.

Doch die BRAVO-Redaktion wird dem Vertrauen ihrer Leser nicht gerecht; sie hilft ihnen nicht bei der Bewältigung ihrer Konflikte, sondern die Antworten passen in die durch alle Rubriken gehende BRAVO-Konzeption: als Basis der Antworten wird das traditionelle Kategoriensystem angeboten, dessen Regeln der Jugendliche zu akzeptieren hat. Die persönliche Situation und der Bezug zu gesellschaftlichen und politischen Systemen wird völlig vernachlässigt.

Die Aufklärungsreports in BRAVO erhalten Unterstützung von den traditionellen Erziehungsmächten. Die Vermutung liegt nahe, daß der Grund dafür in der Hilflosigkeit der eigentlichen Erziehungsinstanzen in dem Bereich Aufklärungsarbeit deutlich wird.

Es geht in diesen Reports nicht um die Enttabuisierung der Sexualität. Die Darstellung dieser Bereiche ist eine Mischung zwischen Sachlichkeit und Anreiz zu verbotenen Vorstellungen. Die Tatsachenberichte der Jugendlichen zeigen die gleichen Lenkungstendenzen wie beispielsweise die Fortsetzungsromane: BRAVO setzt selber eine Realität, die jedoch von den tatsächlichen Lebensbedingungen des Jugendlichen weit entfernt ist und von ihm auch nie erreicht werden kann, sondern die ihn in eine Traumwelt versetzt, was eine kritiklose Anpassung an die Regeln der bestehenden Konsumgesellschaft zur Folge hat. Die Moral, die BRAVO vermittelt, ist lediglich eine Funktion des Verkaufsinteresses.

In einem Anhang legt *Baacke* die Voraussetzungen und Verfahren der Kommunikationstheorien dar, von denen er bei seiner Inhaltsanalyse der kommerziellen Jugendzeitschriften ausgegangen ist. Er ist der Meinung, daß durch diese kommunikationswissenschaftliche Methodenauswahl der Leser in der Lage ist, die illustrierte Massenpresse nach diesen Gesichtspunkten selbständig zu interpretieren. Hier sollen jedoch nur *Baackes* Ausführungen über das Text-Bild-Engagement in der kommerziellen Jugendpresse angerissen werden.

In einem Zeitschriftentyp wie BRAVO wird eine Aussage in einem bebilderten Text durch das Zusammenwirken von Wort und Bild doppelcodiert. Die Aussage von Bild und Text ist dabei identisch; das Bild hat die Funktion, den Text zu bestätigen und umgekehrt – Text und Bild sind in diesem Falle auch unabhängig voneinander verständlich. Ziel dieser Doppelcodierung ist die Intensivierung der emotionalen Wirkung von Text und Bild.

Kommentar:

Dieter Baacke setzte sich 1968 als erster mit dem Thema BRAVO auseinander. Seinen damals veröffentlichten Artikel »BRAVO, Portrait einer Jugendzeitschrift« ergänzte er 1972 durch den Beitrag »Der traurige Schein des Glücks«. Die Inhaltsanalyse seines ersten Beitrages, an dem sich spätere BRAVO-Autoren orientierten, ergänzt *Baacke* durch einen kommunikationstheoretischen Exkurs, in dem er, über das Thema BRAVO hinaus, kommunikationswissenschaftliche Arbeitsweisen und Methoden aufzeigt. Durch diesen Schwerpunkt weist er die Doppelcodierung von Text und Bild in BRAVO nach und zeigt die Wirkung dieser doppelten Informationsübermittlung auf den Leser. Der Beitrag empfiehlt sich für den Leser, der sich für kommunikationswissenschaftliche Arbeit interessiert. Für den Laien liest sich der Beitrag allerdings nicht ohne Mühe, da er oft in der Sprache des Kommunikationswissenschaftlers geschrieben ist.

Reimut Reiche:

»Sexualität und Klassenkampf«, Frankfurt/Main 1968

Inhalt:

Die herrschende Sexualaufklärung in den Medien steuert der gesellschaftlichen Befreiung entgegen. Diese Sexualaufklärung hat die Funktion, ihre Leser an den Status-quo der bestehenden Gesellschaftsordnung anzupassen. Dazu werden BRAVO, TWEN, ELTERN und das NEUE BLATT analysiert.

Das Hauptziel, das für alle Rezepientengruppen gilt, ist zwar das der sozialen Anpassung, doch die Mittel, mit denen dieser Prozeß eingeleitet wird, richten sich nach den schichtspezifischen Normen der jeweiligen Gruppe. Dadurch erklären sich die unterschiedlichen Spielräume im Sexstandard zweier Zeitschriften aus demselben Verlag, obwohl diese Produkte gleichermaßen Scheinsexualisierung betreiben. Einige Kriterien der sozialen Anpassung und der sozio-ökonomischen Manipulation, die zeigen, daß jede gesellschaftliche Schicht ihren spezifischen Zielterminus hat, lassen sich folgendermaßen aufstellen:

1. Die Anpassungsmedien setzen Symbole und Stimuli ein, die die öffentliche und private Sphäre der genitalen Sexualität bestimmen. Der manipulative Einfluß dieser Stimuli (z. B. unerreichbare Glücksversprechungen) wurden schon in der einschlägigen Literatur erläutert. Doch es muß herausgestellt werden, daß sie nicht auf alle Anpassungsobjekte gleichermaßen wirken, sondern daß diese Symbole schichtenspezifisch auf einen genau kalkulierten Adressenkreis zugeschnitten sind.

2. Je tiefer die soziale Schicht ist, desto offener werden die Methoden der sexuellen Anpassung angesetzt. Aber vor allem werden die Normen der sozialen und sexuellen Anpassung, die den Leser aus der Unterschicht beeinflussen sollen, viel starrer und eindeutiger gesetzt als für die oberen Schichten, denen die Manipulateure einen größeren Spielraum der individuellen Abweichung und der Scheinfreiheit zubilligen.

Die Zeitschriften BRAVO und TWEN vermitteln – bedingt *durch die unterschiedliche Schichtenzugehörigkeit ihrer Leser – graduell abweichende Kultur- und Moralauffassungen.* Der BRAVO-Leser, der durchschnittlich aus der Unterschicht stammt, muß sich sehr früh in die Zwänge der Arbeitswelt einfügen. Die daraus gewonnene Frustrationstoleranz läßt die Reglementierung seiner Sexualität als sekundär erscheinen.

Für den TWEN-Leser, der aus der oberen Mittelschicht stammt und dessen Durchschnittsalter erheblich höher liegt, werden die Anpassungsmechanismen wesentlich geschickter eingesetzt. Scheinbar werden ihm alternative Verhaltensmöglichkeiten für sein Sexualleben geboten. Das sind jedoch nur Scheinfreiheiten, denn vom TWEN-Leser wie vom BRAVO-Leser wird gleichermaßen normativ die monogame, herrschaftstechnisch und ökonomisch begründete Zwangsehe gefordert.

3. Je tiefer die soziale Schicht ist, desto unerreichbarer ist die Rangstufe des Statussymbols, das aber beispielhaft die sozialen und sexuellen Verhaltensmuster repräsentiert. Trotz dieser wirtschaftlichen und sozialen Unterschiede zwischen Statussymbol und Anpassungsobjekt in der Realität hat das Verhalten der Vorbilder für die Manipulierten normativen Charakter. Dieser Identifikationsmechanismus gilt prinzipiell auch für die Gruppen, die mit Statussymbolen der eigenen oder einer scheinbar erreichbaren Schicht manipuliert werden.

4. Die schichtspezifische Anpassung stellt einen sozialen Ausgleich im gesellschaftlichen Gefüge her, d. h. daß – vordergründig betrachtet – jedes Individuum jedes Produkt konsumieren kann. Scheinbar werden also Klassenunterschiede aufgehoben. Der Preis für diese angebliche Gleichheit ist die permanente Weckung von Scheinbedürfnissen im Bereich der Warenwelt wie der Sexualsphäre, die nie zu befriedigen sind. Die bis ins Unendliche gesteigerten Scheinbedürfnisse schaffen für den einzelnen Leistungszwänge und verhindern, daß dieses System als kapitalistische Klassengesellschaft erkannt wird. Kollektive soziale Konfliktpositionen werden auf individualistische Leistungskonkurrenz und Anpassungspositionen verschoben, was den Klassenkampf verhindert. Einige Mechanismen, die zu dieser Verschiebung beitragen, wurden hier genannt.

Kommentar:

Reiche ist der einzige, der auf die Beziehung des jeweils von einer Zeitschrift vermittelten Wertesystems und des Rezeptionsniveaus des jeweiligen Leserkreises hinweist, wobei das Anpassungsziel bei allen untersuchten Zeitschriften

das gleiche ist. Unter diesem Gesichtspunkt ist sein Beitrag interessant. Er ist allerdings, darauf sei hier hingewiesen, sprachlich schwer verständlich und nicht systematisch aufgebaut, so daß der Leser hier mit Schwierigkeiten rechnen muß.
Auch bietet *Reiche* keine Lösung an, außer die der Systemveränderung. Didaktische Hinweise für eine Behandlung der Zeitschriften liegen nicht in seinem Interesse.

Rolf Gutte:

»*Gesellschaftliche Identifikationsangebote. Zum Beispiel BRAVO*«, *in Projekt Deutschunterricht, Heft 5/1975*

Inhalt

Der Grund für den über Jahre andauernden Erfolg der Jugendzeitschrift BRAVO ist nicht in ihrer Variationsbreite zu finden, sondern er erklärt sich durch das Angebot, das BRAVO dem seine Identität suchenden Heranwachsenden bietet: soziale und private Orientierung.
Die Identifikationsangebote werden durch die jeweilige Gesellschaft und ihre sozio-ökonomischen und sozio-kulturellen Rahmenbedingungen geprägt.
Identität ist die Entwicklung einer Rolle, die beeinflußt ist durch bestimmte Bezugspersonen und Weltanschauungen. Trotz dieser Rollenfunktion für die Identitätsbildung ist das Gefühl, einer Selbstverwirklichung zuzustreben, die von außen unbeeinflußt ist, von großer Bedeutung. Ein Grund, warum die Massenpresse die Funktion eines Sozialisationsagenten für den Jugendlichen übernimmt, liegt in der innerfamiliären Situation.

Eine wesentliche Phase für die Identitätsbildung ist die Pubertät, in der sich der Jugendliche aus dem Einfluß des Elternhauses löst und in Leitbildern und Idealen neue Orientierungsmöglichkeiten sucht.

Die Bedeutung der Familie für die soziale und private Identitätsbildung verschiebt sich unter den gesellschaftlich-ökonomischen Bedingungen der Gegenwart zugunsten außerfamiliärer Sozialisationsagenten. Ein Faktor in diesem Prozeß ist die Schwächung der Vaterrolle, bedingt durch die Arbeitsteilung und die dadurch entstandene Anonymität in der Massengesellschaft.

Für die Entwicklung des Wertesystems beim Jugendlichen spielt der Vater nicht mehr wie früher die Rolle der zentralen Vermittlerfunktion, sondern diese wird durch gesellschaftliche Instanzen, z. B. Schule, Massenmedien, übernommen. Dadurch verliert der Jugendliche den eindeutigen Bezug zu einem Normensystem und er ist der pluralistischen Auseinandersetzung von Normen und Werten ausgesetzt, wobei die Vermittlung den Medien überlassen bleibt, mit denen er nicht – wie mit dem Vater – über die vermittelten Normen und Werte sprechen kann, sondern die er konsumieren muß, so daß keine Auseinandersetzung stattfindet.

Bei diesem Integrationsvorgang haben gerade die Jugendzeitschriften, die ja auf den Pubertierenden ausgerichtet sind, eine wichtige Funktion. An BRAVO sollen Steuerungsmechanismen der kommerziellen Jugendzeitschriften exemplifiziert werden. Man kann aus der BRAVO-Ideologie folgende Identifikationsangebote entschlüsseln, die zeigen, welches Interesse der Redaktion hinter diesen Angeboten steht:

1. Personelle Identifikationsangebote: das kollektive Idol. Die von BRAVO angebotenen kollektiven Idole sind Stars,

die jedoch in stereotype Schablonen gepreßt werden, so daß sie sich auf folgende Grundmuster reduzieren:
a) Luxusstar, b) großer Junge, c) harter Mann, d) zahme Wilde.

a): Durch die Identifikation mit dem konsumfreudigen, erfolgreichen Luxusstar erreicht der Jugendliche kurzfristige Befriedigung, da er seine eigene Realität verdrängen kann. Das führt jedoch zu einer grundsätzlich resignativen Lebenshaltung, da die Diskrepanz zwischen Stardasein und den von ihm täglich erlebten Frustrationen unüberwindbar ist. Die Funktion dieses Identifikationsmodells ist es, den Jugendlichen von Konflikten und Zwängen der Realität abzulenken und ihn in eine Traumwelt zu führen.

b): Das Idol vom Typ »großer Junge« wird als durchschnittlicher Normalmensch mit bürgerlichen Einstellungen, Gefühlen und Eigenschaften aufgebaut. Dieser Typ eines Stars soll suggerieren, daß ein Star ein Mensch wie »DU und ICH«, mit Fehlern und Schwierigkeiten ist. Diese scheinbare menschliche Verbundenheit zwischen Idol und Fan bewirkt, daß auch die bürgerlichen Ansichten von den Fans ohne Reflektion verinnerlicht werden.

c): Der Typ »harte Männer« wird mit Charaktereigenschaften wie Tollkühnheit, Entschlossenheit und Kaltblütigkeit ausgestattet. Seine Ausstrahlung sichert ihm Autorität; die Jugendlichen werden angeregt zur Identifikation mit der Vaterautorität. Dieses aufgebaute Vaterimage ist durch Lebenserfolg und Selbstsicherheit ausgezeichnet, wodurch es sich möglicherweise von der eigenen Vaterfigur unterscheidet.

d): Unter die Kategorie »zahme Wilde« fallen die Musikgruppen, deren unkonventionelles Image auf die äußere Erscheinung beschränkt bleibt. Die Gruppenmitglieder haben sich im allgemeinen hochgearbeitet, was dem Jugendlichen das Gefühl vermittelt, daß er durch harte Arbeit in seinem privaten Bereich Selbstverwirklichung erlangen

kann. Die »zahmen Wilden« stehen als Identifikationsmöglichkeit für Aggressionsabfuhr und Enthemmung durch Musik, andererseits üben sie Beschränkung auf den privaten Bereich aus.
Diese Analyse zeigt, daß die BRAVO-Redaktion nach den genannten Grundmustern Identifikationsmodelle konzipiert und ein von der Realität abweichendes Weltbild entwirft.

2. Die gerettete persönliche Identität: Warten auf das Wunder der Liebe.
In der Rubrik »Lebenshilfe« geht es dem BRAVO-Stab nicht um die Lösung der Konflikte Jugendlicher, denn der Jugendliche wird immer auf sich selbst verwiesen, wobei die traditionellen Rollenstereotypen verstärkt werden. Die Erkenntnis, daß ein Zusammenhang zwischen persönlichen Problemen, sozialem Druck und gesellschaftlichen Normen besteht, wird dadurch verhindert. Dem Jugendlichen werden Rollenschemata, Verhaltens- und Denkmuster vermittelt, durch die er dem System der herrschenden Interessen angepaßt wird.
An diesem Prozeß der sozialen Anpassung ist die Arbeitsmoral ein wichtiger Faktor. Es wird der Arbeitsethos einer Mittelstandsmoral wiedergegeben.
BRAVO vermittelt seinen Lesern den Glauben, daß konstante Arbeit Erfolg hat, so daß ein luxeriöses Leben in Aussicht gestellt wird. Durch die Verkoppelung von Arbeit und Erfolg wird verhindert, daß Jugendliche nach dem Sinn der Arbeit fragen. Diese BRAVO-Ideologie bewirkt eine Stabilisierung des bestehenden Systems und die Integration des Jugendlichen in den Arbeitsprozeß. Die Arbeitsmoral verschleiert bewußt Unterschiede in der Qualität der sozialen Anerkennung und der materiellen Gratifikation der Arbeit.

3. Identitätsstiftender Konsum: IN-sein

Die Aufforderung zum Konsum schwingt in allen genannten Bereichen mit. In Text und Bild des redaktionellen Teils werden käufliche Angebote gemacht, durch die Wünsche, Erwartungen und Sehnsüchte der Teenager auf konsumierbare Objekte gerichtet werden. Obwohl die dargestellten Luxusgüter in der Realität für den Jugendlichen unerreichbar sind, wird durch ihre permanente Darstellung die Sehnsucht aufrechterhalten.

Besonders gefüllt mit ideologischen Inhalten sind die Konsumgüter Kleidung, Auto, Traumhaus, weil diese Verbindung auch in der gesamtgesellschaftlichen Realität besteht. Der Heranwachsende wird zur Identifikation mit einem auf Konsum ausgerichteten Leben aufgefordert: alles Erstrebenswerte ist das Käufliche. Identifiziere dich mit dem Erstrebenswerten!

Diese Konsumideologie paßt in die Werbepsychologie unseres marktwirtschaftlichen Systems. Die Ware als Statussymbol wirkt sich auf den gesamten Menschen aus. Seine psychischen Energien und seine Arbeitskraft werden auf das Konsumieren ausgerichtet, der Mensch bezieht – wie *Ham* sagt – sein Selbstverständnis aus den Waren. Man kann von Warenidentität sprechen. BRAVO suggeriert Bedürfnisse und Statussymbole, die der Jugendliche annimmt, um als Mitglied einer konsumorientierten Gesellschaft anerkannt zu werden. BRAVO erfüllt damit eine wichtige gesellschaftliche Funktion: die Aktualisierung und Verstärkung der identitätsstiftenden Ideologie der Konsumgesellschaft, die alle vereinigt.

4. Identitätsstiftende kollektive Ohnmacht: Die BRAVO-Familie

Fans, Stars und Redakteure bilden eine Familie, wobei zwischen allen Mitgliedern ein direkter Kontakt besteht. Mittelpunkt bildet die BRAVO-Zentrale. Die BRAVO-Familie vermittelt Geborgenheit und das Gefühl des Dazugehörens; ein Gefühl, das die Jugendlichen in ihrer realen Familiensituation vermissen. Das BRAVO-Familienbewußtsein entsteht auch durch die schichtenspezifische Kommunikationsstrategie (vergl. *Reiche*). Um die soziale Anpassung zu erreichen wird dem Leser aus der Unterschicht ein Identifikationsangebot aus einer hohen sozialen Schicht gemacht. Die Identifikation mit einem Statusideal bedeutet für ihn die Flucht aus seiner unangenehmen Situation. Die Diskrepanz zwischen Wunschvorstellung und Realität führt zu Frustrationen, deren Ursache jedoch vom Leser nicht erkannt wird, so daß sich als scheinbare Lösung nur der von BRAVO aufgebaute Traum anbietet, was dann zur Abhängigkeit von BRAVO führt. Der Jugendliche muß eine starke »ICH-Identität« entwickeln, um sich selbst zu verwirklichen und sich aus der Fremdbestimmung der Massenmedien zu lösen.

Der Lernzielkatalog, der anhand der voraufgegangenen Analyse formuliert wurde, soll dem Erzieher helfen, diesen Prozeß beim Jugendlichen einzuleiten. Zur unterrichtlichen Behandlung werden Hinweise für die didaktische Umsetzung der allgemeinen Lernziele gegeben.

Kommentar:

Gutte weist, ebenso wie *R. Reiche*, auf die gesellschaftsstabilisierende Wirkung BRAVO's hin. In seinem Beitrag »Gesellschaftliche Identifikationsangebote am Beispiel BRAVO« geht er allerdings darüber hinaus intensiv auf die gesellschafts- und altersspezifischen Probleme der Jugendlichen ein und zeigt, wie geschickt das BRAVO-Konzept auf diese Situation reagiert. *Gutte* ist der einzige, der die psychologischen und sozialen Hintergründe des

BRAVO-Konsums untersucht. Deshalb ist dieser Beitrag unbedingt zu empfehlen.

Wolf:

»*Heldendichtung für Teenager*«, in »*Wirkendes Wort*«, Heft 23/73

Inhalt:

Die Beschäftigung mit nichtliterarischen Texten sollte an den Schulen in verstärktem Maße durchgeführt werden, da es ein Faktum ist, daß z. B. Zeitschriften beim Sozialisationsprozeß der Jugendlichen eine wichtige Rolle spielen, da durch sie ein nichtdifferenzierter Umgang mit bestehenden Gesellschafts- und Verhaltensnormen vermittelt wird. Der Jugendzeitschrift BRAVO gebührt in diesem Zusammenhang besondere Aufmerksamkeit.
Die Strukturanalyse einer BRAVO-Starbiographie, die als Beispiel für alle gelten kann, zeigt, daß in diesen stets nach demselben Sprachgebrauch zum Ausdruck gebrachte Intensionen enthalten sind. Zu diesem Zweck werden zunächst einige Textphänomene untersucht und deren Quellen analysiert, um dann auf die Textintension und die Wirkung des Textes einzugehen.
Zur Sprache: der Gebrauch von Gegenwart und Vergangenheit erfüllt die Funktion der Gegenüberstellung von Gegenwart und Vergangenheit im Leben der Sängerin. Zu beobachten ist in diesem Zusammenhang auch die Situation des Interviews. Katja, der Star von heute in der Lebenssphäre von gestern. Dieser Kontrast dient dazu, die Bedeutung der Sängerin und des Berichtes herauszustellen.
Man kann den Artikel in erzählenden Bericht und direkte

Rede gliedern. Der erzählende Bericht dient als Einleitung, daran schließt sich das direkte Gespräch an, teilweise unterbrochen durch berichtende und kommentierende Passagen. Allgemeingültige Aussagen werden in Hochsprache gemacht, zum Teil wohl stilisiert, Persönliches zum Zwecke der Identifikationsmöglichkeit im Dialekt. Den Schluß bildet ein erzählender Bericht.

Die Illustration des Berichtes dient in diesem Fall zu einer erneuten Verdeutlichung des Gegensatzes Gegenwart, Vergangenheit (Katja beim Rasenmähen; Katja im Kreise ihrer stolzen Familie).

Letztlich dient diese BRAVO-Starbiographie dazu, einen Helden aufzubauen, wobei der Held einer anderen sozialen Schicht angehört als das Publikum – ein Merkmal der trivialen Heldenverehrung. Der Aufbau einer irrealen Scheinwelt führt nicht nur zu unkritischen Haltungen allen Zeiterscheinungen gegenüber, sondern letztlich zur Verdummung.

Dadurch wird die konservative Grundhaltung in BRAVO – es sind teilweise literaturhistorische Parallelen zum Heldenroman und zur Heldendichtung vorhanden – deutlich, die nicht der Emanzipation, sondern nur der Systemstabilisierung dient.

Kommentar:

Wolfs Meinung, allein durch die literaturwissenschaftliche Analyse eines einzelnen BRAVO-Beitrages Jugendliche gegen BRAVO immunisieren zu können, halte ich für eine Illusion. Er vergißt dabei den sozialen und psychologischen Hintergrund, wie er von *Gutte* und *Baacke* aufgezeigt wird. Dennoch halte ich seinen Beitrag für lesenswert, weil nach meinen Erfahrungen in der Schulpraxis häufig in der von ihm gewählten Form verfahren wird.

Horst Neißer:

»*Die Jugendzeitschrift – Ihr Einfluß dargestellt am Beispiel BRAVO*«, *Bonz-Verlag, Fellbach-Oeffingen 1975*

Inhalt:

Die bisherige Auseinandersetzung um BRAVO hat nie eine Weiterführung in praktische Handlungsweisen gefunden. Zwar wird in der BRAVO-Diskussion die konsumorientierte Wirkung dieser Zeitschrift aufgedeckt und kritisiert, doch ist es bisher nicht gelungen, den Jugendlichen eine Alternative zu bieten. Praxisbezogene Ratschläge sind deshalb notwendig, damit der Jugendliche aus der Abhängigkeit der Massenkommunikationsmittel befreit wird. Die bisherige BRAVO-Literatur hatte keine Auswirkungen für den Jugendlichen, was die gleichbleibenden Auflagenziffern bei der BRAVO-Redaktion beweisen. Der Jugendliche in seiner psychischen Situation muß mehr in den Mittelpunkt der Auseinandersetzung gerückt werden, und der Erzieher muß sich um alternative Maßnahmen bemühen, um den jungen Menschen bei der Bewältigung seiner Schwierigkeiten zu helfen. Im Problembereich des Pubertierenden und seinen altersspezifischen Konflikten liegt der Grund für die Begeisterung der Jugendlichen an BRAVO. Es besteht eine Wechselwirkung zwischen Sexualität und Sozialisation während der Pubertät. Das Verhältnis des Jugendlichen zu seinem Sexualleben ist geprägt durch die Diskrepanz zwischen physischem Vermögen zur Sexualität einerseits und der Integration seines Sexuallebens in die gesellschaftlichen Wertvorstellungen. Der Jugendliche spürt den Druck der gesellschaftlichen Normen, die ihn daran hindern, seine sexuellen Triebe auszuleben. Das Resultat aus dieser Ambivalenz seiner Gefühle ist Unsicherheit und Minderwertig-

keitsgefühl, das sich wiederum auf seine allgemeine Sozialisation auswirkt.
Da sich der Jugendliche aus seiner Primärgruppe, der Familie, löst, wird auch für ihn das bisher akzeptierte Wertesystem fragwürdig. Diese altersspezifische Orientierungslosigkeit nutzt die BRAVO-Redaktion aus, um durch das Identifikationsangebot von ausgesuchten Vorbildern eine Konsumideologie zu vermitteln. Dem Jugendlichen wird bei seinen Sozialisationsschwierigkeiten von keiner Erziehungsinstanz Hilfe angeboten, sondern er ist den profitorientierten Jugendzeitschriften ausgeliefert. Der Erzieher muß auf die Bedürfnisse des Jugendlichen aufmerksam werden, und er muß dem Jugendlichen in seiner bestehenden Defizitsituation etwas entgegensetzen, damit er gegen die Einflüsse der Zeitschriften immunisiert wird.

Kommentar:

Da *Neißer* sich primär um didaktische Hinweise bemüht, deckt sich seine Inhaltsanalyse zum großen Teil mit denen der hier bereits besprochenen Autoren.
Neißers didaktische Hinweise werden ohne abstrakt formulierte Lernziele gegeben, er gibt sehr konkrete und bis ins letzte durchgeplante Anweisungen für Seminare und Unterrichtseinheiten zum Thema BRAVO.
Ob *Neißers* detaillierte Anweisungen ohne weiteres auf jede beliebige Gruppe zu übertragen ist, bezweifle ich. Deshalb bringt die Lektüre dieses Taschenbuches nichts grundsätzlich Neues.

Joachim Braun

Die Jugendzeitschrift BRAVO aus der Sicht von Schülern und Lehrern

Wie schon der Literaturbericht gezeigt hat, ist bereits viel über Absichten und Gefahren dieser Zeitschrift nachgedacht worden. Auch an Vorschlägen, wie man BRAVO im Unterricht behandeln soll, mangelt es nicht.
Es sind jedoch dabei zwei Gruppen wenig beachtet worden, die allerdings die eigentlich Betroffenen sind: nämlich die Lehrer, die ja mit BRAVO im Unterricht umgehen sollen, und die jugendlichen Leser selber.
Der folgende Beitrag beschäftigt sich deshalb mit der Frage, wie die Jugendlichen selber ihre Zeitschrift beurteilen und welche Rolle das Thema für die Lehrer bei der Unterrichtsgestaltung spielt.

Bravo in der Meinung der Jugendlichen

Für die pädagogische Arbeit ist es wichtig, über den Lesestoff und das Leseinteresse der Jugendlichen informiert zu sein. Der erzieherische Einfluß von Medien als außerschulischer und außerfamiliärer Miterzieher war nie so bedeutsam wie jetzt. Die Bedeutung der Familie für die soziale und private Identitätsbildung verschiebt sich unter den gesellschaftlichen Bedingungen der Gegenwart zugunsten außerfamiliärer Sozialisationsagenten (vergl. *Rolf Gutte:* Gesellschaftliche Identifikationsangebote. Zum Beispiel BRAVO, in diesem Band S. 106 ff.).

In diesem Zusammenhang ist auch die Arbeit von *J. Hüther* »Sozialisation durch Massenmedien«, Düsseldorf 1975, zu erwähnen.

Zur Vorbereitung dieses Beitrages habe ich einen Fragebogen erstellt, in dem ich das Verhältnis Jugendlicher zur Zeitschrift BRAVO in Erfahrung bringen wollte. Ich möchte ausdrücklich darauf hinweisen, daß die Ergebnisse dieser Umfrage nicht als repräsentativ angesehen werden können: der Arbeit liegen 300 ausgefüllte Fragebögen zugrunde, die Befunde sind nicht in Prozentwerte umgesetzt. Es geht mir vor allem darum, Tendenzen aufzuzeigen und Jugendliche zu Wort kommen zu lassen.

Die Fragebögen wurden beantwortet von Jugendlichen im Alter von 10–18 Jahren. Etwa 160 Jugendliche sind Schüler an Realschulen im Raum Bonn, ca. 60 Gymnasiasten im Raum Bonn und etwa 80 Berufsschüler aus dem Raum Stuttgart.

Jeweils zum Ende des Fragebogens forderte ich auf, nach Belieben Stellung zum Thema zu nehmen.

Bei der Fragebogenaktion fiel mir auf:

1. Bei nahezu allen Befragten war ein erstaunliches Interesse an der Diskussion dieses Themas festzustellen. Dasselbe berichteten Lehrer, die ich gebeten hatte, die Fragebögen im Unterricht beantworten zu lassen.
2. Bei der Diskussion der Fragebögen im Unterricht (nach dem Ausfüllen) ergaben sich deutlich trennbare Gruppen von BRAVO-Fans und BRAVO-Gegnern, die engagiert diskutierten und sich oft gegenseitig beschimpften. Auffallend selten waren Schüler, die sich keiner der beiden Gruppen anschlossen, also uninteressiert am Thema waren oder sich neutral zu BRAVO verhielten.
3. BRAVO-Gegner äußerten ihre Meinung bei weitem

häufiger auf dem Fragebogen als BRAVO-Befürworter.
4. In der Meinungsäußerung der Jugendlichen tauchten Vokabeln auf, die von Jugendlichen in diesem Alter in der Regel nicht benutzt werden. Es liegt daher der Schluß nahe, daß hier eine Beeinflussung seitens der Lehrer stattgefunden hat, die BRAVO im Unterricht behandelt haben.

Folgende Ergebnisse bleiben festzuhalten:

a) Der durchschnittliche BRAVO-Leser ist nicht älter als 13/14 Jahre.
b) Ehemalige BRAVO-Leser sehen die Zeitschrift nach der Loslösung äußerst kritisch.
c) Gymnasiasten sehen BRAVO kritischer als Realschüler.
d) Berufsschüler lesen BRAVO länger als Realschüler und Gymnasiasten.
e) An einem von Nonnen geführten Gymnasium war die Zustimmung zu BRAVO signifikant höher als an staatl. Gymnasien.
f) Jugendliche Nicht-BRAVO-Leser lesen häufig Comics oder Erwachsenenzeitschriften. Genannt wurden vor allem PRALINE, der STERN; bei Mädchen Frauenzeitschriften wie BRIGITTE.
g) Jeder Jugendliche kennt BRAVO. Auch der BRAVO-Gegner hat mindestens eins, meistens mehrere Hefte gelesen.

Aus den Fragebogen lassen sich folgende Meinungen formulieren: (Die Reihenfolge entspricht der Häufigkeit der Nennung)
1. In BRAVO erfährt man viel über interessante POP-Stars.

2. BRAVO berichtet freier und offener über Liebe als Eltern und Lehrer. Das Vertrauen zu BRAVO ist größer, weil BRAVO nicht schimpft, sondern hilft.
3. BRAVO füllt das Aufklärungsdefizit von Eltern und Lehrern.
4. BRAVO verbreitet Illusionen und baut eine Scheinwelt auf, die von den Jugendlichen nicht nachgelebt werden kann.
5. BRAVO berichtet nur über gängige Gruppen (Bay City Rollers); weniger bekannte Gruppen werden kaum besprochen. Ebenso die Einseitigkeit der Themen wurde kritisiert. BRAVO soll mehr über Sport, Natur, Reisen berichten und auch mehr »reale Probleme« besprechen, etwa aus der Arbeitswelt.
6. Sex wird in BRAVO einseitig als Lebensinhalt dargestellt.
7. Die Bilder in BRAVO sind zu freizügig. BRAVO regt Jugendliche zum Sex an.
8. BRAVO hilft kurzfristig, löst aber langfristig keine Probleme.

Zu diesen Punkten nun die Meinungen einiger Jugendlicher. Daß hier mehr negative als positive Äußerungen zu BRAVO zu finden sind, liegt, wie bereits erwähnt, daran, daß BRAVO-Fans sich passiver im Beantworten des Fragebogens verhielten.

Mädchen, 13 Jahre, 8. Klasse:

Sie findet BRAVO gut und liest die Zeitschrift öfter. Am besten an BRAVO gefällt ihr Dr. Sommers Sprechstunde, dann die Aufklärungsserie von Dr. Korff, am drittbesten die Stargeschichten. Sie gibt an: BRAVO berichtet freier und offener über Liebe als Eltern und Lehrer, wenn BRAVO nicht mehr existieren würde, wäre dies ein Verlust für Jugendliche; sie würde an BRAVO schreiben, wenn sie Probleme hätte. Es ist totaler Blödsinn zu glauben, daß BRAVO Jugendliche zum Sex anregt. Sie hat ein gutes Verhältnis zu ihren Eltern, und kann mit ihnen über alles reden. Sie schreibt: »Ich finde es gut, daß eine Zeitschrift einen frei aufklärt und man seine Probleme frei sagen kann. Manche Jungen oder Mädchen können mit ihren Eltern nicht richtig reden. Deshalb finde ich es gut, wenn sie sich an BRAVO wenden können. Ich finde es gut, daß es eine Zeitschrift gibt, die die Probleme der Jugendlichen ehrlich bespricht.«

Junge, 16 Jahre, 11. Klasse einer Realschule:

Er hat BRAVO mit 13 Jahren öfter gelesen. Am besten haben ihm damals der Roman, dann die Poster und am drittbesten die BRAVO-Disko gefallen. Er gibt an: BRAVO berichtet freier und offener über Liebe als Eltern und Lehrer, allerdings würde er nicht an BRAVO schreiben, wenn er Probleme hätte. Seiner Meinung nach ist vieles an BRAVO erfunden, jedoch liest er BRAVO gerne, obwohl er nicht glaubt, daß diese Zeitschrift Jugendlichen helfen kann. Zu seinen Eltern hat er ein offenes und gutes Verhältnis und kann mit ihnen über alles reden. Er schreibt: »BRAVO ist für Jugendliche, die ernste Probleme haben und sich an BRAVO wenden. Aber sie werden von BRAVO falsch verstanden und ihre Fragen werden falsch beantwortet. Die Schlußfolgerung ist, daß die Jugendlichen zum Zweifeln gebracht werden.«

Junge, 13 Jahre, 7. Klasse einer Realschule:

»Ich finde es gefährlich BRAVO zu lesen, da man sich vielleicht mit den Personen gleichstellen kann und dann so handelt, obwohl man in einer ganz anderen Situation lebt, und so kommt man noch in viel größere Schwierigkeiten.«

Mädchen, 15 Jahre, 10. Klasse einer Realschule:

Sie macht folgende Angaben: Mit 13 Jahren hat sie öfters BRAVO gelesen, inzwischen findet sie sie nicht mehr gut. Ihre jetzige Zeitschrift ist BRIGITTE. An BRAVO gefiel ihr 1. der Roman, 2. die Stargeschichten und 3. die Poster. Sie ist der Meinung, daß BRAVO Jugendliche zum Sex anregt. Ihr Verhältnis zu den Eltern bezeichnet sie als gut; es besteht allerdings wenig Gelegenheit, sich richtig zu unterhalten. Zu BRAVO schreibt sie: »BRAVO ist eine Zeitung, in der vieles erlogen ist. Es werden z. B. Leute als Berater vorgestellt, die es in Wirklichkeit gar nicht gibt (siehe *Korff* und *Sommer*). Auf die Probleme der Jugendlichen wird nicht näher eingegangen, eher werden sie zum Sex animiert. In BRAVO wird der Kernpunkt auf die Sexualität gelegt. Jugendliche sind dadurch gefährdet, weil sie denken, daß dies das wichtigste im Leben ist.«

Mädchen, 15 Jahre, keine Klassenangabe:

Sie findet nichts an BRAVO gut, würde nicht an BRAVO schreiben, da vieles in der Zeitschrift erlogen sei. BRAVO kann Jugendlichen nicht helfen, weil die Antworten nicht befolgt und die Geschichten nicht nachgemacht werden können. BRAVO regt Jugendliche zum Sex an. Zu ihren Eltern hat sie ein offenes und gutes Verhältnis und kann mit ihnen über alles reden. Sie meint: »BRAVO schreibt Sachen, die nie vorkommen würden. Früher habe ich BRAVO gelesen, wenn ich Krach zu Hause hatte, am liebsten die Liebesromane. Doch jetzt nicht mehr, denn was da drin steht, ist erstens immer dasselbe und zweitens wird uns da etwas vorgegaukelt, was übertrieben und kitschig ist (Groschenroman), daß ich jetzt nur noch darüber lachen kann. Ich glaube, daß diejenigen, die BRAVO lesen, in Träume versinken oder eher Wunschträume haben, die doch nie in Erfüllung gehen.«

Junge, 17 Jahre, 11. Klasse eines Gymnasiums:

Vieles an BRAVO ist erfunden, BRAVO hilft den Jugendlichen nicht, weil die Antworten nicht befolgt und die Geschichten von den Jugendlichen nicht nachgemacht werden können. Er schreibt: »BRAVO führt den Jugendlichen gekonnt in eine oberflächliche Welt, die vom Konsum bestimmt ist. BRAVO kann nicht helfen, da es Illusionen, heile Welt und Stargeplänkel und -allüren vermittelt. Der Jugendliche akzeptiert dies und gerät so in einen Kreislauf neuer Probleme. Schließlich wäre noch der Aspekt oder die Tatsache zu sehen, daß Leute Jugendlichen das Geld aus der Tasche ziehen und dann behaupten, »helfen« zu wollen. Alles in allem BRAVO ist Betrug, Ausbeutung.«

Junge, 12 Jahre, 7. Klasse einer Realschule:

Er würde nicht an BRAVO schreiben. Vieles an BRAVO ist erfunden. BRAVO kann Jugendlichen nicht helfen, weil die Antworten nicht befolgt und die Geschichten nicht nachgemacht werden können. Er schreibt: »BRAVO ist auf der einen Seite gut, aber sie ist auch doof. Ich finde die Disko und das, was über Stars und ihre Musik drinsteht gut. Wenn es nach mir ginge, sollte die BRAVO nur etwas über Musik haben. Aber das andere finde ich doof, deshalb hole ich sie mir nicht.«

Diese Meinungen sind ungekürzt wiedergegeben. Nun einige typische Sätze zum Thema. Sie sind teilweise aus dem Zusammenhang genommen, ohne diesen jedoch zu verfälschen.
1. »Die Aufklärung in BRAVO ist viel zu übertrieben, so daß man sich minderwertig vorkommt.« (w., 13 J., 8 Kl. Gymn.)
2. »Das wirklich schöne an der Liebe wird dargestellt wie die Ware auf dem Jahrmarkt.« (w., 15 J., 10 Kl. Gymn.)

3. »Aus diesen Aufklärungsgeschichten lernt man nicht die wirkliche Umwelt kennen.« (m., 15 J., 10 Kl. Gymn.)
4. »Die Zeitung ist für mich total uninteressant, weil ich meine Probleme mit meinen Eltern besprochen habe.« (w., 16 J., 10 Kl. Gymn.)
5. »Am besten gefällt mir der Roman und die Foto-Lovestory. Wenn ich mir die BRAVO kaufe, lese ich das immer zuerst.« (m., 12 J., 6 Kl. Realsch.)
6. »Ich finde BRAVO sehr gut, weil man dort hinschreiben kann, wenn man Probleme hat. Ich habe auch schon einmal an BRAVO geschrieben, heute ist das Problem aus der Welt.« (m., 13 J., 7. Kl. Realsch.)
7. »BRAVO ist eine Zeitung, die Erwachsenen und Jugendlichen eine große Hilfe ist, sich zu verstehen.« (w., 15 J., 9. Kl. Gymn.)
8. »Viele Fotos und Poster und Romane passen eher in ein Sexheft.« (m., 16 J., 10. Kl. Gymn.)
9. »Ich glaube, in meiner Klasse lesen mehr Mädchen BRAVO als Jungen. Aber das ist eine Vermutung, denn Jungen geben nicht gerne zu, daß sie eine solche Zeitung lesen. Sie wollen immer nur angeben, daß sie PRALINE und SCHLÜSSELLOCH usw. lesen.« (w., 15 J., 9. Kl. Realsch.)
10. »Die Aufklärungsgeschichten finde ich gut, die Leute, die diese Sachen beantworten, haben Verständnis.« (m., 15 J., 9 Kl. Gymn.)

Viele Schüler erzählten mir, daß sie BRAVO auch schon einmal im Unterricht besprochen haben. Meist habe der Lehrer diese Zeitschrift schlecht gemacht. Ich habe den Eindruck, daß die Jugendlichen deshalb bei der Beantwortung der Fragebögen das Gefühl hatten, von ihnen würde eine Negativhaltung erwartet. Mir ist aufgefallen, daß viele Schüler, die im Fragebogen kritisch zu BRAVO Stellung nahmen, dennoch BRAVO-Leser sind. Dazu ein Beispiel: eine

Gruppe Jugendlicher (Internat eines Gymn.) nahm durchweg negativ Stellung. Nach Beendigung der Befragung baten sie mich jedoch, ihnen doch mal einige Hefte mitzubringen, ich hätte doch bestimmt welche. Als ich tatsächlich einige BRAVO-Hefte mitbrachte, rissen sie sich förmlich darum, wer zuerst welches lesen durfte.

Ein anderer Schüler (ebenfalls Internat Gymn.) gab an, ein gutes Verhältnis zu seinen Eltern zu haben. Zufällig wußte ich, daß seine Eltern geschieden sind und weder die Mutter noch der Vater sich um den Sohn kümmerten.

Diese Beispiele zeigen:

1. Ein zwiespältiges Stimmungsfeld vieler Jugendlichen zum Thema BRAVO. Ihnen ist zum Teil rational durchaus bewußt, welche Kritik an BRAVO angebracht ist, und sie sind auch in der Lage, diese Kritik vorzubringen; dennoch können sie sich nicht von BRAVO lösen.
2. Es ist Vorsicht gegenüber den Ergebnissen solcher Fragebögen geboten. Jugendliche antworten offensichtlich oft mehr aus einer Erwartungshaltung oder einer Wunschvorstellung heraus als aus tatsächlicher Überzeugung.

Dennoch kann man bei aller Vorsicht folgenden Schluß ziehen:

Jugendliche sind oft nicht in der Lage, ihre Probleme Eltern oder Lehrern anzuvertrauen. Sie haben dabei entweder Hemmungen oder trauen ihren Erziehern nicht zu, vorurteilsfrei und ohne den erhobenen Zeigefinger auf ihre Fragen zu antworten.

Die Zahl dieser Jugendlichen verhält sich umgekehrt proportional zum Ausbildungsstand, ist also bei Haupt- bzw. Berufsschülern höher als bei Realschülern und Gymnasiasten. Dabei besteht das Defizit weniger in der sachlichen Aufklärung.

Die Fragen und das Interesse der Jugendlichen betreffen vielmehr das Verhalten und die Werte. Das heißt: Jugendliche sind mit ihrem faktischen Wissen alleingelassen und wissen nicht, wie sie sich im konkreten Fall gegenüber dem Geschlechtspartner zu verhalten haben. Sie wissen nicht, wie sie Anschluß an einen Partner finden und haben Angst vor ungeahnten Reaktionen der Umwelt. Zum anderen stimmen ihre Erlebnisse und ihre sexuellen Wünsche nicht mit den erlernten und von den Eltern vermittelten Wertvorstellungen überein. Sie sind verunsichert und stellen an BRAVO die Frage: ist das normal, darf man das schon, usw. In diesem Bereich werden häufiger Fragen im Zusammenhang mit Onanie, frühzeitigem Geschlechtsverkehr und lesbischen bzw. homosexuellen Beziehungen gestellt.

Manche Jugendliche befinden sich in einem Wertekonflikt: die Normen, die Schule und Eltern setzen, sind nicht immer identisch mit den Normen, die durch Freunde, durch Medien oder gar durch Ereignisse in der umgebenden Erwachsenenwelt vermittelt werden. Der Jugendliche sucht bei BRAVO Rat, da es einfacher ist, sich in solchen Konflikten an einen anonymen Partner zu wenden, der aus der Kenntnis des Problems keine Konsequenzen ziehen kann.

Es ist nicht zu leugnen, daß BRAVO hier eine echte und wichtige Aufgabe zukommen kann. Mancher Erzieher sieht sich nicht mehr in der Lage, dem Jugendlichen Leitbilder zu vermitteln. Der Begriff »Autorität« gewann zeitweise einen so negativen Beigeschmack, daß die Notwendigkeit von Autorität in der Erziehung lange Zeit geleugnet wurde; Emanzipation als Erziehungsziel wurde groß geschrieben.

Obwohl man dies inzwischen erkannt hat, gibt es keine gesellschaftlichen Autoritäten, die für die Jugend Leitbildcharakter haben könnten; erstens sind die Bewertungskriterien in einer pluralistischen Gesellschaft zu unterschiedlich, um allgemein anerkannte Autoritäten entstehen zu lassen, und zum anderen beschränken sich auf Grund der Spezialisierung in unserer Gesellschaft Autoritäten immer nur auf bestimmte Bereiche.

Selbst die Autorität in der Familie existiert nicht mehr im vollen Umfang. Die Rolle des Vaters als Instanz zur Vermittlung von Wertesystemen ist stark geschwächt (siehe *Rolf Gutte,* in diesem Band S. 106 ff.).

Der Jugendliche muß sich deshalb seine Leitbilder selber suchen. Er ist bei dieser Identitätssuche zum großen Teil auf die Medien angewiesen, und so eben auch auf Jugendzeitschriften.

Sicherlich fällt BRAVO auch hier eine Aufgabe zu.

Da BRAVO diese Bedürfnisse der Jugend nach Identifikation und Lebenshilfe bzw. Orientierung aufgreift, kann sie hier bei aller Kritik dem Jugendlichen zunächst eine Hilfe bieten. Die Kritik an BRAVO richtet sich weniger gegen die Tatsache, daß hier Lebenshilfe und Orientierungshilfe gegeben werden soll, als gegen die Art und Weise, wie hier verfahren wird, bzw. gegen die Inhalte, die hier vermittelt werden.

Aber eines haben die in diesem Artikel wiedergegebenen Meinungen Jugendlicher sicher gezeigt:

- Jugendliche sind oft durchaus kritikfähig gegenüber ihrer Zeitschrift
- Jugendliche können in der Regel unterscheiden zwischen der realen Welt und der von BRAVO vermittelten Traumwelt
- BRAVO ist nicht der einzige Miterzieher. BRAVO wird zwar gerne gelesen, ob die vermittelten Inhalte aber tatsächlich unreflektiert übernommen werden, ist nicht ohne weiteres nachweisbar
- BRAVO-Leser sind zwar weniger kritisch als BRAVO-Gegner. Das zeigt die Tatsache, daß BRAVO-Leser kaum auf den Fragebögen ihre Meinung äußerten. Dennoch ist es offensichtlich, daß die Beeinflußbarkeit durch BRAVO sich vor allem auf das Alter 12–14 Jahre konzentriert, also vorübergeht.

Würde BRAVO nicht existieren, würden Jugendliche wahrscheinlich auf Erwachsenenzeitschriften mit ähnlichem Verschnitt ausweichen. Das entwicklungsbedingte Bedürfnis nach Information über partnerschaftliche bzw. sexuelle Probleme wird durch die entsprechenden Erwachsenenzeitschriften in der Regel nicht besser befriedigt als durch BRAVO.

Es darf allerdings nicht vergessen werden, daß gerade im Alter von 12–14 eine wichtige Phase für die Entwicklung eines eigenen Wertesystems liegt. Der noch unsichere Jugendliche ist gegenüber den Identifikationsangeboten der Medien offener als der Erwachsene.

BRAVO *in der Meinung der Lehrer*

Ebenso wie bei den Jugendlichen habe ich für die Lehrer einen Fragebogen entworfen.

Wie bei den Jugendlichen kennt bei den Lehrern jeder BRAVO. Doch während die Jugendlichen BRAVO im Allgemeinen auch gelesen haben, kennen die Lehrer BRAVO meist nur dem Namen nach. Auch das Interesse am Thema ist überraschend gering. Das zeigt einerseits, daß nur etwa die Hälfte der ausgegebenen Fragebögen ausgefüllt zurückkamen, andererseits, daß wesentlich weniger die Gelegenheit ergriffen wurde, selber einen Kommentar zu liefern. Ich hatte insgesamt 400 Schülerfragebögen, von denen ich 330 verteilen konnte. Davon kamen 310 ausgefüllt zurück, drei Fragebögen waren offensichtlich nicht ernsthaft beantwortet worden, so daß ich Fragebögen benutzen konnte.

Hingegen konnte ich von 200 Lehrerfragebögen 170 verteilen, von denen nur 90 ausgefüllt zurück kamen. Lediglich vier Lehrer äußerten zusätzlich zu den beantworteten Fragen ihre Meinung, davon bezog sich eine Meinung auf den Fragebogen. Bei den Jugendlichen nahmen über die Hälfte zusätzlich zu den Fragen Stellung.

Von den Interviewten gaben nur 8 an, BRAVO öfter zu lesen. 17 kannten BRAVO nach eigenen Angaben so wenig, daß sie sich keine Meinung darüber bilden konnten.

32 Lehrer sind der Meinung, daß Jugendliche selber bestimmen sollen, was sie lesen. Nur 5 würden BRAVO den Jugendlichen abnehmen. Immerhin 10 der Pädagogen, die die Schüler selber bestimmen lassen, was sie lesen, würden versuchen, dem Jugendlichen Sachargumente gegen BRAVO zu nennen. Insgesamt hielten 56 Lehrer ein Sachgespräch über BRAVO für ein geeignetes Mittel, Jugendlichen die Konzeption dieser Zeitschrift klarzumachen. Weitere 11 benutzen BRAVO als Mittel für eine Unterhaltung mit den Jugendlichen, während 5 BRAVO für gut halten, weil sie Jugendlichen sachlich richtige Ratschläge ohne falsche Moral bietet. 3 Lehrer äußerten sich nicht.

Es scheinen sich bei den Lehrern also vor allem zwei Meinungen durchgesetzt zu haben: 1. Jugendliche sollen selber bestimmen, was sie lesen wollen, und 2. wenn man Jugendliche vor Gefahren warnen will, die von einer Zeitschrift wie BRAVO ausgehen, dann durch Sachargumente. Allerdings waren immerhin 20 Lehrer der Auffassung, daß man BRAVO nicht im Unterricht behandeln soll.

Das hier kurz skizzierte Fragebogenergebnis zeigt, daß es äußerst schwierig ist, etwas Vernünftiges über die Lehrermeinung bezüglich BRAVO zu sagen. Denn einheitliche Meinungen ließen sich nicht feststellen. Das mag an der spärlichen Zahl der zugrundeliegenden Fragebögen liegen; in zahlreichen Gesprächen hat sich allerdings vor allem eines bestätigt: Die Pädagogen fühlen sich einfach überfordert, sie sind unsicher, ob man überhaupt etwas gegen BRAVO tun kann und tun soll, und wenn, ist nicht klar, welche Methode Erfolg verspricht. Es hat sich eine gewisse Resignation bei den Pädagogen breitgemacht, die gemerkt

haben, daß man mit didaktischen Modellen allein gegen BRAVO machtlos ist. Es scheint sich bei den BRAVO-Lesern um eine Art Suchtverhalten zu handeln, denn Jugendliche lesen trotz Kenntnis der Kritikpunkte diese Zeitschrift weiter.
Sollten Eltern oder Lehrer dieses Buch gekauft haben, um hier ein Patentrezept gegen BRAVO zu finden, so müssen wir sie enttäuschen: die Lösung liegt nicht in diesem oder jenem Modell, nicht in der Forderung nach Verbot oder in der Anklage gegen die Redaktion.
5 000 Leserbriefe erreichen monatlich die BRAVO-Redaktion, hinzu kommen zahlreiche Anrufe von Jugendlichen, die nicht wissen, von wem sie sich Rat in ihren Problemen holen sollen. Diese Tatsache zeigt, daß BRAVO für die Jugendlichen eine Art »Ersatzmutter« geworden ist, daß sie damit mehr ist als »nur« irgendeine Zeitschrift. Hier zeigt sich aber auch, daß BRAVO zumindest vorübergehend als Erziehungsinstanz von den Jugendlichen akzeptiert wird.
Sowohl Lehrer als auch Eltern müssen sich hier die Frage stellen: warum fragen die Jugendlichen nicht zu Hause die Eltern oder in der Schule die Lehrer? Warum suchen sie die Lösung ihrer Probleme und die Vorbilder für ihr Handeln bei BRAVO?
Wenn es den Erziehern gelingt, stärker als bisher eine Atmosphäre des Vertrauens herzustellen, wenn im Schüler mehr der sich entwickelnde, lernende Mensch gesehen wird, der nicht nur Wissen, sondern auch soziales Rollenverhalten und soziale Anpassung lernen muß, besteht eine gute Chance, das Bedürfnis des Jugendlichen nach außerfamiliären und außerschulischen Sozialisationsagenten *(Gutte)* auf ein erträgliches Maß zu reduzieren. Gleichzeitig aber würde das Zeitschriften wie BRAVO zwingen, ihr Konzept **umzustellen.**

Gert Braun

BRAVO = ein Ärgernis für rechts und links

Wenn ich den Titel für diese Publikation hätte wählen können, hätte er nicht »Pro und contra BRAVO« geheißen, sondern: »BRAVO – ein Ärgernis für rechts und links«.
Am 26. August 1977 wurde BRAVO 21 Jahre alt, sozusagen mündig. Aber das größte und beliebteste Jugendblatt für zwei Generationen von Teenagern läßt seine Kritiker immer noch nicht ruhen. Die an konfessioneller Tradition oder ideologischer Progression orientierten Kritiker verstehen dieses Phänomen BRAVO nicht, weil sie die Jugend nicht verstehen und weil diese Jugend in ihrer Entwicklung schneller ist als die Maßstäbe, die strengkonservative Sittenrichter oder linksorientierte Konsumgegner und Systemkritiker in stereotyper Manier anlegen.
Seit 20 Jahren ist der Erfolg dieses Blatts all denen ein Dorn im Auge, die sich mit den Realitäten, was junge Leute in ihrer Freizeit lesen oder im Kopf haben, nicht abfinden können. Und wenn sie gar noch hören, daß sich monatlich etwa 5 000 Jungen und Mädchen in seelischen Nöten entweder schriftlich oder telefonisch an uns wenden und BRAVO darauf fachlich offene Antworten gibt, dann ist vor allem die Eifersucht oder die Enttäuschung über mangelnden Einfluß der Pädagogen so groß, daß sie nur noch auf die gefährliche Abhängigkeit der Heranwachsenden von BRAVO hinweisen und damit bei den Aufsichtsorganen Alarm schlagen können.
Allerdings werden seit etwa vier Jahren auch in verschiedenen Behörden und Ministerien antiquierte Vorurteile gegen BRAVO abgebaut und wenigstens dann, wenn man

für gesellschaftsdienende Aufklärungs- und Informationskampagnen die Jugend auf breitester Ebene erreichen möchte, wird mit uns kooperativ zusammengearbeitet.

So entstanden beispielsweise in Gemeinschaftsarbeit mit der Bundeszentrale für gesundheitliche Aufklärung zwei Informations-Serien über Verhütungsmittel. Die wichtigsten Kapitel wurden danach in einer kostenlosen Broschüre (»Muß-Ehen muß es nicht geben«) von der Bundeszentrale herausgebracht.

Mit derselben Behörde wurde auch eine Aufklärungs-Serie über Alkoholmißbrauch Jugendlicher erarbeitet und mit großem Echo in BRAVO veröffentlicht.

Ebenso wurden mit der Bundesanstalt für Arbeit in BRAVO zwei umfangreiche Beiträge zum Thema Jugendarbeitslosigkeit mit Informationen, wie sich Jugendliche dagegen wappnen können, gestartet.

Selbst im Fernsehen, das sonst nur in journalistisch unfairer, tendenziöser Weise gegen die Medien-Konkurrenz BRAVO zu Felde zog, trat inzwischen eine Trendwende hinsichtlich BRAVO ein.

Für die ARD-Wirtschafts-Sendung »Der verruchte Profit« am 16. Mai 1977 wurde BRAVO das Angebot gemacht, dabei mitzuwirken, um die Meinung junger Leute in Fragen Gewinn und sozialer Marktwirtschaft kennenzulernen.

Mit der Bedeutung von BRAVO steigt auch die Auflage unaufhaltsam weiter. Im Herbst 1977 konnten 1 404 059 verkaufter Exemplare pro Woche gemeldet werden.

Es gibt auch immer mehr Eltern, die als Backfische ebenfalls schon BRAVO gelesen haben und deshalb viel besser verstehen können, wenn ihre Söhne und Töchter sich damit in ihre Bude zurückziehen. Diese Eltern wissen aus eigener Erfahrung, daß ihnen BRAVO weder leiblich noch seelisch geschadet hat, sondern eine wohltuende Abwechslung in der Schulzeit war. Sie lesen sogar wieder mit, weil das heutige BRAVO nicht mehr das BRAVO von gestern ist

und sie dadurch auch die Mentalität und Probleme ihrer Kinder besser begreifen können.
Inwieweit BRAVO ein Spiegelbild unserer jungen Gesellschaft ist, läßt sich am besten mit seiner Entwicklungsgeschichte demonstrieren. Damit läßt sich am einfachsten erklären, daß BRAVO seine Konzeption den Lesern nicht aufgezwungen hat. Im wesentlichen hat sich unsere Leserschaft ihr Blatt nach den Gegebenheiten unserer Zeit und unserer Gesellschaft selbst gesucht und gestaltet.
Das fängt schon damit an, daß BRAVO 1956 von seinem Verlegervater *Helmut Kindler* ein Film- und Fernseh-Magazin für Erwachsene sein sollte. Zu seiner großen Überraschung hat er aber die Zielgruppe völlig verfehlt. Das Blatt wurde fast nur von Jugendlichen gekauft. Darauf mußte sich die Redaktion völlig neu einstellen. Aber auch für seine jungen Konsumenten wollte BRAVO nichts anderes als Unterhaltung bieten. Durch die Expansion des Fernsehens, Ende der fünfziger Jahre, wurde dieser Show-Bereich mehr als der Film akzentuiert. Als dritte Säule kamen schließlich noch die Schlager- und Popmusik hinzu.
Mit der Bundesprüfstelle für jugendgefährdende Schriften wurde BRAVO zum erstenmal 1959 bekannt. Das Sozialministerium des Landes Rheinland-Pfalz hatte beantragt, drei BRAVO-Hefte auf die Liste der jugendgefährdenden Schriften zu setzen, weil es mit den Filmstars falsche Leitbilder setze. Als besonderer Aufhänger für die Beanstandung galt Brigitte Bardot als Starschnitt in Lebensgröße.
Der unsinnige Antrag wurde abgelehnt.
Mit dem Ausbreiten des Wohlstands und dem oberflächlichen Statusdenken der Erwachsenen Anfang der sechziger Jahre suchte sich die Jugend in einer antiautoritären Haltung einen eigenen Weg. Sie wurde rebellisch und machte Front gegen das Establishment. Im Show-Sektor, für den sich BRAVO immer noch ausschließlich zuständig fühlte, trat diese Bewegung vordringlich in der Pop- und Rock-

Musik in Erscheinung. Es war die Zeit der Beatles, Rolling Stones, usw. Die Musik-Gruppen gaben nun auch in BRAVO den Ton an.

Mit der fortschreitenden Demokratisierung und Liberalisierung erwuchs aus dem Wohlstand die Sex-Welle bei der älteren Generation. Auch die Teenager wurden schließlich damit konfrontiert und fingen an, Fragen zu stellen. Aber nicht bei den Eltern, auch nicht in der Schule, schon gar nicht bei der Kirche. Sie schrieben an BRAVO. Das war anonymer, aber auch bezeichnend für das Verhältnis zu den Erziehungsorganen und für die Institutionen, die sich jetzt über BRAVO aufregen.

Als solche Anfragen immer häufiger und alarmierender und erst von der BRAVO-Leserbriefabteilung privat beantwortet wurden, entschloß sich die Redaktion, Mitte der sechziger Jahre, auch dieses Element ins Blatt zu nehmen, um damit einem allgemeinen Notstand Rechnung zu tragen. Daraus entstand die von den BRAVO-Kritikern am liebsten beschossene Zielscheibe: Die Aufklärung.

Der Kreis der dafür zuständigen Fachleute (die Redaktion konnte dafür die Verantwortung nicht mehr übernehmen) mußte immer mehr vergrößert werden. Unter Leitung von Dr. med. *Martin Goldstein* wurde ein Beratungs-Team aufgebaut, dessen Qualifikation von keinem Fachmann bestritten werden kann.

Aber wie wenig Fachleute Einfluß nehmen können, wenn es beispielsweise darum geht, einen Indizierungsantrag gegen BRAVO zu beurteilen, wie er im Februar 1972 vom zuständigen Ministerium in Bayern auf Vorschlag einer Lehrervereinigung gestellt wurde, zeigt das anhängig gewordene Verfahren.

Wegen sozial-ethischer Verwirrung (Bagatellisierung der Onanie und homophilen Entwicklungsphase, Setzung falscher Leitbilder) wurden die beiden BRAVO-Hefte Nr. 6 und 7/72 auf die Liste der jugendgefährdenden Schriften gesetzt.

Auf welchem wissenschaftlichen Stand sich die Bundesprüfstelle zur Zeit dieser Indizierung befand, geht beispielsweise aus einem Zitat hervor, das in der Entscheidungsbegründung hinsichtlich der Onanie bei Jugendlichen herangezogen wurde: »Bei häufiger Ausübung (der Onanie) kommt es zu depressiver Verstimmung, zum Minderwertigkeitsgefühl, paranoiden Reaktionen... Vielfach wird sie als Ursache einer psychischen oder neurologischen Erkrankung (Rückenmarkschwindsucht, Gehirnerweichung) angeschuldigt«. Diese Erkenntnis haben wir den DDR-Professoren *Margarethe* und *Franz Fleck* zu verdanken.

Obwohl diese Entscheidung der Bundesprüfstelle sechs Jahre alt ist, BRAVO sich entsprechend weiterentwickelt hat und außerdem inzwischen eine andere Chefredaktion verantwortlich zeichnet, fehlt bei keinem der einseitigen Angriffe, die gegen BRAVO immer noch gestartet werden, der Hinweis auf den jugendgefährdenden Charakter dieser Zeitschrift. Dies vor allem dank der fleißigen, auf Eigenwerbung bedachten Hinweise der Bundesprüfstelle, die die BRAVO-Indizierung von 1972 als eine ganz besondere Glanzleistung ansah und noch heute ansieht, obgleich nicht der geringste Anlaß hierzu besteht. So wies z. B. BRAVO der Bundesprüfstelle nach, daß der überwiegende Teil der gegen BRAVO angeführten Zitate aus wissenschaftlichen Äußerungen entweder aus dem Zusammenhang gerissen oder falsch wiedergegeben wurden. Trotzdem können sich die BRAVO-Gegner unbeschadet darauf beziehen. Zum Beispiel in der Fernsehsendung »Kontrovers« des NDR vom 28. 10. 76 erlaubten sich die zuständigen Redakteure dieser Sendung, das heutige BRAVO aufgrund dieser Indizierung vor sechs Jahren als »Porno-Blatt« hinzustellen. Und wie gesagt: Alle, sowohl von der Bundesprüfstelle als auch von unserem Verlag damals herangezogenen namhaften Professoren *(Brocher, Hochheimer, Mühle)* fanden die bezichtigten Ausgaben nicht jugendgefährdend.

Trotzdem wurden diese BRAVO-Ausgaben indiziert. Unter Vorsitz des Regierungsdirektors *Stefen* und in der Besetzung von Gruppenvertretern aus dem Bereich Kunst, Literatur, Buchhandel, Jugendverbänden, Lehrerschaft und drei Länderbeisitzern aus Berlin, Bremen und Hamburg hat das Gremium diesen negativen Spruch gefällt. In der Begründung wurden diese Personen, die den Indizierungsbeschluß faßten, als Fachleute bezeichnet und darauf hingewiesen, daß davon ausgegangen werden müsse, wie der Inhalt von BRAVO nicht auf die wissenschaftlichen Gutachter wirke, sondern auf die Jugendlichen selbst. Jugendliche wurden aber nicht befragt. Natürlich nicht.
Soviel in aller Kürze zu diesem Verfahren. Es gibt darüber einen Sonderdruck aus »Sexualpädagogik« Heft 3/1972, Asgard-Verlag, Bonn-Bad Godesberg. Diese Veröffentlichung soll anscheinend dazu beitragen, die negativen Wertvorstellungen von BRAVO für alle Zeiten festzumauern und zu motivieren. Im Laufe meiner »Pro-BRAVO«-Stellungnahme werde ich deshalb noch ein paarmal darauf zurückkommen müssen.
Was von den bei diesem Indizierungs-Verfahren erstellten Gutachten bei der Urteilsfindung grundsätzlich nicht berücksichtigt wurde, ist die von den beratenden Wissenschaftlern gekennzeichnete Tatsache, daß BRAVO mit den Beiträgen, die als gefährlich beanstandet wurden, nichts anderes brachte, als was auch Jugendliche tagtäglich aus anderen Medien und durch das Leben selbst erfahren.
Wenn man sich beispielsweise vorstellt, daß die Tagespresse (bevorzugt die Boulevard-Zeitungen) über Mord und Totschlag, über Sex-Orgien, über detaillierte Schilderungen, wie Verbrechen begangen wurden, über faszinierend klingende Banküberfälle, über das gnadenlose Vorgehen der Terroristen genüßlich berichten kann, oder wenn die Zeitungen über das Intimleben von Stars und anderer Prominenter, über Prostitution, Sexualverbrechen, Ehebrüche,

Scheidung schreiben dürfen, oder wenn Jugendliche im Fernsehen brutale Western usw. vorgesetzt bekommen, oder wenn sie über Lügen von Politikern, falsche Wahlversprechungen, Wortbrüche innerhalb einer Fraktion und dergleichen erfahren, wenn sozial-ethische Verwirrung täglich auf den Bildschirmen und knallig aufgemachten Straßen-Gazetten erscheint, dann kann das aus gesetzlichen Gründen nicht indiziert werden und ist folglich auch nicht jugendgefährdend oder, was BRAVO auch noch vorgeworfen wurde, eine Verletzung des Erziehungs- und Sozialisationsanspruchs der Jugendlichen.

Weil BRAVO eine Jugendzeitschrift ist, geht man davon aus, daß die Leser von der Welt (auch nicht vom Elternhaus und der Schule) nichts anderes mitbekommen, als was in BRAVO steht. Deshalb sei diese Scheinwelt zu gefährlich und würde frustrieren. So einfach ist das.

Es scheint sich noch nicht einmal bei den Pädagogen herumgesprochen zu haben, daß Jugendliche in der Pubertät eine gewisse Schein- und Traumwelt zur Verselbständigung und emotionalen Entfaltung brauchen und daß vor dem realen Geschlechtspartner erst einmal der Traumpartner kommt.

Zu der Schilderung der Entwicklungsgeschichte von BRAVO muß noch ergänzend gesagt werden, daß die Leser der letzten fünf Jahre wieder anders angesprochen werden wollen als die antiautoritären Wohlstandskinder. Die Jugendlichen und Heranwachsenden von heute haben plötzlich Existenzangst und stehen ab frühester Schulzeit unter Leistungsdruck. Sie sind skeptischer, kritischer, aber auch konservativer, sie neigen zu Anpassung, auch zu Hause. Jung und alt kommen sich entgegen. Oft orientieren sich die Eltern mehr an ihren heranwachsenden Kindern als umgekehrt. Für die Jugend entstand ein erhebliches Defizit an Führung und Autorität. Außerdem hat die Herabsetzung der Volljährigkeit auf 18 das Drängen auf schnellere Eigenverantwortung reduziert. Das große Fragezeichen hinter der beruflichen Karriere hat das Zuhause wieder wärmer und attraktiver gemacht.

In BRAVO drückt sich die Verunsicherung der heutigen Jugend durch den schulischen und beruflichen Konkurrenzkampf so aus, daß wir das Blatt informativer, sachlicher und partnerschaftlicher machen. Diese Diktion bezieht sich sowohl auf den Show-Teil (auch die Stars haben ihre Probleme und Fehler) als auch auf die Beratung und die Berichte über junge Leute.

Obwohl wir uns nach wie vor in erster Linie als unterhaltendes Show-Magazin verstehen, nehmen wir – wenn auch nicht regelmäßig – Themen wie Berufsberatung, Jugendkriminalität, Drogen-, Alkoholsucht, Umfragen und Stellungnahmen zu aktueller Problematik, z. B. Todesstrafe oder Selbstmord usw., in unser Programm.

Parteipolitik findet in BRAVO nicht statt, weil wir der Auffassung sind, daß diese Thematik in keine Pop-Zeitschrift gehört und auch nichts mit neutraler Lebenshilfe zu tun hat.

Ich komme auf einen weiteren Kernpunkt unserer Kontrahenten: BRAVO sei kommerziell. Was kann es denn sonst sein? Ein vom Staat, von Kirchen oder Gewerkschaften subventioniertes Bildungsorgan? BRAVO ist eine Entspannung vom Leistungsstreß, eine Ergänzung zu dem, was den jungen Leuten zur Pflicht gemacht wird. Haben sie nicht auch das Recht, sich ein wenig Ablenkung zu kaufen? Gehört nicht auch das zu ihrer Entwicklung? Ist in unserer immer härter und brutaler werdenden Gesellschaft kein Platz mehr für tröstliche Wachträume, für Ausflüge in das Reich der Phantasie? Sind nicht gerade solche Kompensationen ein richtig dosiertes Mittel gegen Realitätsflucht durch Drogen, Alkohol und gesellschaftsfeindliche Aggressionen? Hat nicht der von der Bundesprüfstelle gebrandmarkte »Starkult« gerade aus dieser Perspektive seine legitime Daseinsberechtigung? Und hat in unserem freiheitlichen Gesellschafts- und Marktsystem ein Verlag nicht das Recht, für dieses Bedürfnis eine Zeitschrift herauszubringen, ohne in den Verruch zu kommen, kommerziell, sozialethisch verwirrend, jugendgefährdend oder, wie die Jusos meinen, konsumterroristisch zu sein? Mit dem Begriff »Terror« sollten gerade die linken Kritiker sehr vorsichtig sein.

In dem Indizierungsantrag des Bayerischen Staatsministeriums für Arbeit und Sozialordnung hieß es: »Ausschlaggebend für den Verkauf von BRAVO dürfte nicht zuletzt die seit Monaten laufende neue Aufklärungsreihe sein ...«

Auch hier wird von Staats wegen BRAVO der Vorwurf gemacht, in eine Informationslücke gesprungen zu sein, die frühere Generationen geschaffen haben. Sofort werden solche journalistischen Impulse in das Umfeld von einer Geschäftemacherei gebracht und die Arbeit unseres wissenschaftlich fundierten Beratungs-Teams als jugendgefährdend apostrophiert.

In einer Stellungnahme des Deutschen Bundesjugendrings, Bonn, heißt es, daß BRAVO unter den kommerziellen Jugendzeitschriften dominierend sei und in unverantwortlicher Weise die jungen Menschen zu unkritischen Konsumenten gewinnorientierter Kapitalinteressen erziehen würde.

Es fragt sich, wie objektiv der Deutsche Bundesjugendring die deutsche Jugend, die BRAVO-Redaktion und BRAVO selbst kennt, wenn er unterstellt, daß auf der einen Seite Leute ohne Verantwortungsgefühl und auf der anderen Seite junge Leser ohne Urteilsvermögen seien. Wir sammeln jedenfalls gegenteilige Erfahrungen, wonach die Mädchen und Jungen von heute immer konsumbewußter, abwägender werden und schon die jüngsten Leser (12 bis 15 Jahre) einen ausgeprägten Sinn und Instinkt für Glaubwürdigkeit sowohl bei redaktionellen Beiträgen als auch bei den Anzeigen in BRAVO haben.

Ein rotes Tuch für die vor allem linksspurigen BRAVO-Kritiker ist auch der immer wiederkehrende Hinweis, daß sich die BRAVO-Anzeigenabteilung den Anzeigenkunden mit der hohen (20 Milliarden) Kaufkraft des jungen Marktes empfiehlt. Auch das scheint nicht erlaubt zu sein und BRAVO redaktionell in Mißkredit zu bringen.

In Wirklichkeit hat die Redaktion mit dem Anzeigenteil nichts zu tun. Trotzdem eine kurze Bemerkung zum Thema Konsum:

Gewinn und Konsum, worauf gerade unsere heutige Wirtschaft angewiesen ist, gilt in unserem demokratischen Rechtsstaat immer noch als etwas Amoralisches, Kapitalistisches, Unsoziales – unabhängig davon, wie viele Betriebe schließen müssen, weil sie in die Verlustkurve gekommen sind – unabhängig davon, wie viele Arbeitslose es gibt.

Im übrigen hat die BRAVO-Redaktion von der Verlagsleitung keinerlei Auflage, auf Wunsch der Anzeigenabteilung oder gar der Anzeigenkunden irgendwelche Produktwerbung zu machen. Für die Redaktion ist das Anzeigengeschäft nur insofern interessant, als dadurch der Umfang einer Ausgabe entsprechend erweitert werden kann und damit auch der Redaktion mehr Seiten zur Verfügung stehen. Außerdem kann durch diese Einnahmen der Verkaufspreis von BRAVO (seit November 1972 trotz höherer Unkosten und allgemeiner Preissteigerung DM 1,20, ab November 1977 DM 1,30) nieder gehalten werden, was wieder dem Leser zugute kommt.

Im übrigen produziert BRAVO alle Beiträge selbst, was personell und finanziell einen Riesenaufwand erfordert. Und wenn man weiß, mit welchem Engagement diese Redaktion die Voraussetzungen schafft, daß der Leser jeden Donnerstag am Kiosk ein neues Heft abholen kann, das ihm die erwartete Ergänzung zum Alltag bietet, dann kann man einfach nicht verstehen, daß es Leute gibt, die darin eine Gefahr für »Erziehungs- und Sozialisationsanspruch

Jugendlicher« sehen. Das scheint mir eine akademische Hochstilisierung zu sein, die mit natürlich empfindenden Jugendlichen nichts mehr zu tun hat. Dabei fragt man sich, wo das sozial-pädagogische Verständnis der Kritiker bleibt, wenn sie jungen Leuten nicht gewähren, was für Erwachsene selbstverständlich ist: Entspannung durch Show-Stars im Fernsehen, Kompensation von Liebes- und Sexualwünschen durch unterhaltende und beratende Lektüre. Aber die Wertorientierung der Kinder soll anscheinend geistreicher sein als die der Eltern.

Und wo bleibt das soziale Verständnis und das Bemühen um die Erforschung der Ursachen, wenn man sich in den Behörden und Aufsichtsorganen darüber mokiert oder es für bedenklich hält, daß – wie bereits gesagt – an unser Berater-Team monatlich rund 5 000 Leserbriefe und telefonische Hilferufe kommen?

In Wirklichkeit ist es doch so, daß BRAVO aufgrund familiärer oder kommunaler Mißstände eine Aufgabe übernommen hat, die auch bei den vordergründigsten oder ahnungslosen BRAVO-Kritikern Anerkennung finden müßte. Oder sie müssen den hilfesuchenden Mädchen und Jungen sagen, wo sie sich sonst hinwenden können und wo sie von vornherein das Gefühl und Vertrauen haben, daß man für ihre Probleme Verständnis hat. Auf bürokratischem Weg scheint es bis jetzt jedenfalls nicht zu funktionieren.

Von einem Team von Diplom-Psychologen, einem Arzt und Psychotherapeuten, einem Soziologen, einer Sozialpädagogin, einem Sozialarbeiter und drei Sekretärinnen werden diese Leserbriefe privat und im Heft unter der Rubrik »Dr. Sommer« beantwortet. Für besonders dringende Fälle hat diese Beratungsgruppe sogar einen Telefondienst eingerichtet. Der monatliche Gesamtaufwand kostet die Redaktion DM 18 000, Porto und Telefongebühren noch nicht dazugerechnet.

Natürlich sind Briefe in den meisten Fällen nicht die optimale Therapie. Aber allein der Kontakt, d. h. die Antwort auf einen Notruf, kann schon eine wichtige Hilfe sein. Und in all den Fällen, wo therapeutische Beratung oder zumindest Gespräche mit Fachleuten notwendig sind, stellt unser Team die vorbereitenden Verbindungen mit den zuständigen Beratungsstellen her und bittet um beschleunigte Behandlung. Die Misere in den Beratungsstellen kennt jeder, der sich mit Sozial-Pädagogik in unseren Landen auskennt. Dazu ein Zitat von Prof. *Specht,* Göttingen, aus der Zeitschrift »Eltern« Nr. 5/76: »Von den 422 Beratungsstellen, die es in der Bundesrepublik gibt, sind 35% unterbesetzt: Das heißt, sie verfügen noch nicht einmal über die Mindestbesetzung von drei Fachkräften, die nötig wären, um den Betrieb einigermaßen aufrechtzuerhalten.«.

Selbst wenn genügend (errechneter Bedarf 1 200 Stellen) voll arbeitende Beratungsstellen vorhanden und den Jugendlichen in Stadt und Land bei Bedarf zugänglich wären, müßten die Ratsuchenden so viel Zivilcourage und in bezug auf den Bürokratismus so viel Durchsetzungsvermögen haben und Zeit und Geduld aufbringen, daß sie eigentlich schon gar keine Beratung mehr bräuchten. Die meisten leiden ohnehin unter Hemmungen und Kontaktschwierigkeiten.

Viel einfacher und realisierbarer ist es deshalb für die meisten Mädchen und Jungen, sich in einer einsamen Stunde hinzusetzen und an BRAVO zu schreiben, um wenigstens ihrem Herzen Luft zu machen. Etwa ein Drittel der Briefe ist anonym.

In der Reihenfolge der Häufigkeit geht es den Briefschreibern um folgende Probleme: Kontaktschwierigkeiten, ganz allgemein; sexuelle Ratlosigkeit und Fragen zur Aufklärung; Probleme mit dem Äußeren; Schwierigkeiten mit den Eltern; Schulprobleme.

Das Beratungswesen in der Bundesrepublik müßte erst einmal grundsätzlich verbessert und effektiver gemacht werden. In jeder Familie, Kirchengemeinde, jeder Schule, jedem Freizeitheim müßten Vertrauenspersonen sein, die für junge Leute geeignete Gesprächspartner sind. Dann könnte man sich mit Recht wundern, wenn sich die jungen Leute in Konfliktsituationen an BRAVO wenden würden. Und die Institutionen, die den sittlichen oder ideologischen Einfluß auf die Jugend für sich in Anspruch nehmen wollen, bräuchten BRAVO nicht mehr um das Vertrauen seiner Leser zu beneiden oder darüber entrüstet zu sein.

Ich finde es symptomatisch für das Mißtrauen gegen BRAVO, wenn in der Einleitung zu dieser Publikation zu lesen ist: »Wenn es richtig ist, daß der Redaktion von BRAVO im Monat etwa 5 000 Leser-Zuschriften zugehen, so rangiert sich dieses Blatt in eine Position, die hinsichtlich ihrer pädagogischen Funktion nicht unterschätzt werden darf. Die in BRAVO vermittelten Ratschläge und Empfehlungen haben gleichsam autoritativen Leitbildcharakter... und werden außer durch ihren kommerziellen Erfolg nicht kontrolliert.«. Die in BRAVO gegebenen »Ratschläge« werden von geschulten Fachleuten kontrolliert und dürfen deshalb auch »Leitbild-Charakter« haben.

In der besagten Begründung zur Indizierung der beiden BRAVO-Hefte 6 und 7/72 wird darauf hingewiesen, daß es jährlich nicht nur 400 000 Studenten, sondern auch 300 000 Sonderschüler gibt, und diese Sonderschüler wären nicht so sehr vom Intelligenzgrad als vom Liebesdefizit in der frühen Kindheit und durch Beeinträchtigung des Sozialisationsprozesses her gefährdet. Auch in dieser Hinsicht wird eine Gefährdung durch BRAVO in Zusammenhang gebracht. Wieder werden Ursache und Wirkung verwechselt und verkannt, daß BRAVO auch für diese sozial schwache Gruppe eine positive Anlaufstelle sein kann. Im übrigen soll man gerade diesen bildungsschwachen Jugendlichen lieber Arbeit verschaffen, als sich darüber aufregen, was sie zu ihrer Unterhaltung konsumieren.

BRAVO hat auch nicht die frühe Geschlechtsreife der heutigen Jugend ausgelöst. BRAVO hat nur schneller als Eltern und Pädagogen darauf reagiert und die von der Pubertät überraschten Mädchen und Jungen mit den nötigen Informationen versorgt. So schnell wie diese Entwicklung erfolgt ist, so schnell konnten sich die an frühere Moralbegriffe gebundenen Erzieher und schon gar nicht der schwerbewegliche Beamtenapparat in den Ministerien und Schulen umstellen. Vom Gesetzgeber her wurde lediglich die Volljährigkeit herabgesetzt.

Ähnlich ist es mit der Aufklärung. Auch hier wird uns der Vorwurf gemacht, mit diesen Beiträgen schlummernde Sexual-Bedürfnisse zu wecken. Diese ebenfalls immer wieder verwendete Unterstellung wurde durch zwei große Fragebogen-Aktionen innerhalb der BRAVO-Leserschaft längst widerlegt.

Laut Umfrage 1977, an der sich 120 000 BRAVO-Leser beteiligten, treten sexuelle Praktiken altersmäßig später auf als bei einer Umfrage vor acht Jahren, also 1969. Damals hatten bereits ein Drittel der 16jährigen Mädchen und 42% der 16jährigen Jungen koitale Erfahrungen, 1977 27% der 16jährigen Mädchen und 14% der gleichaltrigen Jungen – sie wurden inzwischen von den Mädchen sogar noch »überrundet«.

Wenn die heutige Jugend eine so natürliche Einstellung zur Sexualität hat und ganz offen darüber spricht – jeder, der mit jungen Leuten zu tun hat, wird das feststellen –, dann hat sie das in erster Linie BRAVO entnommen. Wo hat man sonst so fachlich und zugleich menschlich darüber berichtet und dadurch einen zeitgerechten Weg gewiesen? Immer mehr Eltern und auch Lehrer sehen in der fachlich abgesicherten und aus der Praxis zeitgerechter Jugendberatung entwickelten Aufklärung durch Dr. *Martin Goldstein* und sein Team eine willkommene Grundlage und Anregung für weiterführende Gespräche mit den Kindern bzw. Schülern. Solange es keine bessere und lebendigere Information über diesen Lebensbereich gibt, ist die in BRAVO die beste, auch dann, wenn sie in der Aufbereitung manchmal »kommerziellen« Spielregeln unterliegt. Die Motivation, daß Aufklärung für junge Leute notwendig ist, kann von niemandem, der einen realen Sinn für elementare psychische und physische Bedürfnisse junger Menschen hat, bestritten werden. Das sollten endlich auch die Erzieher zugeben, die ihren Kindern oder pädagogisch anvertrauten Jugendlichen aufgrund tradierter Lernprogramme andere Auskünfte bzw. unrealistische Antworten zum Thema Mann und Frau gegeben haben. Für sie ist es natürlich besonders schwierig, um nicht zu sagen peinlich, sich durch die Aufklärung in BRAVO korrigiert zu sehen.

Wo ist die Alternative zu BRAVO?

Viele bestehende oder inzwischen wieder eingegangene Konkurrenzblätter wollen oder wollten Alternativen finden und BRAVO damit klein machen. Entweder sie sind dadurch selbst klein geblieben oder – und das ist die Regel – sie haben BRAVO hemmungslos kopiert. Je mehr Konkurrenz BRAVO hat, desto besser schneidet es ab.

Ein Grund mehr, über BRAVO nachzudenken und mehr Doktor- oder Seminararbeiten darüber zu verfassen.

Rudolf Stefen

Über Jugendzeitschriften 1978

Begriffsbestimmung und Arten der Jugendzeitschriften

Unter Jugendzeitschriften werden hier diejenigen Zeitschriften verstanden, die sich an Jugendliche zwischen 10 und 24 Jahren wenden. *Kurt Koszyk* und *Karl H. Pruys* definieren Jugendzeitschriften wie folgt:[1] »Es sind Zeitschriften für Kinder und heranwachsende Jugendliche. Sie beschäftigen sich mit Themen, die einen solchen Leserkreis unterhalten, belehren und bilden oder auch für gewisse Tendenzen begeistern können. Meist ist Unterhaltung mit Belehrung verbunden, ggf. mit Propaganda«.
Die einfachste Unterscheidung differenziert nur zwischen kommerziellen und nichtkommerziellen Jugendzeitschriften.[2] Hier soll unterschieden werden zwischen nichtkommerziellen, konfessionellen und kommerziellen Jugendzeitschriften.

Institutionen für Jugendzeitschriften

Deutsches Jugendschriftenwerk e. V., Kurt-Schumacher-Str. 1, 6 Frankfurt/Main, Telefon: 0611/28 43 21.
Es fördert seit 1956 »gutes Heftschrifttum«. In ihm arbeiten Wissenschaftler, Pädagogen und Verleger zusammen. Seit 1969 vergibt es den Christian-Felix-Weisse-Preis zur

---

[1] *Kurt Koszyk* und *Karl H. Pruys*, Wörterbuch der Publizistik.
[2] ZV + ZV 1973 S. 1376 ff.

Förderung von Forschungsarbeiten auf dem Gebiet der Kinder- und Jugendzeitschriften. 1977 hat es ein bebildertes mehrfarbiges Faltblatt herausgegeben, in dem empfehlenswerte Jugendzeitschriften vorgestellt werden.
Jugendpresseclub, Akademie Remscheid, Küppelstein 24, 5630 Remscheid 1, Telefon: 0 21 91/79 42 13.
In ihm sind etwa 65 Jugendfunkredakteure, Herausgeber von Informationsdiensten, Zeitschriftenredakteure, Verlagslektoren, Pressereferenten von Jugendorganisationen usw. zusammengeschlossen. Aufgabe ist es, »den Kontakt unter den Mitarbeitern der Jugendpublizistik aufrecht zu erhalten, ihre Fortbildung durch Seminare, Studienreisen und Schriften zu unterstützen, den Informations- und Erfahrungsaustausch zu pflegen, für die Wahrung des Grundrechtes auf Meinungsfreiheit besonders einzutreten und insgesamt einen Beitrag zur Förderung der Jugendpresse und der Jugendbildungsarbeit zu leisten. Die Arbeit des Jugendpresseclubs e. V. vollzieht sich im Rahmen des Grundgesetzes und in parteipolitischer und konfessioneller Unabhängigkeit« (§ 1 der Satzung, Stand 10. 5. 1977). Der Jugendpresseclub gibt die Schriftenreihe HEARING, den Informationsdienst Jugendpresse (Auflage 1 000 Exemplare) und den Mitgliederrundbrief INTERN (jährlich 10–15 Ausgaben) heraus.

Nichtkommerzielle Jugendzeitschriften

Bestandsaufnahme und Analyse

Die Projektgruppe »Jugendpresse Institut für Publizistik« Hagenstr. 56, 1 000 Berlin 33, erhielt im September 1975 vom Deutschen Bundesring und vom Jugendpresseclub entsprechend der Forderung der 44. Vollversammlung des Deutschen Bundesjugendrings folgenden Auftrag: Eine empirische Bestandsaufnahme und wissenschaftliche Analyse der Situation und der Probleme der nichtkommerziellen Jugendpresse zu erstellen. Die Gesamtanalyse soll ein genaues wissenschaftlich fundiertes Bild der Arbeit im Bereich der Jugendpublizistik, der inneren wie der äußeren Situation ergeben.3

Das Bundesministerium für Jugend, Familie und Gesundheit stellt für dieses Vorhaben schätzungsweise 250 000 DM aus Mitteln des Bundesjugendplanes zur Verfügung.

Das Gesamtprojekt ist in vier Teile aufgeteilt.

1. Bestandsaufnahme,
2. Kommunikatorenanalyse,
3. Zielgruppen und Rezipientenanalyse und
4. Inhaltsanalyse.

Zu 1: Die Bestandsaufnahme liegt seit 1976 unter dem Titel »Bestandsaufnahme der Jugendpresse« vor und kann gegen Schutzgebühr beim Jugendpresseclub bestellt werden. Die Bestandsaufnahme enthält zu rund 2 000 Jugendpresseorganen »Materialien«. Für knapp 1 000 Publikationen ist jeweils ein gesonderter Steckbrief zusammengestellt. Rund 1 200 Titel sind lediglich zusammen mit dem Erscheinungsort der Zeitschrift titelalphabetisch aufgelistet. Die Angaben beziehen sich auf 1975. Hinzu kommen Angaben über 50 Presseorgane in alphabetischer Reihenfolge mit dem Gründungsdatum 1976. Die Projektgruppe selbst beschreibt das Ergebnis ihrer Arbeit wie folgt:4 »Auch nach diesem Versuch einer umfassenden Bestandsaufnahme kann noch nicht mit Sicherheit gesagt werden, wie viele Jugendpresseorgane es insgesamt in der Bundesrepublik Deutschland einschl. Berlin-West gibt. Deshalb kann auch keine begründete Aussage darüber gemacht werden, welcher Anteil an der Gesamtheit aller existierenden Titel durch die in diesem Band aufgeführten Organe erfaßt ist«.

3 Hearing Nr. 10, S. 23.
4 Hearing a.a.O.

Zu 2: »Arbeitsbedingungen, Selbstverständnis und Zielsetzungen von Kommunikatoren der nichtkommerziellen Jugendpresse« hat die Projektgruppe im August 1977 in einem Forschungsbericht den Auftraggebern vorgelegt. Die Projektgruppe hat hierüber in Heft 12 der Schriftenreihe HEARING ausführlich berichtet. Auf Seite 43 heißt es, unter der Überschrift »Politische Einstellung der Kommunikatoren«: »Insgesamt tendieren die Kommunikatoren der nichtkommerziellen Jugendpresse im Vergleich mit allen Jugendlichen wesentlich stärker zu linken Gruppierungen; ihre Bereitschaft, das bestehende Parteiensystem kritiklos zu unterstützen, ist geringer«.

Zu den Teilen 3 und 4 des Projektes sind Untersuchungen noch nicht veröffentlicht worden.

Konfessionelle Jugendzeitschriften

Sie erlebten in den 50er Jahren ihre Blütezeit. Heute kämpfen sie ums Überleben.

Katholische Jugendzeitschriften

Sie sollten folgende Funktionen erfüllen:[5]
a) Unterhaltung
b) politische Bildung
c) religiöse Erziehung
d) Information

---

[5] *Jürgen Hoeren*, Die katholische Jugendpresse 1945–1970 – Daten und Fakten zur Entwicklung. Als Manuskript veröffentlicht im April 1974 in »Information« Nr. 8 S. 130 des Deutschen Instituts für wissenschaftliche Pädagogik, Münster, Kardinal von Galen Ring 45.

Die katholischen Jugendzeitschriften wurden aber nicht zu einem echten Diskussionsforum, wie man es oft verbal forderte, sondern zu einem einseitigen Demonstrationsforum der kirchlichen Vorstellungen von Jugendpolitik und anderen Lebensbereichen.6 Hinzu kamen Schwächen im Vertrieb und in letzter Zeit die Spannung zwischen Jugend, Jugendverbänden und Kirche.

Eine Bestandsaufnahme aus 1975 über konfessionelle Jugendpublizistik in der Bundesrepublik Deutschland und West-Berlin, durchgeführt vom Bund der Deutschen Katholichen Jugend (BDKJ), liefert ein erschreckendes Bild der Ohnmacht dieses Bereiches im katholischen Sektor.7

Die 1975 von katholischen deutschen Bischöfen gegründete Mediendienstleistungsgesellschaft (MDG), Friedrichstr. 22, 8 München 40, wird es schwer haben, ihrem Auftrag gerecht zu werden, auch katholischen Jugendzeitschriften helfend unter die Arme zu greifen.

Evangelische Jugendzeitschriften

Die gleiche Entwicklung, wie die der katholischen Jugendzeitschriften, diagnostizierte *Hoeren* 1974 für die evange-

---

6 *Jürgen Hoeren*, a.a.O.
7 Bund der Deutschen Katholischen Jugend, Referat Öffentlichkeitsarbeit und Dokumentation, 4 Düsseldorf 30, Karl-Mosterts-Platz 1: Eine Schneise durch den Blätterwald der katholischen Jugend – ein Beitrag zur Bestandsaufnahme konfessioneller Jugendpublizistik in der Bundesrepublik Deutschland und West-Berlin –. Ergebnisse einer Umfrage im Bereich des Bundes der Deutschen Katholischen Jugend vom Januar 1975 als Manuskript veröffentlicht und: Wenn Mündel Vormünder werden wollen – auch kath. Jugendzeitschriften sind Ausdruck der kath. Jugendverbandsarbeit. Materialien zur Beantwortung der Frage, ob es wieder eine große kath. Jugendzeitschrift geben soll. Sammlung Bund der Deutschen Kath. Jugend, Auswahl und Redaktion *Bernd Börger*, als Manuskript veröffentlicht.

lischen Jugendzeitschriften.8 1977 schreibt *K. Rüdiger Durth*[9] unter Berufung auf den Oberkirchenrat *Roepke,* daß die EKD inzwischen die jährlichen Zuschußanträge der vielen evangelischen Jugendzeitschriften ablehne und Zuschuß erst dann wieder gewährt würde, wenn eine Konzentration stattgefunden habe. Dies ist auf dem Hintergrund zu sehen, der im Vorspann zu dem Artikel von *Durth* wie folgt beschrieben wird:

»Die genaue Auflage der evangelischen Presse, die in der Bundesrepublik erscheint, kennt niemand, nicht einmal die Anzahl der Titel. Selbst die Kirche nicht, die – unbewußt – zu den größten Verlegern zählt. Reichtümer sammelt sie dabei nicht. Im Gegenteil, von den 4 Milliarden DM Kirchensteuer, die pro Jahr die 26,9 Millionen Protestanten aufbringen, wandern weit über 100 Millionen DM in die Pressearbeit – als Subvention. Denn der unbekannte Media-Riese, zersplittert wie der Protestantismus selbst, ist ein Faß ohne Boden«.

Im Artikel selbst schreibt *Durth:*

»Der Haushaltsplan der EKD für 1978 weist über 11 Millionen DM aus: 6,2 Millionen DM für das Gemeinschaftswerk evangelischer Publizistik (GEP), 4 Millionen DM für »Deutsches Allgemeines Sonntagsblatt« (DS), 240 000 DM für die Matthias-Film-Gesellschaft und 100 000 DM für die Fernsehfilmproduktion »Eikon« sowie für andere publizistische Aufgaben ... Der Jahresetat des Gemeinschaftswerks der evangelischen Publizistik in Frankfurt beträgt rund 10 Millionen DM, davon 6,2 Millionen DM Zuschuß aus der EKD-Kasse. 180 ehrenamtliche Mitarbeiter, 85 Hauptamtliche. Bekanntestes Kernstück von GEP ist der evangelische Pressedienst (epd), der unter den deutschen Nachrichtenagenturen einen ausgezeichneten Ruf hat ...«

---

8 *Jürgen Hoeren,* a.a.O.
9 *K. Rüdiger Durth,* Der unbekannte Riese – Zur Situation der evangelischen Presse. In: »Journalist« Heft 12/77, S. 30 ff.

Kommerzielle Jugendzeitschriften

Die Zielgruppe und ihre Bedeutung für Verleger und Inserenten

Rund 20% der Gesamtbevölkerung kommt heute noch[10] als Zielgruppe der Jugendzeitschriften in Betracht. Nämlich die Altersgruppen von beginnender Geschlechtsreife der Heranwachsenden auf der einen Seite und der beruflichen und familiären Integration auf der anderen Seite, also grob gesprochen der 10–12jährigen und 21–24jährigen. Diese Gruppen sind u. a. aus folgenden Gründen für Verleger und Inserenten von Jugendzeitschriften interessant:
a) Sie sind Auslöser und Motor für zahlreiche Erwachsenenkäufe.
b) Mädchen und Jungen steigen heute schon mit 14, 15 oder 16 Jahren sehr dynamisch in die Erwachsenenmärkte ein. Ihre Kaufkraft wird auf jährlich über 25 Milliarden DM geschätzt. Der regelmäßige Ankauf der relativ preiswerten Jugendzeitschriften fällt dabei kaum ins Gewicht. Für Hersteller von Körperpflegemitteln und Geldanlagen, Bausparversicherungen, Stereoanlagen sowie Fernsehgeräten, sind diese Gruppen eine außerordentlich interessante Zielgruppe.

---

10 Die Auswirkungen des »Pillenknicks« haben die Jugendzeitschriften noch nicht erreicht.

Erwartungen der Herausgeber

Wie alle Herausgeber von Publikumszeitschriften, so wollen auch die Herausgeber von Jugendzeitschriften zwei Ziele erreichen: (a) die Steigerung der Auflagen und Reichweite, sowie (b) die Erweiterung des Anzeigenvolumens. Letzteres ergibt sich vor allem aus Annoncen, mit denen die Herausgeber von Jugendzeitschriften um Annoncenkunden werben. Erfolg im Anzeigengeschäft setzt aber Erfolg beim Vertrieb der Zeitschrift voraus. Je höher die verkaufte und verbreitete Auflage ist, je mehr und je eher sind die Interessenten geneigt, in dieser Jugendzeitschrift zu inserieren und je höher kann der Preis für die einzelne Annonce sein.

Erwartungen Jugendlicher an kommerzielle Jugendzeitschriften

Den kommerziellen Jugendzeitschriften wird massiv vorgeworfen, sie gingen an den Bedürfnissen ihrer jugendlichen Leser vorbei, weil sie zu wenig Beiträge und Informationen zu Beruf, Politik und Gesellschaft und Hintergrundinformationen enthielten.
Eine sehr interessante Untersuchung zu diesem Thema gibt diesen Vorwürfen recht, aber nur scheinbar. 1974 wurden im Zuge einer Langzeituntersuchung 1260 repräsentativ ausgewählte Jugendliche u. a. danach gefragt, welche Erwartungen sie an eine Jugendzeitschrift hätten. Die Antwort auf diese Frage, gibt die nachstehende Tabelle wieder.[11]

---

[11] Quelle: BRAVO Jugendpanel, Langzeituntersuchung zweites Halbjahr 1974, Band 2 – Ergebnisse einer Marktuntersuchung, durchgeführt vom Institut für Jugendforschung, München, im Auftrag der BRAVO Anzeigenleitung, Heinrich Bauer Verlag, München.

	Gesamt 14–22 Jahre	Geschlecht männlich	weiblich
Fallzahl total	1260	674	586
Projektion in Mio.	7,62	4,03	3,60
	%	%	%
Berufsinformationen	68,6	68,0	69,3
Information über Rechte und Pflichten Jugendlicher	64,0	63,2	64,8
Politische Informationen	54,6	61,1	47,1
Tips zum Sparen und zur Geldanlage	40,2	41,1	39,1
Sportinformationen	37,2	48,8	23,9
Ratschläge bei Problemen zwischen Jungen und Mädchen	37,1	39,3	34,5
Schulthemen	32,1	31,8	32,4
Leserbriefe Jugendlicher	30,9	28,2	34,0
Ratschläge bei Problemen mit den Eltern	29,0	26,0	32,4
Mode	28,3	10,7	48,6
Berichte über Popmusik und Popstars	27,5	30,7	23,7
Kosmetiktips	17,5	4,0	32,9
Romane	14,1	10,5	18,3

Im BRAVO Jugendpanel Band 2 heißt es hierzu:

Hier wird die Wirklichkeit schlicht auf den Kopf gestellt: Die Jugendzeitschrift, die gewünscht wird, sie fände kaum Leser.

Wer diese Meinungen überprüft, der muß sich fragen, warum BRAVO eigentlich nicht ›diese Zeitschrift‹ macht. Wir haben damit einschlägige Erfahrungen und können nur sagen: wahrscheinlich würden ein solches Blatt nicht einmal die Befragten lesen. So weit klaffen hier Idee und Wirklichkeit auseinander.

Bleibt zu fragen: warum ist diese Divergenz so groß? Aus welchen psychischen Bezirken wird dieser hohe Anspruch gespeist, dem man in der Alltags-Realität überhaupt nicht zu entsprechen geneigt ist. Übrigens paßt hier das alte Sprichwort: ›Wie die Alten sungen, so zwitschern auch die Jungen‹. Haben wir es hier etwa mit einer speziellen deutschen

Komponente zu tun, Nachwehen des deutschen Idealismus? Nach dem Motto, ›es darf keinen Spaß machen, sonst ist es schon verdächtig‹.

Leser pro Ausgabe und weitester Leserkreis[12]

Grundgesamtheit: Alle Jugendlichen

Prozentwerte (senk.)	Gesamt	Altersgruppen		
		12–14 Jahre	15–17 Jahre	18–21 Jahre
Hochrechnung in 1000	8466	2775	2570	3121
Basis gewichtet	3004	985	912	1108
Leser pro Ausgabe				
Mad	9,2	6,9	11,4	9,4
Neue Stafette	4,2	6,1	5,0	2,0
Musik Expreß	3,7	2,0	5,4	3,9
Popfoto	4,5	5,3	5,6	2,9
Sounds	1,9	0,4	2,4	2,9
Pop	5,0	5,6	6,2	3,6
Musik Joker	4,2	3,2	5,0	4,4
Zack	6,2	9,0	6,6	3,3
Bravo	31,0	38,3	37,8	18,9
Freizeit Magazin	8,1	10,1	9,4	5,3
Mädchen	4,4	5,7	6,0	1,8
Weitester Leserkreis				
Mad	28,0	20,7	33,2	30,2
Neue Stafette	11,2	15,0	12,2	6,9
Musik Expreß	13,4	7,5	18,4	14,6
Popfoto	17,3	16,6	22,5	13,6
Sounds	6,1	2,5	6,6	8,8
Pop	17,6	17,9	23,8	12,1
Musik Joker	15,9	13,3	21,5	13,6
Zack	22,4	30,9	26,1	11,7
Bravo	58,6	71,1	69,7	38,5
Freizeit Magazin	27,2	32,2	32,6	18,4
Mädchen	15,3	16,3	22,4	8,5

[12] Quelle: Jugend-Media-Analyse 1977, vorgelegt von der Arbeitsgemeinschaft Leseranalyse Jugendpresse. Sie wurde innerhalb eines Jahres nach Gründung der AG mit einem Kostenaufwand von 250 000,– DM erstellt. Die Arbeitsgemeinschaft Leseranalyse Jugendpresse besteht aus 8 Verlagen und 4 Werbeagenturen.

	Tätigkeit			Schulart		
	In Ausbildung	Berufstätig	Nicht Berufstätig	Volksschule	Mittel-Realschule	Gymn./Uni/Fachschule
	491	1758	366	1787	1294	2283
	174	624	130	634	459	810
	10,0	6,8	9,0	6,3	6,4	14,7
	1,2	1,8	1,9	4,5	5,8	6,3
	8,0	4,1	3,3	2,6	3,3	3,4
	5,3	2,8	3,1	5,3	6,5	3,7
	3,0	2,6	0,7	0,5	1,5	2,9
	3,0	4,6	3,5	6,0	7,0	3,9
	5,6	5,2	6,2	3,2	5,4	3,0
	10,0	2,0	3,5	9,0	8,1	5,8
	33,7	22,6	30,5	44,1	40,7	21,0
	4,5	6,2	8,7	11,1	11,2	5,4
	3,7	2,6	2,3	4,8	8,0	3,8
	29,9	21,9	27,5	19,1	24,2	40,7
	5,1	5,8	4,0	12,7	13,6	15,6
	22,4	15,2	12,4	9,8	12,4	12,5
	23,9	13,1	9,3	19,6	21,2	15,0
	8,2	8,5	3,4	2,5	5,0	7,2
	15,2	13,6	13,7	19,6	23,6	15,8
	17,2	15,5	20,2	15,4	18,9	14,3
	23,0	11,0	12,2	33,3	28,0	20,1
	66,3	42,5	50,5	76,1	73,3	48,9
	24,5	17,9	25,3	34,5	37,1	24,0
	14,1	9,2	10,4	17,1	22,4	14,5

Rudolf Stefen

Kontrast-Zeitschriften zu BRAVO

TREFF

Schülermagazin

Velber Verlag GmbH, Im Brande 15, 3016 Seelze 6. Erscheint monatlich, Umfang 48 Seiten. Preis des Jahresabonnements frei Haus DM 28,80.

Zeitgeschehen, Reportagen, Interviews, Bildberichte, Lesestoff, Sachinformationen, Beschäftigungsspiele, Unterhaltung. Immer mit einem großen farbigen Lern-Poster, das Schüler auch im Unterricht verwenden können. Vom Deutschen Jugendschriftenwerk empfohlen für 8–12jährige.

Weite Welt

Die Zeitschrift für Schülerinnen und Schüler

Steyler Pressevertrieb, Postfach 2460, 4054 Nettetal 2. Erscheint monatlich, Umfang 40 Seiten, Jahresbeitrag DM 9,60.

Spannende Geschichten und abenteuerliche Erzählungen; Berichte und Informationen aus fernen Ländern und von fremden Völkern; aus dem Leben der Missionare und über Glaubensfragen; aus Wissenschaft, Natur und Technik; viele Seiten über Freizeit und Unterhaltung: Sport und Spiele,

Kochen und Basteln, Rätsel und Witze. In jedem Heft ein vierfarbiges Poster im Format von 40 x 54 cm. Vom Deutschen Jugendschriftenwerk empfohlen für 8–13jährige.

Wir experimentieren

Jugendzeitschrift für Natur und Technik

Aulis Verlag Deubner & Co. KG, Antwerpener Straße 6–12, 5000 Köln 1. Erscheint monatlich, Umfang 36 Seiten. Preis des Jahresabonnements frei Haus DM 20,40.

Zahlreiche Experimente aus den verschiedensten naturwissenschaftlichen Bereichen, stellt aktuelle technische Probleme anschaulich und spannend dar und geht auf die speziellen Themen dieser Altersgruppe ein. Außerdem noch: Foto-Tips, Knobelprobleme für Mathematikfreunde, Streifzüge mit dem Mikroskop, Chemie für Anfänger, Trimm Dich in den Naturwissenschaften und vieles mehr. Jeden Monat mit den neuesten Nachrichten und Informationen über die Wettbewerbe »Jugend forscht« und »Schüler experimentieren«; darüber hinaus 2mal jährlich ein 8seitiger Sonderteil: »Jugend forscht«. Vom Deutschen Jugendschriftenwerk empfohlen für Jugendliche ab 14 Jahren.

Neue Stafette

Das Jugendmagazin

Johann Michael Sailer Verlag, Äußerer Laufer Platz 22, 8500 Nürnberg. Erscheint monatlich, Umfang 48 Seiten, Jahresabonnement frei Haus DM 18,–.

Mit Informationen über »Jugend forscht« und »Schüler experimentieren« in »Wir diskutieren«, »Schülerforum« und »Unter uns« kommt der junge Leser selbst zu Wort. Auf eigenen Seiten kann er seine Zeitschrift selbst mitgestalten. Mit farbigen Bildreportagen, die ferne Länder näherbringen, die Geheimnisse der Natur und moderne Technik verständlich machen. Neben vielen Hobby-Seiten auch Kurzgeschichten in Englisch, Latein oder Französisch. Vom Deutschen Jugendschriftenwerk empfohlen für 10–15jährige.

Tierfreund

Die farbige Jugendzeitschrift für Tier- und Umweltschutz

Verlag Deutscher Tierschutz-Werbedienst, Wiesbadener Straße 63, 6503 Mainz-Kastell. Erscheint monatlich, Umfang 40 Seiten, Jahresabonnement DM 18,–

Jedes Heft behandelt ein Thema im Sinne der Bildungspläne der Schulen in den Unterrichtsfächern Biologie, Erdkunde und Heimatkunde, befaßt sich in jugendgemäßer Sprache mit Fragen der Verhaltensforschung, der Entwicklungsgeschichte und der Umweltprobleme. Belebt den Unterricht durch ausdrucksvolle Abbildungen, regt die Jugendlichen an, den in der Schule durchgenommenen Stoff zu Hause zu vertiefen. Dabei lernt der Leser »nebenbei«; denn alles Wissenswerte ist in spannende Handlungen oder Erlebnisberichte »eingebettet«. Jedem Heft liegt ein Tierposter bei. Vom Deutschen Jugendschriftenwerk für 9–14jährige empfohlen.

'ran

Jugendmagazin des Deutschen Gewerkschaftsbundes

Bund Verlag, Postfach 210 140, 5000 Köln 21. Erscheint monatlich, Jahresabonnement DM 14,–.

Berichtet laufend kritisch, wurde 1972 mit dem Deutschen Journalistenpreis für die Rubrik: »'ran nennt Namen« ausgezeichnet. Es erreichte Rügen des Beschwerdeausschusses des Deutschen Presserates gegen andere Jugendzeitschriften. Kernlesergruppe: 18–20jährige (lt. eigener Annonce in text intern vom Januar 1976).

»17«

Die Zeitschrift, die von jungen Leuten gemacht wird

Steyler Pressevertrieb, Postfach 2460, 4054 Nettetal 2. Erscheint monatlich, Umfang 32 Seiten, Jahresbeitrag DM 14,40.

IN »17« diskutieren junge Christen (um 17 Jahre alt) ihre Lebens- und Glaubensfragen. Jedes Heft steht überwiegend unter einem bestimmten Thema, das von den Lesern vorgeschlagen wurde und zu dem sie selbst Stellung nehmen – in Briefen, Versen, Storys, Zeichnungen, Fotos. Dazu besorgt die Redaktion jeweils zwei, drei Beiträge von Fachautoren. Jugend- und ›Experten‹meinungen finden sich gleichberechtigt nebeneinander. In einer Umfrage hat sich die Leserschaft eigens ausgebeten, von ›Rätseln und drittklassigen Witzen verschont‹ zu bleiben. Positiv kommt auch an, daß alle Briefe von der Redaktion beantwortet werden und daß Kontakt auf da und dort stattfindenden Lesertreffen geschaffen wird.

Kontraste

Zeitschrift für junge Erwachsene

Herder Verlag, Hermann-Herder-Straße 4, 78 Freiburg i. Br.
Erscheint vierteljährlich, Jahresabonnement DM 12,–.

Behandelt jeweils Einzelthemen, u. a. Auseinandersetzung mit dem Sozialismus im Ostblock, Fragen der Jugend, Familie, Religion, Probleme der Medienerziehung, Thema »Terrorismus«.

**Indizierung der Jugendzeitschrift BRAVO
(Ausgaben 6 und 7/1972)
Entscheidung Nr. 2384 vom 6. 10. 1972**

In ihrer 202. Sitzung am 6. Oktober 1972 hat die Bundesprüfstelle für jugendgefährdende Schriften in der Besetzung mit:

Vorsitzender:
  Ltd. Regierungsdirektor Stefen

Gruppenvertreter:
  Konrad Jentzsch (Kunst)
  Lektor u. Schriftsteller Georg Hermanowski (Literatur)
  Buchhändler Wilhelm Voßkamp (Buchhandel)
  Frau Marion Poppen (Jugendverbände)
  OStudDir. G. Roland (Lehrerschaft)

Länderbeisitzer:
  Sozialoberamtsrat Hans-Dieter Wehowski (Berlin)
  Dipl.-Bibl. Werner Reinhold (Bremen)
  Oberschulrat Dieter Gerber (Hamburg)

auf Antrag des Bayerischen Staatsministeriums für Arbeit und Sozialordnung beschlossen:
  Die Druckschriften »BRAVO« Nr. 6 vom 2. Februar 1972 und Nr. 7 vom 9. Februar 1972
  Verlag: Heinrich Bauer, Hamburg
  sind in die Liste der jugendgefährdenden Schriften aufzunehmen.

Sachverhalt:

Die periodische Druckschrift »BRAVO« – vereinigt mit »OK« und »Wir« – erscheint wöchentlich zum Endverkaufspreis von DM 1,–. Sie wird vor allem über Kioske vertrieben. Das Heft umfaßt etwa 64 Seiten. Die verkaufte Auflage pro Woche beträgt ca. 800 000 Exemplare. »BRAVO« selbst bezeichnet sich als die größte Jugendzeitschrift. Den Anzeigenkunden empfiehlt sich »BRAVO« als »Meinungsmacher junger Markt«: »Unsere Leser sind junge Leute. Unsere Leser suchen das Neue. Sie warten auf ihr Angebot! Sie können einen Markt von 20 Milliarden Kaufkraft erschließen!«.

Der Antragsteller hält die Ausgaben Nr. 6 und 7/72 (vom 2. und 9. Februar 1972) für geeignet, Kinder und Jugendliche sozial-ethisch zu verwirren. Er führt dazu im Antrag vom 10. Februar 1972 folgendes aus:

1. »BRAVO« Nr. 6/72;

Die Zeitschrift wendet sich an Jugendliche von etwa 12 bis 16 Jahren; andere Altersgruppen dürften sich mit dem Anspruchsniveau nicht mehr zufriedengeben. Das entwicklungsbedingte Bedürfnis dieser Altersstufe, sich mit Vorbildern zu identifizieren, wird durch einen penetranten Starkult geradezu ausbeuterisch dazu benutzt, direkt oder indirekt Bedürfnisse in den Jugendlichen zu wecken, die sie zu kritiklosen Konsumenten machen oder in eine Traumwelt führen, die für ihr eigenes Leben niemals erreichbar sein könnte. Die Darstellung angeblicher Vorlieben oder Gewohnheiten der systematisch »aufgebauten« Stars muß auch bei ihren Fans ähnliche Bedürfnisse wecken oder schon sehr früh zu Frustrationen und Mutlosigkeit führen, die eine Auseinandersetzung mit der eigenen Welt unmöglich machen. Diese eigene Welt wird überhaupt nicht erwähnt, bedeutet sie doch entweder Schule oder Lehrstelle – beides Institutionen, die Pflichten mit sich bringen und nicht singend oder Musik hörend allein durchlaufen werden können. Dafür werden die jungen Leser in die geheimen Wünsche ihrer Super-Stars eingeweiht und sehen sich plötzlich selbst mit deren Augen, indem sie um die Verwirklichung ihrer Wünsche ebenso bangen dürfen wie diese selbst. So wird allmählich die für pubertierende Jugendliche wichtige Frage: Wer bin ich eigentlich? umgemünzt in die Frage: Wie ähnlich bin ich meinem Star? Das wäre nicht gefährlich, es unterschiede sich nicht von anderen »Idealen«, die immer schon in dieser Altersphase aufgebaut oder angestrebt wurden, wenn die vorgestellten Stars nicht nur Popanze aus unvorstellbarem Luxus, Weltreisen-Flair, Musik und Songs, modischen Extravaganzen und angeblicher Bescheidenheit, ja Befangenheit ob ihrer vielen Fans, wären. Diese grundsätzlichen Feststellungen lassen sich im vorliegenden Heft an den Erzählungen oder Bildberichten »Gefährliche Tage in Beirut« (S. 2 ff.), »Belmondo stürzt ins Ungewisse« (S. 20/21) und »Die Bombe aus dem Capri-Stall« (S. 54/55) nachweisen. Um zeitgemäß zu bleiben, werden in den Star-Geschichten höchst aktuelle Fakten berichtet: Kidnapping und anschließende Erpressung, Flucht in die Hippie-Scene (Jane Fonda S. 9), Mord, Bankraub und Rauschmittelsucht im Roman, auf den eigens zurückgekommen werden muß.

Ausschlaggebend für den Verkauf von »BRAVO« dürfte nicht zuletzt die seit Monaten laufende neue Aufklärungsreihe sein, die sich im vorliegenden Heft auf der Titelseite als »Mädchen beichten Dr. Korff: Unsere Sex-Spiele im Ferienheim« vorstellt und das das spezielle Thema: »Wenn Mädchen Mann und Frau spielen« behandelt. Unverkenn-

*bar sind die Kentler'schen Thesen zur Sexualpädagogik in diese Ausführungen eingeflossen, nicht zuletzt auch die Auseinandersetzungen um gewisse Vorgänge in Ferienlagern, in denen sexuelle Intimitäten unter den Jugendlichen geduldet, wenn nicht sogar gefördert wurden. Wenn Ina und Margret sich Dr. Korff anvertrauen, der hier eher die Rolle eines »Voyeurs« spielt, dann können sich die Leserinnen mit ihnen identifizieren und wissen nun, daß alles, was sie empfinden, ganz natürlich ist und ruhig ausgelebt werden sollte. Und auch die jugendlichen Leser erfahren alles, was sie von den Mädchen (angeblich) noch gar nicht wußten und was ihnen in ihren Zärtlichkeitsgefühlen zu anderen Jungen manchmal spanisch vorkam oder Angst machte, weil es verboten war. »... So eine innige Freundschaft wie zwischen euch findet ihr mit Jungen nicht so schnell. Mädchen verstehen sich, ohne daß sie erst viele Worte machen müssen. Deshalb ist es auch viel bequemer und unauffälliger, wenn sich Mädchen lieben. Mit Jungen müßtet ihr mehr riskieren und größere Hindernisse überwinden. Ich rate euch, wagt das auch. Auch Jungen können sehr zärtlich sein, und sie werden eure Zärtlichkeiten auch gerne haben. Auf dieses Vergnügen dürft ihr nicht verzichten.« ... Dieser letztere Rat wird sofort nivelliert, wenn man den gesamten Zusammenhang der Serie betrachtet und schon die Ankündigung für die nächste Nummer »Jungen und Mädchen, die sich selbst befriedigen« kritisch wertet. Anstoß bei Eltern und Erziehern wird insbesondere die Schilderung der gegenseitigen Onanie in den Spalten zwei und drei Seite 30 erregen. Sie hat ausgesprochenen Aufforderungscharakter; psychologisch gesehen wird hier wiederum eine Traumwelt der (Schein)befriedigungen, die sehr leicht zu haben sind, angeboten. Recht auf Lust und Befriedigung hat jeder – erlaubt ist alles, wenn es vor allem noch »bequem« ist, keine weiteren Umstände macht. ...
Ein Niederschlag der geschilderten Tendenzen, die nicht*

*allein von BRAVO vertreten werden, deren meistgelesenen
»Anwalt« diese »Jugendzeitschrift« aber darstellt, findet
sich in der Reihe »Was Dich bewegt...«, der Sprechstunde
bei Dr. Jochen Sommer. Interessant sind nicht nur die Probleme, die hier von Kindern und Jugendlichen vorgetragen
werden. Interessant sind vor allem die Antworten, die
ihnen gegeben werden. Sie sind sachlich nicht anfechtbar
– wie sollen sie aber von den Befragten, die aus einer
Traumwelt herausgefallen sind in die harte Wirklichkeit
oder gerade dabei sind, sich konsequent an die von der
Illustrierten gepredigte Linie zu halten und nun nicht mehr
weiterkommen, angenommen, geschweige denn wirklich bewältigt werden?*

*Die Verantwortungslosigkeit der Redaktion zeigt sich besonders in der Auswahl des Romans »Küsse deinen Mörder
nicht« – Liebeskrimi von Katja Holm. Jeder kann mitraten
und mitzittern. Kriminelle Potenz und emotionale Abgebrühtheit, Verlogenheit und Drogenabhängigkeit zeichnen
die handelnden Jugendlichen oder beinahe noch jugendlichen Täter aus. Gewaltverbrechen und Brutalität ebenso
wie Feigheit und Angst stehen im Mittelpunkt der Handlung, die in der vorliegenden Nummer mit folgender Zusammenfassung aus den vorhergehenden Nummern (Anzahl nicht bekannt) eingeleitet wird: »Wilde Gartenparty
in einer Sommernacht. Lutz läßt sie steigen. Seine Eltern
sind verreist. Niemand hört den Knall. Die Sexbombe der
Clique, Martina, liegt im Swimming-pool. Erschossen. Jeder
von der Clique steht unter Mordverdacht. Warum?*

*BERND: Er ist Martinas Exfreund. Sie erwartet von ihm
ein Kind. Auf dieser Party erscheint er mit Daisy, seiner
neuen Freundin.*

DAISY: liebt Bernd. Ist auf Martina eifersüchtig. Hat gehört, wie Martina Bernd allein sprechen wollte.

*TOM: Hat an diesem Abend eine Bank überfallen. Taucht
auf der Party unter. Mit 18 000 Mark.*

INGE: Banklehrling. Wurde von Tom beim Bankraub als Geisel entführt. Verliebt sich während der Party in ihn.
ANDY: Boß der Clique. Martina hat ihn erpreßt. Nur sie wußte: Andy war früher nervenkrank.
LUTZ: Gibt die Party, um eines der Mädchen zu vernaschen.
Martina? – Während die Clique Martina im Garten begräbt, haut Inge mit dem geraubten Geld ab. . . .«
Um das Mitraten und Mitzittern anzuheizen, werden noch einige Schlagzeilen mitgeliefert: »FLUCHT IN DIE LIEBE: Inge hat Angst. Nur in Toms Armen kann sie vergessen. Dann ist sie für kurze Zeit glücklich. Aber was ist, wenn die Polizei die Leiche und Toms Revolver entdeckt?
WOHIN MIT DEM GELD? Inge hat sich heimlich mit dem Koffer voller Geld aus dem Staub gemacht. Will sie sich die 18 000 Piepen unter den Nagel reißen?
TRÄUMEN UND VERGESSEN: Lutz kann keinen Schlaf finden. Ruhelos irrt er in dem großen Haus umher. Bis er sich an die Morphium-Ampullen in dem Medikamentenschrank seines Vaters erinnert. Will er mit einer Rauschgiftspritze seinem schlechten Gewissen entfliehen?«

2. BRAVO Nr. 7/72:

Für dieses Heft gelten die gleichen Kriterien wie für Heft 6/72. Trotzdem scheint ein besonderer Hinweis auf die neuen Serien: Die »T. Rex-Story« wichtig: Hier wird der Lebenslauf des Stars Marc Feld geschildert, der seit 1965 Marc Bolan heißt und heute 24 Jahre alt ist. Immer spielte er »verrückt«, nie war Geld im Hause, denn seine Eltern waren arm. Er hatte keine Chance, auch die Schule paßte ihm nicht, weil die Pauker auch keine Antwort auf seine Fragen wußten. Mit 14 Jahren erreichte er, was er wollte: er wurde vom Schuldirektor persönlich an die Luft gesetzt.

Damals besaß er bereits 40 »maßgeschneiderte« Anzüge, von seiner Mutter nach seinen extravaganten Wünschen genäht – mit 14 wurde er Dressman und stellte seine eigenen Schöpfungen vor. Sie wurden verkauft. Heute besitzt er 100 Hemden und 100 Anzüge in den verwegensten Farben. Mit Erfolg aus der Schule geflogen, machte er seine eigene Mode, arbeitete als Fotomodell, baute er sich aus Obstkisten eine Gitarre, spielte er und freute sich, wenn Helen, seine Freundin, auf Kochtöpfen und Ölfässern den Takt dazu schlug. Dann gab es die Barbesitzerin Nora, die ihn besonders mochte, weil er eben besonders war. Kostenlos durfte er Musikbox spielen – sie hatte ihm den Schlüssel dazu gegeben – wollte aber eine Gegenleistung erbringen: so fing er an, bei ihr den Kellner zu spielen. Trotz aller Jobs hatte er nie Geld, dafür besaß er eine Menge Schallplatten.

»Die hatte er auf eine besondere Masche ›erworben‹. Wenn er wenigstens so viel Geld hatte, um sich eine Platte zu kaufen, ließ er sich in dem Plattenladen 10 oder 20 Scheiben vorspielen, und vier oder fünf davon verschwanden unter seinem Hemd oder unter seinem Jackett. Heute sagt er zu BRAVO: ›Natürlich weiß ich, daß das nicht recht war. Aber wie sollte ich denn an die Dinger kommen, ohne sie zu klauen? Das Leben in unserem Viertel war hart, und man braucht lange, um zu begreifen, daß ›etwas mitgehen lassen‹ Diebstahl ist.‹« Außerdem machte Marc auch mit geklauten Platten noch Geschäfte. Er verkaufte sie an Bekannte oder Pfandleiher weiter, was seinen ›Reichtum‹ erheblich steigerte ... »Mit 16½ Jahren fand er sein Leben ›doof‹ und ging zu einem Magier in die Lehre, nach Paris. Dort war er alles: Diener, Chauffeur, Koch, Empfangschef, und nicht selten saß er mit den reichsten Leuten dieser Welt an einem Tisch, um irgendwelche Geister zu beschwören. ... Aber noch heute macht sich seine Liebe zur Zauberei bemerkbar, wenn er auf der Bühne steht und wenn die ersten Mädchen schon in Ohnmacht gefallen sind,

*ehe seine Hand überhaupt die Gitarre berührt hat...«
(Seite 24).
Nirgendwo berichtet der ausführliche Lebenslauf etwas,
wann er sein sagenhaftes Gitarrenspiel erlernt hat. Arbeiten
wird systematisch ausgeklammert, womit der für Heft 6/72
bereits festgestellte Trend wiederum bestätigt wird.
Die Zeitschriften sind in hohem Maße geeignet, die noch
nicht gefestigten sozial-ethischen Begriffe der Kinder und
Jugendlichen zu verwirren und die phasengerechte Entwicklung zur sittlich voll verantwortlichen Persönlichkeit zu gefährden.*

In der mündlichen Verhandlung vor dem 12er Gremium
der Bundesprüfstelle am 8. Mai 1972 trugen Professor
Tobias Brocher (Universität Gießen) im Auftrage der Bundesprüfstelle und Professor *Mühle* (Universität Bielefeld)
im Auftrage des Verlages Gutachten zu der Frage vor,
ob die beiden Ausgaben 6 und 7/72 von »BRAVO« den
Tatbestand von § 1 GjS erfüllen. Der Verlag überreichte
außerdem der Bundesprüfstelle ein schriftliches Gutachten
von Professor *Hochheimer* (Pädagogische Hochschule Berlin) vom 30. 4. 1972 im Umfang von 20 DIN A 4-Schreibmaschinenseiten zu der gleichen Frage. Außerdem war
im Auftrage des Verlages zur mündlichen Verhandlung
Dr. med. *Goldstein*, Düsseldorf-Benrath, erschienen, da er
unter dem Pseudonym Dr. *Korff* die seit Monaten laufende
Serie »Liebe ohne Angst« geschrieben hat und unter dem
Pseudonym Dr. *Jochen Sommer* die Leserbriefe in »BRAVO« in der Reihe »Was Dich bewegt« beantwortet. In
dem Gutachten von Professor *Hochheimer* heißt es zu
Dr. *Goldstein*:

»Herr Goldstein ist ein bestens renommierter Jugendberater. Er hat mehrere Jahre ein Heim der offenen Tür geleitet, erhielt von der Arbeitsgemeinschaft der evangeli-

schen Jugend Deutschlands einen Studienauftrag über ›Erziehung zu Ehe und Familie‹, war Dozent für Psychologie und Soziologie an der evangelischen Jugendakademie Radevormwald und ist seit 1967 ärztlicher Mitarbeiter an der evangelischen Erziehungsberatungsstelle in Düsseldorf. Im Jugenddienstverlag, Wuppertal, erschienen seine beiden sehr positiv rezensierten Bücher ›Die Beziehung der Geschlechter – Veränderungen, Aufgaben, Probleme‹ (1966) und ›Anders als bei Schmetterlingen – Er und sie und ihre Liebe‹ (1967). Ebenfalls im Jugenddienst-Verlag, Wuppertal, erschien Goldsteins berühmt gewordenes ›Lexikon der Sexualität‹ mit Fotografien von Willi McBride (1970).«

Außerdem ist im Jugenddienst-Verlag unter dem Namen Dr. *Korff*, mit dem Hinweis, daß diese Serie in »BRAVO« veröffentlicht worden ist, eine Broschüre unter dem Titel »Die heißen Fragen der Liebe« im Jahre 1971 erschienen.

Dr. med. *Goldstein* nahm zu den von ihm geschriebenen und unter den Pseudonymen Dr. *Korff* und Dr. *Sommer* veröffentlichten Beiträgen in »BRAVO« Nr. 6 und 7/72 ausführlich Stellung. Das diesen Ausführungen zugrunde gelegte Manuskript überreichte er anschließend der Bundesprüfstelle. Es hat folgenden Wortlaut:

»Stellungnahme zu meinen Beiträgen in BRAVO Nr. 6 und 7, 1972:
Die Anschuldigungen gegen auszugsweise zitierte Texte von Dr. Korff weise ich als unzutreffend zurück.

1. Die entsprechende Folge von BRAVO Nr. 6/72 trägt die Überschrift: »Wenn Mädchen Mann und Frau spielen«, und darüber habe ich geschrieben. Derartige Verhaltensweisen, die in einer verlängerten homoerotischen Phase begründet sind, kommen, wie ich aus eigener Praxis als Ju-

gendleiter und Erziehungsberater weiß, nicht selten vor und gehören deshalb in die Thematik der Sexualerziehung.

2. Daß der Leiter der Abteilung Jugend des pädagogischen Zentrums Berlin, Dipl.-Psychologe Helmut Kentler, Thesen zur Sexualerziehung verfaßt und vertreten hat, ist nicht zu widerlegen. Diese Thesen können jedoch schwerlich für belastend oder gar als jugendgefährdend gehalten werden. Ich bin aber nicht auf Thesen anderer angewiesen, um meine eigene Praxis zusammen mit einem Team geschulter Fachkräfte zu reflektieren und zu konzipieren.

3. In dem von mir geschriebenen Gesprächsbericht werden sexuelle Intimitäten unter Jugendlichen weder geduldet noch gefördert, sondern Jugendliche in ihren Schwierigkeiten beraten. Wer hier Hinweise auf »gewisse Vorgänge in Ferienlagern« herausliest, unterstellt nichts als seine eigenen Gedanken. Mir sind Ferienlager, die eine gegenstandsnahe Sozialpädagogik und damit auch eine entsprechende Sexualpädagogik praktizieren, bei verschiedenen Jugendorganisationen, z. B. auch dem CVJM und der Evang. Jugendarbeit, sowie aus eigener Anschauung bekannt.

4. Ich weise die Behauptung zurück, daß Dr. Korff die Rolle eines Voyeurs und zudem die Tendenz verträte, daß alles »ruhig ausgelebt werden sollte«. Dies geht aus meinem Text nirgendwo hervor, und ich erachte den entsprechenden Passus der Antragsschrift als eine ebenso unbegründete wie böswillige Unterstellung. Der Dr. Korff, der dies mit Jugendlichen in freiwilligen Gesprächen bearbeitet, bin ich selbst. In solch einem Gespräch geht es nicht zuerst um Anpassung an bestehende Auffassung, sondern um die Suche nach dem ursächlichen Konflikt. Dieser war zum großen Teil bei beiden genannten Mädchen in einer Kontaktstörung zu finden, durch welche sie gehindert waren, freundschaftliche Beziehungen zu Jugendlichen männlichen Geschlechts aufzubauen und zu erhalten. Daß sich dann die sexuellen Antriebe in anderer Weise Bahn brechen, kann ich als Jugendberater den Klienten nicht zum Vorwurf machen. Ich versuche vielmehr, es ihnen zu erklären und sie zunächst von dem seelischen und moralischen Druck zu entlasten. Diese Beratungsmethodik ist mit Sicherheit nicht identisch mit dem, was in der Antragsschrift als »wissen nun, daß alles, was sie empfinden, ganz natürlich ist und . . .« bezeichnet wird.

5. Ich habe mit voller Absicht die Art und Weise wechselseitiger sexueller Zärtlichkeiten zwischen Mädchen beschrieben, weil sich vor allem Jungen dafür interessieren, wie das beim anderen Geschlecht vor sich geht und sie sich ohnehin wenig Vorstellungen vom weiblichen Genitale und dessen sexueller Erregbarkeit machen können. Diese Angaben stellen für mich Material dar, auf die tiefe Einbettung der sexuellen Körpergefühle beim weiblichen Geschlecht hinzuweisen. Dies ist in der gesamten Serie durchgängig und hat den Sinn, Zärtlichkeit herauszustellen im Gegensatz zu Grobheiten, Hinlangen oder sonstigen Praktiken.
Daß die jugendlichen Leser darüber etwas erfahren, halte ich nicht für gefährlich oder gefährdend, denn meines Wissens gibt es auch keine Jugendlichen ohne Geschlechtsorgane und ohne sexuelle Gefühle und Antriebe. Jugendlichen schon vor dem eigentlichen eigenen Erleben, also antizipierend Informationen über Sexualität zu geben, kann ich nicht für jugendgefährdend halten, dafür aber das Gegenteil, nämlich eben dies zu unterlassen. Gefährdend scheint mir außerdem eine bestimmte Art von Sexualpädagogik zu sein, welche mit Verboten arbeitet und Angstgefühle herstellt.

6. Sodann wird in 8 Zeilen der Antragsschrift ein Teil

meines Gespräches mit den beiden Mädchen wiederholt und anschließend behauptet, daß meine Aussage sofort durch den weiter gegebenen Zusammenhang nivelliert würde. Diese Feststellung beruht auf Unverständnis. Ich habe den Mädchen erklärt, wie ihr vom üblichen Benehmen abweichendes Verhalten zustande kommt, sie zur Aufnahme regelrechter Kontakte ermutigt und dabei nicht verschwiegen, daß ein Zugehen auf das andere Geschlecht tatsächlich mehr Initiative erfordert als ihn nur zwischen Mädchen zu erleben, z. B. selbst aktiv zu werden und zärtliche Aktivität nicht allein den Jungen zu überlassen (wobei ich nicht unmittelbar an Intimzärtlichkeiten denke, sondern mehr an allgemeine weibliche Aktivität). Es wäre psychologischer Unfug, die gleichgeschlechtlichen Kräfte, die sich in jedem Menschen befinden, zu verbieten oder zu vergällen. Im Schreiben dieser Folgen sehe ich meine Aufgabe darin, klar zu machen, daß mit Hilfe fachmännischer Beratung Probleme entschärft und wohl auch gelöst werden können. Ein gewisses Vertrauen in die Problemfreundlichkeit einer gekonnten Konfliktpädagogik vorzubereiten, ist mein oberstes Thema. Daß es in Wirklichkeit an problemfreundlicher Pädagogik hapert, kann nicht BRAVO oder mir angelastet werden. Vielmehr hoffe ich, daß auch schulische und außerschulische Pädagogen sich entlastet fühlen, wenn sie erfahren, daß ein in psychologischer Beratung erfahrener Fachmann eine wichtige Ergänzung allgemeiner Pädagogik ist.

7. Daß die Ankündigung »Junge und Mädchen, die sich selbst befriedigen« (solche Zwischenüberschriften stammen nicht von mir, sondern von der Redaktion), kritisch zu bewerten ist, hoffe ich auch. Denn ich schreibe keinen entsprechenden Bericht, um zur Selbstbefriedigung aufzufordern. Was ich schreibe, soll Schuldgefühle verringern und die »Gefahren« der beschriebenen Handlungen relativieren helfen. Denn nahezu alle Jungen (92%) und eine große

Zahl Mädchen (ca. 50%) treiben Selbstbefriedigung, und es mag kaum einen erwachsenen Menschen geben, der nicht selbst schon onaniert hat, ohne daß es ihm geschadet hätte.

8. Was ich dann in der zitierten Spalte 2 und 3 Seite 30 in BRAVO Nr. 7 beschrieben habe, ist ein Erlebnis, wie es häufig vorkommt. Daß die Geschichte Aufforderungscharakter haben sollte, kann ich mir nur damit erklären, daß der betreffende Leser sie, durch eigenes Trauma blockiert, nicht anders hat verstehen können. Ein Teil der von mir beabsichtigten Hilfe besteht doch in der entlastenden und befreienden Wirkung, die dadurch entsteht, daß Dinge, die bisher verschwiegen wurden, sachlich und menschlich unbefangen beschrieben, dargestellt und besprochen werden. Wie Udo und einige andere Jungen es mir erzählt haben, so gebe ich es hier auch wieder. Ich bin nicht darauf angewiesen, entsprechende Texte zu erfinden, ich kann sie eigenen Gesprächsprotokollen und Briefen entnehmen. Daß solch ein Bericht Aufforderungs- oder gefährdenden Charakter haben soll, vermag ich nicht einzusehen. Die Aufforderung könnte sich allenfalls darauf erstrecken, daß jugendliche Leser angeregt werden, sich an entsprechende oder ähnliche Eigenerlebnisse zu erinnern und sich endlich von ihrer relativen Schadlosigkeit zu überzeugen. Die schlimmste Folge unserer gängigen Sexualpädagogik ist ja, daß sie die Chancen zu einem vertrauensvollen Gespräch etwa mit einem Erzieher nicht eröffnet, sondern per Erzeugung von Angst- und Schuldgefühlen nahezu unmöglich macht, was dazu führt, daß der Betroffene dann seinen eigenen Skrupeln und Sorgen überlassen bleibt.

9. Ich möchte noch hinzufügen, daß ich die Schilderung dieses einen Jungen ausführlich wiedergegeben habe, damit auch Mädchen sich ein Bild machen können, was bei Jungen vor sich geht und wie. Ich kenne keinen anderen Weg, eine bestimmte Sache oder einen Vorgang zu analysieren, zu erklären, in seiner Problematik zu zeigen und evtl. aus der Konfliktlage herauszuführen, außer, daß ich sie zunächst einmal möglichst sachlich darstelle. Die Schilderung eines unverhältnismäßig harmlosen Vorganges wie der mutuellen Onanie (z. B. auch zwischen Jungen und Mädchen in Schaetzing, »Schon wieder ein Aufklärungsbuch« Hoffmann und Campe 1969, Seite 46 bis 48) haben nicht mehr Aufforderungscharakter, als korrekter Information eben eigen ist.

10. Daß Scheinbefriedigungen angeboten und empfohlen werden, sogar »bequem« und »ohne weitere Umstände« (noch dazu in einem Satz, der mit Pünktchen endet!), ist mir noch nie in den Sinn gekommen, ich schreibe sowas auch nicht und kann das in der betreffenden Folge auch nicht herauslesen.

Was die Reihe Dr. Sommer »Was Dich bewegt« betrifft, so kann ich dem letzten Satz der in der Anklageschrift ausgeführten Ausführungen nur recht geben, nämlich der Frage, wie Briefkastenantworten helfen sollen, wie sie von den Bedrängten angenommen werden und wie deren Probleme wirklich damit bewältigt werden könnten.
Mit dieser Fragestellung habe ich mich mit meinem Fachteam von Anfang dieser Arbeit an bis heute auseinandergesetzt. Daß Brief-Beantwortungen etwas ganz anderes sind als Beratung, wie wir sie in der Beratungsstelle praktizieren, ist uns selbstverständlich klar. Aber wir haben die von BRAVO angebotene Gelegenheit angenommen und versucht, auf dieser Plattform etwas zu helfen. Daß die bedrängten Jugendlichen in ihrer gewohnten Umgebung kaum jemand entdecken, der mit ihnen objektiv und vorurteilsfrei Konfliktpädagogik betreibt, liegt doch wohl nicht

an BRAVO, sondern an der Problemfeindlichkeit unserer gängigen Erziehungssituationen. Mir gehen Tag für Tag etwa 200 Briefe bedrängter Jugendlicher zu, woraus ich in erster Linie erfahre, wie wenig Rechte diese jungen Menschen eigentlich haben und wie wenig sie sich ihrer Rechte bewußt sind. Aus diesem Grunde sind meine Antworten ganz anders als die anderer Briefkastenberater. Ich erarbeite, so weit es möglich ist, eine Analyse des vorliegenden Briefes, fußend auf kritischen Untersuchungen von Inhalt, Handschrift, Örtlichkeit, Familienstand, Beruf, Alter und Dynamik der Beschreibung. Sodann überlegen wir gemeinsam die Form einer beantwortenden Gegenrolle unter folgendem Schema:

1: Überschrift in Schlagzeilen
2: Mit anderen Worten: Deine Situation ist so: ... (Symptom)
3: Dahinter liegt das tiefere Problem, nämlich ... (Ursache)
4: Es liegt nicht allein an Dir, sondern auch daran, daß ... (Umwelt)
5: Versteh, daß es anders sein könnte, wenn Du jetzt ... (Theorie)
6: Und Dich dann aufraffst so zu handeln ... (Praxis)
7: Wenn Du nicht allein damit fertig wirst, wer kann dabei helfen? (Verweis auf Fachstellen).

Das bedeutet, daß sich der betreffende Absender und auch die Leser, die sich mit ihm identifizieren, erst einmal akzeptiert und verstanden fühlt. Er bekommt gesagt: Du hast das Recht, ein Problem zu haben. Und das liegt u. a. an zwei Gründen, einmal an solchen, die Du bei Dir bisher selbst nicht entdecken konntest, und an anderen Ursachen, die aus der Umwelt stammen und denen Du schlechthin ausgesetzt warst. Du darfst trotz Problem Deinen Kopf hochtragen.

Und mein Tip, der dann folgt, ist keine Lösung des Pro-

blems, sondern ein auf diesen Schreiber zugeschnittener möglicher Schritt, auch wenn es nur ein ganz kleiner ist. Nicht die Lösung des Problems kann mein Ziel sein, sondern nur, daß der betreffende Jugendliche versteht, daß man ihn und sein Problem ernst genommen hat. Tatsache ist doch, daß die meisten Jugendlichen weder Mut noch Möglichkeit haben, sich Eltern, Lehrern oder anderen Erziehern anzuvertrauen. Dieser Zustand ist ebenfalls nicht von BRAVO hervorgerufen, sondern ist mehr oder weniger ein Resultat einer mißglückten Erziehung.

Mit den Antworten wird gleichzeitig eine breite Information ausgeteilt, das kann nachgelesen werden. Zu dieser Information gehört auch der Hinweis auf Stellen, die sich zu Anwälten bedrängter Jugendlicher machen, z. B. Jugendämter, Wohlfahrtsverbände, Seelsorger und Beratungsstellen. Noch nie sind so viele Verweise auf Fachkräfte, die ein Jugendlicher aufsuchen könnte, ausgesprochen worden, und das trotz der Kenntnis, daß die meisten Jugendlichen wenig Vertrauen zu Beratungsinitiativen aufbringen. Jedem Verweis, der in BRAVO ausgesprochen und ausgedruckt wird, geht voraus, daß ich mich selbst telefonisch erkundige, ob denn genau diese Stelle oder diese Person dafür in Frage käme und ob sie auch zu sprechen sei. Gleichzeitig geht diesen Stellen vorher ein entsprechendes Begleitschreiben zu (Anlage). Ich selbst kenne aus der eigenen Beratungsstelle (und aus entsprechenden Angaben von Kollegen) jugendliche Selbstanmelder, die auf Verweise von BRAVO hin gekommen sind und mit deren schwierigen Situationen wir uns dann in fortlaufender Beratung befassen konnten.

Die Seiten »Was Dich bewegt« sind also in jedem einzelnen Fall sorgsam durchgearbeitete Informationen, die sowohl auf den betreffenden Fragesteller als auch gleichzeitig auf die Allgemeinheit der Leser abgestimmt wurden. Daß damit die Probleme nicht grundsätzlich gelöst werden, ist mir völlig klar, aber dieses gilt in gleicher Weise für meine gesamte Arbeit in der öffentlichen Beratungsstelle.

Ich bin weiter entschlossen, diese Briefkastenseite zu bearbeiten, weil ich sie für eine notwendige und nützliche Information halte, welche im Grunde aussagt, daß man Probleme haben darf und sie angehen kann und daß es viele »Dr. Sommer« gibt, wenn man nur den Mut und die Adresse hat, sie zu finden. In diesem Falle kann also keinesfalls von einer Verantwortungslosigkeit der Redaktion gesprochen werden, denn das würde ebenso heißen, daß ich verantwortungslos und gedankenlos an diesem Projekt mitarbeiten würde, und diesen Vorwurf würde ich als unzutreffende Unterstellung zurückweisen.

Ich bestehe auf dem Pseudonym, da ich es vermeiden muß, daß sich Jugendliche mit Briefen oder Anmeldungen unmittelbar an mich richten, denn das wäre bei der zu erwartenden Flut unmöglich zu bewältigen. Außerdem soll Beratung, verbreitert auf Konfliktpädagogik und Sozial- und Jugendhilfe, als Institution vorgestellt und nicht an den Namen einer Person gebunden werden.«

Das fachpsychologische Gutachten, das Professor Dr. *Wolfgang Hochheimer* in seiner Eigenschaft als ordentlicher Professor für Psychologie und Psychotherapie, Direktor des Instituts für Pädagogische Psychologie an der Pädagogischen Hochschule Berlin, für den Verlag erstattete, geht von folgenden Voraussetzungen aus:

»*Schon lange ist es spruchreif und wäre es an der Zeit, das Klassensystem und zweierlei Recht für ›Erwachsene‹ und ›Jugendliche‹ aufzugeben. Dem steht bis heute unverrückbar das Vorurteil entgegen, Jugendliche seien vor dem zu bewahren, was wir selbst nicht beherrschen. Wir überkompensieren sowohl unsere ›Reife‹ wie die ›Unreife‹ der Jugend«* (Seite 13 des Gutachtens). »*Warum wird angesichts der vorstehend skizzierten psychosomatischen Ver-*

fassung unserer Jugendlichen überhaupt von ›Gefahren‹ und ›Gefährdungen‹ gesprochen, vor denen man sie zu schützen habe? Was ist hierzu in unserer Konsumgesellschaft mit ihren Massenmedien überhaupt wirksam? Sind Jugendliche vor ihrer Pubertätsentwicklung überhaupt bewahrbar? So erhebt sich immer wieder und heute in unserer Übergangsgesellschaft erst recht die Frage, was für uns ›sittlich‹ (Seite 18 und 19 des Gutachtens) heiße.«

Im wesentlichen führte Professor *Hochheimer* aus:

*Da im Antrag lediglich das Bedürfnis, sich mit Vorbildern zu identifizieren, »erwähnt« würde, müsse darauf hingewiesen werden, daß in der Jugendpsychologie der angesprochenen Altersstufe zahlreiche weitere Grundzüge und Bedürfnisse lägen, die die Popularität von BRAVO zunächst verständlicher machten.
Der Indizierungsantrag verstoße gegen das Gleichheitsgebot. Der gesamte Blätterwald von Illustrierten verschiedenster Periodika sei ebenso – wenn nicht noch »jugendgefährdender« gestaltet als BRAVO.*

Zu der Serie von Dr. *Korff* alias Dr. *Goldstein* schreibt Professor *Hochheimer* u. a. (Seite 5/6):

»Die in Thesen niederlegbaren Einstellungen gegenüber kindlich-jugendlicher Sexualität werden heute – in Übereinstimmung mit einer Reihe vorwiegend psycho-analytisch orientierter Experten von einer Anzahl toleranter Sexualwissenschaftler und -pädagogen geteilt. Beispielsweise gehören hierzu die Autoren des Sammelbandes ›Für eine Revision der Sexualpädagogik‹, unter ihnen Kentler wie Goldstein (4. Aufl. München 1969). Daneben gibt es bis in die jüngste Gegenwart eine nicht geringe Anzahl traditionell kindlich-jugendliche Sexualität leugnender bzw. be-

*kämpfender Fachvertreter verschiedener Disziplinen. In der Theorie herrscht also ein Pluralismus. In der Wirklichkeit nimmt praktizierte kindlich-jugendliche Sexualität zweifellos immer weiter zu, vor allem, was petting und koitales Verhalten bzw. deren Teilkopien betrifft. ›Liebe ohne Angst‹ ist bei dieser Lage kein schlechter, sondern ein humaner Titel für eine Aufklärungsserie auch in einer Jugendzeitschrift...
(Seite 13) »BRAVO« liegt hinsichtlich einer Humanisierung wenigstens und jedenfalls in der Sexualpädagogik mit den Beiträgen von Goldstein im besten Sinne progressiv (auch wenn hier, radikalkritisch gesehen, noch Konservatismen vorkommen)«.*

Zu der beanstandeten Krimi-Fortsetzung meint Professor *Hochheimer* u. a.: »*Die Annahme, irgend jemand könne durch Krimikonsum ›verdorben‹ werden, ist ein psychologischer Kurzschluß.*«

Zu der Schilderung über *Marc Bolan* in Heft 7/72 und dem darin enthaltenen Hinweis, daß der Schuldirektor ihn persönlich an die Luft gesetzt habe, schreibt Professor *Hochheimer* im Hinblick auf die Identifikationsgefahr:

»*Aber werden sie nun, weil das bei Marc so war, auch ihrerseits aus der Schule strömen? Sie werden es genauso wenig nachmachen wie das ›Klauen‹ von Schallplatten oder Bananen! ... Er (Marc) meisterte also sein Leben als Autodidakt. Deshalb hat es seinen besonderen Reiz. Aber soll man nun wieder folgern, Fans würden ihn kopieren? Ein eindrucksstarkes, abenteuerliches Leben regt als solches noch nicht zur Nachahmung an, gerade weil es als ›besonders‹ imponiert*«.

Zu dem Vorwurf im Antrag, daß Arbeiten systematisch ausgeklammert wird, schreibt Professor *Hochheimer* (Seite 17):

»Darf man dagegen fragen, ob und warum eine Unterhaltungsschrift für Jugendliche etwa vom Ernst des Lebens überhaupt und speziell etwa von einem Lob der Arbeit bzw. ihrer Schwere und Pflicht zu handeln hat? Zur Sache sei noch angemerkt, daß es sich bei Marc Bolan um einen Autodidakten handelt, der sich als ein Naturtalent seine Musik selbst beigebracht hat, wie das bei Stars seines Schlages gar nicht selten vorkommt. Daß auch hier viel geübt werden muß, schien dem Reporter offenbar selbstverständlich auch für Teenager und daher nicht ausdrücklich erwähnenswert. Im übrigen heißt es im Heft 7 an anderer Stelle von Roy Black (S. 5): »Die Arbeit im Plattenstudio ist hart...«

Zusammenfassend kommt Professor *Hochheimer* zum Ergebnis, daß die beanstandeten Hefte 6 und 7/72 von BRAVO den Tatbestand des § 1 GjS nicht erfüllen.

Professor *Tobias Brocher*, Inhaber des Lehrstuhls für Sexualwissenschaft und Psychoanalyse an der Universität Gießen, führte in seinem, im Auftrag der Bundesprüfstelle in der mündlichen Verhandlung am 8. Mai 1972 vorgetragenen Gutachten, das im Einvernehmen aller Beteiligten von der Bundesprüfstelle auf Band aufgenommen wurde, im wesentlichen folgendes aus:

1. Eine Zeitschrift, die ein Marktprodukt sei, müsse sich insbesondere daraufhin Untersuchungen gefallen lassen, ob ihr Inhalt schädliche Auswirkungen auf die soziale Gesamtgesinnung habe, die von der Gesellschaft vertreten werde. Denn »wir haben gelernt, Infektionskrankheiten und Seuchen sehr genau zu beobachten und Mittel dagegen zu finden. Wir isolieren auch Seuchenherde. Psychische Seuchen und Infektionen werden aber bisher vernachlässigt, weil die Bedeutung der sozialen Einflüsse auf die psychische Entwicklung allgemein verkannt und unterschätzt wird.«

2. Die Aufklärungsreihe von Dr. Korff alias Dr. Goldstein »Liebe ohne Angst« erfülle trotz aller Bedenken der Vorgeneration über Gefahren der Homosexualität nicht die Voraussetzungen des § 1 GjS. Dabei ging er davon aus, daß durch diese Beiträge Sexualität bei jugendlichen Lesern nicht aktiviert werden solle, denn »das wäre, wenn es zuträfe, wohl mißverständlich und bis zu einem gewissen Grade nicht nur eine Kollision mit Normen der Erwachsenengesellschaft, sondern für den Jugendlichen selbst auch schwer zu bewältigen. Es würde ihm mehr Angst machen, wenn er zur Sexualität aktiviert würde, weil er so seine Minderwertigkeitsgefühle, die Angst vor Impotenz und ähnliches aufzuweisen und zu bewältigen hat.«

3. Die Bearbeitung der Leserbriefe durch Dr. Sommer alias Dr. Goldstein halte er nicht für geeignet, Jugendliche sozialethisch zu verwirren. Die von Dr. Goldstein erteilten Antworten seien sachlich richtig, worauf auch der Antragsteller hingewiesen habe.

4. Zu dem Vorwurf, der Starkult in der Zeitschrift »BRAVO« diene der Ausbeutung, führte Prof. Brocher u. a. aus: »Hier bildet sich nichts anderes ab, als was sonst auch in der Werbungsmanipulation und in der allgemeinen Ideologie des Erfolges geschieht. Der Starkult ist nur scheinbar eine ausgesprochen antibürgerliche Ideologie. In Wirklichkeit aber ist es ein bürgerlicher Wunschtraum. Erfolg als Repräsentation ist gesellschaftskonform. Man kann sich darüber streiten, ob das sinnvoll ist und ob man andere Erziehungsideale aufstellen sollte.« Zusammenfassend kam Prof. Brocher zu dem Ergebnis, daß kein Beitrag der beiden Nummern geeignet sei, Jugendliche sozialethisch zu verwirren. »Es ist jedoch bei Fortführung einiger dieser Tendenzen in BRAVO zu befürchten, daß eine Entwicklung in Richtung einer Jugendgefährdung entstehen könnte«.

Professor *Mühle*, Universität Bielefeld, trug im Auftrage des Verlages mündlich ein Gutachten vor, in dem er darlegte, warum nach seiner Auffassung der der Zeitschrift zum Vorwurf gemachte Starkult nicht geeignet sei, eine sozialethische Begriffsverwirrung herbeizuführen. Er meinte, die Zeitschrift erfülle eine echte Aufgabe für die Jugendlichen, indem sie den Jugendlichen, die dem Streß der ersten Berufsjahre ausgesetzt seien, hier Leitbilder für die Freizeitgestaltung böten, die ihren legitimen Wünschen entgegenkämen und geeignet wären, Aggressionen auf friedliche Weise abzubauen.

Die vorgetragenen Gutachten wurden mit den Gutachtern und Dr. med. *Goldstein* sowie dem Vertreter des Verlages ausführlich erörtert.

Das 12er Gremium kam in der Beratung am 8. Mai 1972 zu der Auffassung, daß es zu einer sachgerechten Entscheidung notwendig sei, die schriftlichen Ausarbeitungen von Dr. med. *Goldstein* sowie der Gutachten der Professoren *Brocher* und *Hochheimer* zu kennen. Die Verhandlung wurde daher vertagt. Neuer Termin wurde für den 6. Oktober 1972 anberaumt.

Der Antragsteller beantragt,

    die Ausgaben 6 und 7/72 der periodischen Druckschrift »BRAVO« in die Liste der jugendgefährdenden Schriften einzutragen.

Der Verlag beantragt,

    die Eintragung abzulehnen,

    hilfsweise gemäß § 2 GjS von der Eintragung abzusehen.

Der Rechtsvertreter des Verlages protestierte energisch dagegen, daß mit dem Antrag versucht werde, dem Verlag vorzuschreiben, ob er eine Zeitschrift mit Stars mache oder nicht. Ein solcher Versuch des Antrags ginge über das GjS hinaus. Die Prüfung der beiden Ausgaben 6 und 7/72 von »BRAVO« durch die Gutachter habe eindeutig ergeben, daß die Voraussetzungen des § 1 GjS nicht erfüllt seien.

Nachdem auch der von der Bundesprüfstelle beauftragte Gutachter, Professor *Tobias Brocher*, eindeutig erklärt habe, daß weder der Starkult noch die Aufklärungs- und Krimiserie geeignet seien, Kinder und Jugendliche sozialethisch zu verwirren, könne die Bundesprüfstelle an diesem Ergebnis nicht vorbeigehen. Hinzu käme, daß auch die Gutachter Professor *Mühle* und Professor *Hochheimer* sowie Dr. *Goldstein* hier die Ausführungen von Professor *Brocher* unterstützt hätten. Es sei unzulässig – wie es der Antragsteller getan habe – für die Wertung einer Fortsetzung eines Kriminalromanes in einer Zeitschrift lediglich den Vorspann heranzuziehen.

Ergänzend wies der Rechtsvertreter des Verlages darauf hin, daß die von Prof. *Brocher* ausgesprochenen Empfehlungen inzwischen von der Redaktion in den neueren Ausgaben von »BRAVO« durchgeführt worden seien.

Auf ausdrückliche Befragung durch den Vorsitzenden erklärte der Rechtsvertreter des Verlages sich damit einverstanden, daß in der o. a. Sitzung am 6. 10. 1972 verhandelt und entschieden werde, obwohl das Gutachten von Professor Dr. *Mühle* nicht schriftlich vorlag und die Besetzung des Entscheidungsgremiums nicht genau derjenigen der Sitzung vom 8. 5. 1972 entsprach.

Wegen der weiteren Einzelheiten des Sach- und Rechtsstandes wird auf den Akteninhalt, insbesondere auf die Tonbandaufnahmen des Gutachtens von Professor *Brocher*, Bezug genommen.

Gründe

I.

Die Ausgaben 6 und 7/72 der periodischen Druckschrift »BRAVO« waren in die Liste der jugendgefährdenden Schriften einzutragen. Insbesondere die vom Antragsteller beanstandeten Inhalte der Starbiographien, die Fortsetzungsfolgen des »Liebeskrimis« und des »Liebesreportes« Minderjähriger sind geeignet, Kinder und Jugendliche im Sinne des GjS sittlich zu gefährden. Dabei ist sittlich zu gefährden nicht im sexuell-erotischen Sinne, sondern im Sinne der sozial-ethischen Begriffsverwirrung zu verstehen. Diese Auslegung hat das Bundesverwaltungsgericht mit Urteil vom 16. Dezember 1971 – IC 31.68 – nochmals ausdrücklich bestätigt (vgl. Veröffentlichung des Urteils in Heft 2 S. 12, 17 der Schriftenreihe der Bundesprüfstelle).

Ausnahmetatbestände nach § 1 Abs. 2 GjS, die eine Indizierung ausgeschlossen hätten, wurden vom Verlag nicht geltend gemacht und lagen offensichtlich nicht vor.

Von einer Indizierung konnte nach pflichtgemäßem Ermessen auch nicht nach § 2 GjS abgesehen werden. Denn ein Fall geringer Bedeutung lag nicht vor. Einer solchen Annahme stand entgegen, daß der Inhalt der beiden Ausgaben in hohem Maße geeignet ist, eine sozialethische Begriffsverwirrung herbeizuführen, und die große Verbreitung, die »BRAVO« mit einer Druckauflage von wöchentlich 875 000 Exemplaren als fast einzige kommerzielle Jugendzeitschrift insbesondere unter Jugendlichen hat (vgl. Urteil des Bundesverwaltungsgerichts vom 16. Dezember 1971 – IC 41.70 –, veröffentlicht in Heft 2 S. 26 der Schriftenreihe der Bundesprüfstelle). Schließlich mußte die Annahme eines Falles geringer Bedeutung verneint werden, weil die Eintragung der beiden Ausgaben im Hinblick auf eine mög-

liche Dauerindizierung der periodischen Druckschrift
»BRAVO« nach § 7 GjS in Betracht kommen kann.
Eine Teilindizierung von Zeitschriften kennt das Gesetz
nicht. Eine Überdeckung des zur Jugendgefährdung geeigneten Teils durch den übrigen Heftinhalt liegt offensichtlich
nicht vor.

II.

1. Die Feststellung, daß die beiden Hefte geeignet sind,
eine sozial-ethische Begriffsverwirrung von Kindern und
Jugendlichen herbeizuführen, setzt die Antwort auf die
Frage voraus, welche sozial-ethischen Begriffe der Gesetzgeber vor Verwirrung schützen will. Zwar bestehen in der
heutigen Gesellschaft der Bundesrepublik weitgehend
unterschiedliche sozial-ethische Wertvorstellungen, das bedeutet aber nicht, wie es Professor *Hochheimer* in dem
vom Verlag überreichten Gutachten zur Grundlage seiner
Ausführungen macht, daß es überhaupt keine verbindlichen
sozial-ethischen Wertvorstellungen mehr gäbe, die die Bundesprüfstelle und die Gerichte ihren Entscheidungen zugrunde legen könnten. Vielmehr ergeben sich trotz des
Wertpluralismus unserer Gesellschaft verbindliche Wertentscheidungen aus dem Grundgesetz und auch aus einfachen
Gesetzen wie dem Strafgesetzbuch aus dem GjS. Daß das
Grundgesetz keine wertneutrale Ordnung sein will, sondern
in seinem Grundrechtsabschnitt auch eine objektive Wertordnung aufgerichtet hat und daß darin eine verfassungsrechtliche Grundentscheidung für alle Bereiche des Rechts
getroffen ist, hat das Bundesverfassungsgericht wiederholt
entschieden (vgl. Bundesverfassungsgericht 2,1; 5,85;
7,199 ff.).
Hiernach sind u. a. geeignet, eine sozial-ethische Begriffsverwirrung im Sinne von § 1 Abs. 1 GjS herbeizuführen:

- Schriften, deren Inhalt gegen bestehende Strafvorschriften verstößt. Denn es sind nur sozialschädliche Tatbestände unter Strafe gestellt, deren Erfüllung sozial-ethische Begriffsverwirrung impliziert;
- Schriften, die den Krieg verherrlichen oder verharmlosen oder die unsittlich im sexuell-erotischen Sinne (pornographisch) sind (inhaltliche Kriterien);
- Schriften, die verrohend wirken oder zu Gewalttätigkeit, Verbrechen oder Rassenhaß anreizen (Wirkungskriterien) Gemäß § 1 Abs. 1 Satz 2 GjS ist bei Vorliegen eines dieser Tatbestände ohne weiteren Nachweis von ihrer Geeignetheit zur Jugendgefährdung auszugehen.
- Schriften, die grundgesetzlich geschützte Werte verletzen. Dazu zählen insbesondere Schriften, die Angehörige anderer Völker, Rassen und Religionen diskriminieren, verteufeln oder lächerlich machen, die Menschenwürde, die Ehe, das Elternrecht oder den Erziehungs- und Sozialisationsanspruch der Kinder und Jugendlichen verletzen.

2. Die Feststellung zur Eignung der Jugendgefährdung hat sich nach dem Kreis der nach dem GjS zu schützenden Jugendlichen zu richten. Nach Sinn und Zweck des GjS ist von den Jugendlichen schlechthin, einschließlich der gefährdungsgeneigten Jugendlichen, auszugehen. Nur Extremfälle völliger Verwahrlosung und krankhafter Anfälligkeit sind außer Betracht zu lassen. Dies hat der 1. Senat des Bundesverwaltungsgerichts mit Urteil vom 16. Dezember 1971 – IC 31.68 – (Heft 2 S. 11 ff. der Schriftenreihe der Bundesprüfstelle) unter Aufgabe der früheren Rechtsprechung des 5. Senats des Bundesverwaltungsgerichts (Band 25, 318 der amtlichen Sammlung) ausdrücklich und überzeugend entschieden. Die Bundesprüfstelle hat daher bei der Feststellung der Eignung zur Jugendgefährdung mit zu berücksichtigen, daß die Bundesrepublik Deutschland

pro Jahr nicht nur etwa 400 000 Studenten, sondern gleichzeitig etwa 300 000 Sonder- und Hilfsschüler hat. Ferner, daß 70% aller Sextaner nicht zum Abitur kommen und sogar bis 25% aller Volksschüler in der BRD nicht das Schulziel erreichen (vgl. die statistischen Übersichten in Heft 1 S. 80 ff. der Schriftenreihe der Bundesprüfstelle und den Bericht über den Kongreß der Ärzte des öffentlichen Gesundheitsdienstes in Berlin im Juni 1972 in der Fachzeitschrift »selecta« Nr. 42 vom 16. 10. 1972 S. 3925, 3928). »Dies liegt zum kleinsten Teil an Begabungsmängeln – 5% aller Kinder gelten als schwachsinnig, 10% als schwach begabt –, sondern vielmehr an einem Liebesdefizit in der frühen Kindheit und an der Beeinträchtigung des Sozialisationsprozesses der Jugendlichen« (so der Kongreßbericht in »selecta« a.a.O.; ferner die Veröffentlichungen der praktizierenden Psychagogin *Christa Meves*, insbesondere in »Manipulierte Maßlosigkeit« und »Wunschtraum und Wirklichkeit – Lernen an Irrwegen und Illusionen«, beide 1972 in der Herder-Bücherei erschienen). Von besonderer Bedeutung in diesem Zusammenhang ist die Antwort auf die Frage, wer vor allem »BRAVO« liest, die mit einer verkauften Auflage von ca. 900 000 Exemplaren pro Woche die auflagenstärkste kommerzielle Jugendzeitschrift in der BRD ist. Die neueste hierüber Auskunft gebende Veröffentlichung dürfte sein: *Diekershoff, Klient, Diekershoff* »Jugendarbeitsschutz aus der Sicht der Jugendlichen«, Verlag für Wirtschaft und Verwaltung, 1972. Hierbei handelt es sich um die Dokumentation der Repräsentativuntersuchung, die im Auftrag des Ministers für Arbeit, Gesundheit und Soziales und des Ausschusses für Jugendarbeitsschutz im Land Nordrhein-Westfalen in Verbindung mit dem Landesjugendring 1971/1972 mit 3 005 Jugendlichen durchgeführt wurde. Dabei wurde auch die Form des Interviews angewandt. Das Interview schloß mit der Frage nach der Lesehäufigkeit verschiedener Zeitungen und Illustrierten.

Dabei sollte angegeben werden, ob das jeweilige Medium regelmäßig, hin und wieder, selten oder überhaupt nicht gelesen wird. Die Aussagen derjenigen, die das Medium regelmäßig und hin und wieder lesen, ergeben für »BRAVO« folgendes (vgl. a.a.O. S. 1, 9, 13, 129–131, 181):
Differenzierung nach regelmäßigen und Hin-und-wieder-Lesern: »BRAVO« ist nach den Lokalzeitungen und »Hör Zu« die am meisten regelmäßig gelesene Zeitschrift. Regelmäßig wird »BRAVO« von 22,9% der Jugendlichen gelesen (Lokalzeitungen von 26,5% und »Hör Zu« von 25,1%). Alle anderen erreichen nicht einmal 10% regelmäßige Leser unter den Jugendlichen (Nach »BRAVO« folgt die Bildzeitung mit 9,4%). Hin und wieder wird »BRAVO« von 28% (nach der Bildzeitung mit 34,7%) gelesen.
Die Differenzierung nach Geschlechtern weist aus:
»BRAVO« wird von 59,9% der Mädchen und von 46,4% der Jungen gelesen. Damit steht »BRAVO« bei den Mädchen an der Spitze, bei den Jungen an dritter Stelle (nach Lokalzeitung mit 49,7% und Bildzeitung mit 49,3%).
Die Differenzierung nach Jugendlichen mit und ohne Ausbildungsvertrag: Hierzu heißt es in der Dokumentation (S. 129): »Allgemein kann festgestellt werden, daß Auszubildende eine höhere Lesefrequenz aufweisen als Jugendliche ohne Ausbildungsvertrag. Die letzte Gruppe dominiert allerdings bei zwei Kommunikationsmitteln, nämlich bei »BRAVO« und bei der Bildzeitung. Hier liegt die Lesehäufigkeit der Jugendlichen ohne Ausbildungsvertrag um 10% bzw. 8,6% über der der Auszubildenden«. Die Tabelle (S. 130) weist aus, daß unter den Jugendlichen mit Ausbildungsvertrag 50,9% und bei denjenigen ohne Ausbildungsvertrag 61,5% »BRAVO«-Leser sind. Die Differenzierung nach dem Alter der Befragten ergibt: Bei den 15jährigen dominieren die »BRAVO«-Leser mit 64,7% (gefolgt von »Hör Zu«-Lesern mit 49%) und bei den 16jährigen mit 55,2% (gefolgt von »Hör Zu«-Lesern mit 47,3%).

Bei den 17jährigen sinkt der Anteil der »BRAVO«-Leser auf 41% nach Lokalzeitung mit 52,5% und nach »Hör Zu« und Bildzeitung. Hinzu kommt ein nicht näher erfaßter Anteil der 11- bis 14jährigen Leser von »BRAVO«. Daß dieser Anteil nicht unerheblich sein kann, ist der Bundesprüfstelle bekannt. Es ergibt sich dies auch daraus, daß von den in den Heften 6 und 7/72 von »BRAVO« veröffentlichten 12 Leserbriefen die Hälfte (6) von 11- bis 14jährigen Lesern stammen (je einer von je 11-, 12- und 13jährigen, drei von 14jährigen).

Die aus der o. a. Dokumentation zum Jugendarbeitsschutz wiedergegebenen Erhebungen bestätigen im wesentlichen ältere Erhebungen, die bei *Rolf W. Fröhlich* »Verhaltensdispositionen, Wertmuster und Bedeutungsstruktur kommerzieller Jugendzeitschriften« (Dissertation/1968 S. 270 ff.) veröffentlicht sind. Hiernach gaben 62% der Lehrlinge und 30% der Schüler an, Filmillustrierte wie »BRAVO«, »Funk und Film« etc. zu lesen.

3. Entgegen der früheren Rechtsprechung und der entsprechenden Spruchpraxis der Bundesprüfstelle ist es nicht erforderlich, daß die Bundesprüfstelle die naheliegende Gefahr eines ernsthaften Entwicklungsschadens mit einer an Sicherheit grenzenden Wahrscheinlichkeit feststellen muß. Der 1. Senat des Bundesverwaltungsgerichts hat in dem o. a. Urteil vom 16. Dezember 1971 (Heft 2 der Schriftenreihe der Bundesprüfstelle) unter ausdrücklicher Aufgabe der früheren Rechtsprechung des Bundesverwaltungsgerichts entschieden, daß der Nachweis der Eignung zur Jugendgefährdung als erbracht anzusehen ist, wenn anzunehmen ist, daß eine Gefährdung durch die in die Liste aufzunehmende Schrift mutmaßlich eintreten wird. Es reicht also die Feststellung der einfachen Wahrscheinlichkeit für die Bejahung des Kausalzusammenhangs aus.

4. Das Bundesverwaltungsgericht hat mit einem weiteren Urteil vom 16. Dezember 1971 – IC 41.70 – (Heft 2 S. 26 ff. der Schriftenreihe der Bundesprüfstelle) ferner ausdrücklich unter Aufgabe entgegenstehender früherer Rechtsprechung entschieden, daß das GjS eine Teilindizierung von Zeitschriften bewußt nicht vorgesehen hat. Mit diesem Urteil hat der 1. Senat die Indizierungsentscheidung Nr. 2117 der Bundesprüfstelle vom 14. 3. 1969 bestätigt, mit der eine periodische Druckschrift des Verlages, der »BRAVO« herausgibt, wegen 24 Anzeigen des Versandhandels für »Sexartikel« indiziert worden war. Wörtlich heißt es in dem Urteil: »Die Bundesprüfstelle hätte im übrigen die Eignung der Illustrierten zur sittlichen Jugendgefährdung rechtlich bedenkenfrei auch schon wegen einzelner Anzeigen und nicht nur wegen ihrer Zusammenballung auf einer Seite bejahen dürfen«.

III.

1. Unter Anlegung dieser Maßstäbe hat das Bayerische Arbeitsministerium den Indizierungsantrag zu Recht gestellt und zutreffend begründet.
Das 12er Gremium der Bundesprüfstelle hat nach eingehender Prüfung in Übereinstimmung mit dem Antragsteller die Eignung der beiden Ausgaben von »BRAVO« zur sittlichen Jugendgefährdung bejaht.
Die Inhalte der beiden Ausgaben 6 und 7/72 von »BRAVO« wirken sozial-ethisch begriffsverwirrend, denn sie verletzen den Erziehungs- und Sozialisationsanspruch der Kinder und Jugendlichen.
Eine Verletzung von Strafvorschriften sowie die Erfüllung einer der im § 1 Satz 2 GjS genannten Tatbestände war vom Antragsteller nicht behauptet worden, konnte auch von der Bundesprüfstelle nicht festgestellt werden.

2. Der Erziehungs- und Sozialisationsanspruch der Jugendlichen wird verletzt, weil die genannten Inhalte der Hefte das jedem Kind und Jugendlichen zustehende Recht auf Reifung zur »leiblichen, seelischen und gesellschaftlichen Tüchtigkeit« (§ 1 JWG i. V. m. Art. 2 GG) vereiteln oder in seiner Realisierung wesentlich erschweren. In der neueren Jugendforschung und Jugendtheorie herrscht Übereinstimmung darüber, daß – unbeschadet der basalen Sozialisationsprozesse in früher Kindheit – die Pubertät und frühe Adoleszenz, also die 10- bis 17jährigen, durch eine Reihe zwar in der Ausprägung und Lösung soziokulturell unterschiedener, aber doch alters- und altersgruppen-spezifischer Lernaufgaben gekennzeichnet sind. Es werden übereinstimmend genannt:
– die Problematik einer (relativen oder totalen) Ablösung vom Elternhaus
– der Aufbau einer (relativ) selbständigen Wertorientierung und die Gewinnung sozialer wie personaler »Identität«
– im Zusammenhang damit (neben einer Berufsorientierung) besonders die Bewältigung von Einstellungs- und Verhaltensfragen im sexuellen Bereich.

Die Entwicklungspsychologie hat im Zusammenhang mit diesen Prozessen eine besondere Labilität und Suggestibilität (bes. gegenüber »Gegenautoritäten« zu Elternhaus und Schule) aufgewiesen. Die Jugendsoziologie hat auf die entscheidende Rolle der jugendlichen Altersgruppe (»Peer-Group«) und ihrer – meist fraglosen – Normen und Einstellungen für die Wertorientierung des Jugendlichen hingewiesen. (Vgl. *Horst Scarbath* »Grundsatzgutachten für die Bundesprüfstelle zu den St. Pauli Nachrichten« vom 15. 9. 1970, mit Literaturhinweisen).

Die hierzu erforderlichen Prozesse werden durch »BRAVO« vereitelt oder wesentlich erschwert. Denn die genannten Inhalte wirken normativ

für resignative Realitätsabkehr,
für Minderwertigkeitsgefühle bis hin zur Lähmung der Leistungsmotivation und Leistungsidentität,
für Schulversagen und Schulflucht,
für Desintegration der Sexualität in die gesamtmenschliche Persönlichkeit und
für Flucht in Drogen- und Alkoholgenuß.
Die Inhalte verhindern außerdem das Erlernen von Frustrationstoleranz, die Berücksichtigung von sozialen Belangen wie gegenseitige Rücksichtnahme, Verzicht um des anderen willen u.a.m.
Der Sozialisationsprozeß weiblicher Jugendlicher wird besonders beeinträchtigt, da sie als Objekte »zum Vernaschen« und mit negativen oder negativ belasteten Eigenschaften dargestellt werden.
Dies wiegt besonders schwer, weil nach dem Verständnis der Redaktion die Zeitschrift »BRAVO« eine »Agentur der sekundären Sozialisierung« sein will und den Jugendlichen bei der Bildung »der noch nicht ausgereiften Persönlichkeit und bei der Bewältigung der ... sexuellen Triebe« helfen will (BRAVO-Redaktion: BRAVO – Die Zeitschrift für junge Leute, Vorstellung einer Zeitschrift, München ohne Jahrgang (1967), unveröffentlicht S. 2, zitiert nach *Albert Huck* »Elemente der Ideologie in der Jugendzeitschrift BRAVO«, einzusehen beim Deutschen Jugendschriftenwerk, Frankfurt/Main).

3. Zutreffend hat der Antragsteller dargelegt, daß das redaktionelle Angebot der beiden Ausgaben weitgehend von »Stars« aus dem Showbusiness beherrscht wird und daß die meisten Biographien dabei mittels eines Netzwerkes kontextloser Anekdoten Bilder omnipotenter Stars zeichnen. Diese verfügen über Merkmale und Eigenschaften, in denen viele Jugendliche ihre eigenen Wünsche und Sehn-

süchte wiedererkennen: Macht und Erfolg, Schönheit und Glanz, Erotik und Sentimentalität. Zwei Gesichtspunkte lassen sich im Hinblick auf die Vorbildqualität der aufgebauten Idole als besonders bemerkenswert hervorheben. Ihnen fehlt zunächst der hinreichende Bezug zur gesellschaftlichen Realität, denn die vorgeführten Personen sind für die heutige Gesellschaft weder typisch oder repräsentativ, noch gibt ihre Darstellung Aufschluß über soziale Zusammenhänge und Vorgänge, sondern kaschiert diese. Andererseits wird der Prozeß des Reifens gänzlich außer Betracht gelassen; statt dessen wird durch besondere Hervorhebung in Überschriften oder durch Wiederholungen der Eindruck erweckt, wesentliche Stufen auf dem Weg zum Erfolg seien: Schulversagen und Schulflucht, Alkohol-, Drogen- und Sexkonsum bis hin zum Bankraub und Mord. Dabei sind die Merkmale der Idole und die Bedürfnisse vieler junger Leute derart aufeinander abgestimmt, daß die Stars sich als lohnendes Objekt für das jugendliche Geltungs- und Kompensationsstreben anbieten. Viele Jugendliche finden die Chance, das aus Tagträumen komponierte Selbstbild phantasierend umzusetzen und zumindest ersatzweise als Erlebnis eigener Größe nachzuvollziehen. Dabei kann es nicht ausbleiben, daß die Wunschbilder bis zu einem gewissen Grad Realbilder werden und dadurch Leitbildcharakter annehmen. Daran ändert sich auch dann nichts, wenn Jugendliche die gebotenen Schablonen als billigen Kintopp durchschauen. Sie behalten dennoch ihren Wert für die Formulierung persönlicher Lustansprüche, Partnerideale, Lebensinhalt und Lebensstil (die Reaktion selbst von Erwachsenen auf den Fernsehtestfilm »Der Millionendieb« ist hierfür ein beredtes Beispiel). Infolge der von »BRAVO« geschickt aufgebauten, gesteigerten Identifikationsbereitschaft der Jugendlichen verdichtet sich das Idealbild zu unrealistischen Forderungen gegenüber dem eigenen Leistungsvermögen. Im Falle eines Scheiterns, eines Zurückbleibens hinter Idealentwürfen des Erfolges wird dann aber meist nicht die gewählte Vorlage, sondern der Regel nach das eigene Vermögen in Zweifel gezogen, mit der Folge der resignativen Realitätsabkehr, der Minderwertigkeitsgefühle bis zur Lähmung der Leistungsmotivation und Leistungsidentität. Dies hat die Wissenschaft nachgewiesen, z. T. anhand der kommerziellen Jugendzeitschriften »BRAVO«, »OK« und »Wir« (vgl. die umfangreiche, von *Rolf W. Fröhlich* in der Dissertation »Verhaltensdispositionen – Wertmuster und Bedeutungsstruktur kommerzieller Jugendzeitschriften«, München 1968, verarbeitete und zitierte wissenschaftliche Literatur, vor allem die Arbeiten von *A. Mitscherlich* und *H. Schelsky*. Ferner Prof. *Brocher* in seinen Fernsehstatements zur Sexwelle – veröffentlicht in Heft 1 S. 63 ff. der Schriftenreihe der Bundesprüfstelle). In diesem Zusammenhang sind die vom Antragsteller bereits genannten Beiträge einschlägig wie »Großer Bildroman in Farbe – *Ricky Shayne* jagt Kidnapper« (so die Ankündigung auf dem Titelblatt von Heft 6) und der Beitrag in Heft 6 S. 2 bis 7, in denen *Ricky Shayne* als »gnadenloser Jäger« unter dem Signet »Stars und ihre Traumrolle! Neu!« vorgestellt wird; der Beitrag auf S. 14 bis 17, in dem die berühmten *Deep Purple* kaltblütig unter den Augen ihrer Fans ihren gemieteten 50 000,– DM Wert besitzenden Aufnahmewagen aus einem brennenden Gebäude retten und am nächsten Tag wieder in ihrem weißen Jaguar vorfahren, um ihre beste Langspielplatte zu produzieren; der Beitrag auf S. 20/21, in dem der berühmte Filmstar *Belmondo* zusammen mit der Schuttladung eines Lkw eine 300 m tiefe Böschung hinabstürzt und nur einige Schrammen davonträgt; S. 54 und 55 Heft 6 und S. 66 und 67 Heft 7, wo Stars ihre Autos testen. Die neue Serie »Das Wunder einer Karriere: Die *T. Rex* Story« in Heft 7, S. 22 bis 25 und S. 2 bis 5 »*Roy Black* ist ständig unterwegs und überall zu Hause – Meine Betten sind immer gemacht — Freund und Feste in Ascona — Nach dem Studio ins Luxushotel«.

4. Normativ für Schulversagen und Schulflucht wirkt der bereits erwähnte, auf dem Titelblatt von Heft 7 groß angekündigte Beitrag »Das Wunder einer Karriere: Die T. Rex Story« (S. 22 bis 25). »BRAVO« erklärt dieses »Wunder« damit, daß Marc schon von Kind auf »klaute« und dann »mit Erfolg von der Schule flog«. Es heißt (S. 23/24) »Mit 12 Jahren war dieser Junge ein echter »Mod« wie die Londoner sagen. Seine Eltern waren arme Typen. Der Job seines Vaters war Lastwagenfahrer. Hin und wieder klaute Marc irgend etwas: eine Schallplatte, eine Schachtel Zigaretten, eine Banane am Obststand. Und ausgerechnet dieser Junge ist heute König des Rock in England. In »BRAVO« erklärt er selbst das so: »Erst einmal sorgte ich dafür, daß ich aus der Schule geschmissen wurde. Ich hatte nichts gegen die Lehrer, aber auf meine Fragen, die ich auf dem Herzen hatte, bekam ich von den Paukern keine Antwort. Dadurch verlor ich das Interesse an der Schule und ging nicht mehr hin. Ich hatte das Gefühl, daß mir das Leben mehr bringen konnte... »BRAVO« fährt dann fort: »Mit 14 Jahren erreichte er, was er wollte: Der Schuldirektor setzte ihn persönlich an die Luft. Zu diesem Zeitpunkt besaß der Knabe bereits vierzig Anzüge... Heute besitzt er 100 eigene Hemden und 100 Anzüge, alle in den verwegensten Farben. Er war also mit Erfolg von der Schule geflogen. ... Trotz aller Jobs hatte er nie Geld. Aber er besaß eine Unmenge Schallplatten. Die hatte er auf besondere Masche »erworben«. Wenn er wenigstens so viel Geld hatte, um sich eine Platte zu kaufen, ließ er sich in dem Plattenladen 10 oder 20 Scheiben vorspielen und 4 oder 5 verschwanden unter seinem Hemd oder unter seinem Jackett«. Heute sagt er zu »BRAVO«: »Natürlich weiß ich, daß das nicht recht war. Aber wie

sollte ich denn an die Dinger kommen, ohne sie zu »klauen«? Das Leben in unserem Viertel war hart und man brauchte lange, um zu begreifen, daß »etwas mitgehen lassen« Diebstahl ist. Außerdem machte *Marc* auch mit geklauten Platten noch Geschäfte. Er verkaufte sie an Bekannte oder Pfandleiher weiter, was seinen »Reichtum« erheblich steigerte... Mit 16$^{1}/_{2}$ fand er sein Leben doof und trampte kurzerhand nach Paris. Dort ging er bei einem Magier in die Lehre... Es war der sechste oder siebte Beruf, den *Marc* in seinem kurzen Leben mit vollem Erfolg hinter sich brachte...«

Normativ für das Schulversagen und die Schulflucht sind ferner: Der Beitrag, der auf dem Titelblatt Nr. 7 wie folgt angekündigt ist: »19 BRAVO-Leser fragen im Kreuzverhör: Bist du feige, *Billy Blue*?« und der auf S. 16 die Überschrift trägt: »Am besten schlief ich immer in der Schule«, was dann im Interview erhärtet wird. Ferner der nächste Beitrag S. 18/19 über: »Ein Ausreißer macht sein Glück«. Hier wird gleich zweimal erwähnt, daß »er von der Penne gefeuert wurde«.

Eine Steigerung des Identifikationsanreizes für Schulversagen und Schulflucht schafft »BRAVO« dadurch, daß es für den Plattendiebstahl und die Hehlerei eine Rechtfertigung versucht, dagegen den »Wert« des Schulversagens dadurch unterstreicht, daß es wörtlich schreibt: »Er war also mit Erfolg von der Schule geflogen«, und daß »BRAVO« behauptet, der Held habe mit 17 Jahren »den sechsten oder siebten Beruf mit vollem Erfolg hinter sich gebracht«. (Heft 7 S. 24). Demgegenüber fallen die gelegentlichen Hinweise, daß Stars auch hart arbeiten müssen, nicht ins Gewicht (vgl. Heft 7 S. 5, Text unter vorletztem Bild u. S. 18). Da »während der Pubertät die Schulleistungen normalerweise um 10 bis 15% zurückgehen« (»selecta« a.a.O.), liegt es nahe, daß die Leser von »BRAVO«, von denen ein Großteil sich im Pubertätsalter befindet, nur die Meldungen über die Verherrlichung des Schulversagens zur Kenntnis nehmen.

5. Zu Recht hält der Antragsteller auch die in Heft 6 und 7 abgedruckten Teile der Fortsetzungsserie »Küsse deinen Mörder nicht – Liebeskrimi von *Katja Holm* – Jeder kann mitraten und mitzittern« für geeignet, Kinder und Jugendliche sozial-ethisch zu verwirren. Diese Serie soll, wie der Vertreter des Verlages im Termin erklärt hat, dem Banküberfall in München Ende 1971, bei dem ein Räuber und eine Geisel erschossen wurden, »nachempfunden« sein. Lt. Vorspann hat sich in den bisherigen Fortsetzungen folgendes ereignet (Heft 6 S. 30; Heft 7 S. 55):
›*Lutz* gibt im Hause seiner verreisten Eltern für Schüler und Lehrlinge ›in einer heißen Sommernacht eine wilde Gartenparty mit viel Alkohol, Hasch und lauter Musik, um eines der Mädchen zu vernaschen‹. *Martina*, die ›Sexbombe der Clique‹ wird lautlos erschossen. Sie hatte den Boß der Clique erpreßt. Sie erwartete ein Kind von ihrem Exfreund *Bernd*. *Bernd* nimmt mit *Daisy* an der Party teil. Nach Mitternacht stößt *Tom* zur Party, um unterzutauchen. Er hat am Abend bei einem Banküberfall 18 000,– DM erbeutet und den Banklehrling *Inge* als Geisel entführt. Geld und *Inge* hat er dabei. *Inge* verliebt sich während der Party in ihn. Der Vorspann in Heft 6 schließt: ›Während die Clique *Martina* begräbt, haut *Inge* mit dem geraubten Geld ab ... um es auf dem nächsten Polizeirevier abzuliefern. Was *Tom* daraufhin empfindet, schildert »BRAVO« wie folgt: ›Er war total zerschmettert. Noch nie hatte er sich so elend gefühlt. Sein Revolver war fort und auch das erbeutete Geld. Aber das allerschlimmste war, daß *Inge* ihn verlassen hatte. Das schmerzte ihn mehr als alles andere‹. *Inge* kommt – da die Polizisten sie trotz Fahndungsbild nicht erkannt haben – mit dem Geld zum Rest der Clique zurück. Sie bittet *Tom*, noch diese Nacht

das Geld zurückzugeben. »BRAVO« läßt den Bankräuber antworten und schreibt: ›Für heute Nacht‹ sagte er und trat dicht an sie heran, ›weiß ich was Besseres! Ihre Knie berührten sich, er drückte ihre Schultern zurück und warf sie auf das Bett. Und dann lag sie in seinen Armen. Seine leidenschaftliche Zärtlichkeit ließ sie alle Angst vergessen. Sie wußte nur: ›vielleicht wird eine solche Nacht nie wieder kommen. Dies war das Glück‹. *Lutz* machten die Ereignisse der letzten Nacht ›und die Vorstellung, was jetzt zwischen *Tom* und *Inge* im Schlafzimmer seiner Mutter geschah, halb wahnsinnig‹. Er griff fachmännisch zur Drogenspritze und konnte am nächsten Tag ›nur noch an die Spritze denken und wie gut sie ihm getan hatte‹. (Heft 7 S. 57). Alle hatten nach den Strapazen des vorhergehenden Abends lange geschlafen. *Tom* und *Inge* waren ausgeruht. Da bringt die Post u. a. einen Brief für *Lutz*, in dem es heißt: ›Ich weiß wo die Leiche liegt, ihr werdet für mein Schweigen zahlen müssen...‹, 100,- DM nämlich, die in den Isarauen zu hinterlegen sind. Darauf läßt »BRAVO« den Bankräuber *Tom* sinnieren und *Inge* fragen: ›Wer auch immer diesen Erpresserbrief geschrieben hat, wird sich ja nicht mit einer einmaligen Zahlung zufrieden geben, sondern versuchen, uns weiter zu melken, bis wir nicht mehr können‹. ›Wer könnte denn so gemein sein!‹ rief *Inge* ganz entsetzt.

Die Mutter der ermordeten *Martina* erscheint im Hause von *Lutz*, um sich nach *Martina* zu erkundigen. Sie erhält von *Tom* die Auskunft, ihre Tochter sei schon vor Mitternacht mit einem Mann vom Film oder Fernsehen weggegangen. Daraufhin stöhnt die Mutter: ›Es ist schrecklich, eine Tochter zu haben. Was diese Mädchen einem aufführen, einfach grauenhaft‹, steigt in ›ihren silbergrauen Mercedes Sport Coupé und braust davon‹. *Inge*, die wie *Tom* weiß, der Hausgärtner ›vernaschen‹ wollte, bittet *Tom* erneut, das geraubte Geld zurückzubringen, weil er doch nicht wisse, was er machen solle, wenn die ›18 000 Piepen‹ verbraucht seien. Daraufhin läßt »BRAVO« *Tom* wie folgt reagieren: ›Er lächelte sie auf einmal böse an‹. ›So lange‹, sagte er langsam, ›werde ich nicht warten ... ich drehe schon vorher das nächste Ding!‹«.

Der Inhalt dieser beiden Fortsetzungen erfüllt den Tatbestand von § 1 Abs. 1 Satz 1 GjS, weil er den Reifungsprozeß vieler jugendlicher Leser insbesondere aus folgenden Gründen verhindert oder erschwert: Alkohol- und Drogenkonsum sowie Kriminalität werden hier als Mittel dargestellt, »in« zu sein. Damit werden Tendenzen bei »BRAVO«-Lesern geweckt oder verstärkt, mit denen ohnedies viele Jugendliche glauben, die Leere ihres Daseins ausfüllen und »in« sein zu können, statt dessen aber »ausflippen«. Ging es bei den Stars »nur« um Diebstahl und Hehlerei von Schallplatten, wird hier ein aktuelles Ereignis zum Anlaß genommen, einen Bankräuber, mit dessen Revolver *Martina* erschossen wurde, zum Helden aufzubauen, indem er es dank seiner Potenz und seiner Entschlossenheit zu weiteren Straftaten schafft, daß sich der als Geisel von ihm entführte Banklehrling *Inge* in ihn verliebt und ihn nicht »verpfeift«. Damit die Umkehrung der sozial-ethischen Werte auch den weniger intelligenten Lesern klar wird, muß der Banklehrling *Inge* deutlich machen, daß nicht der Mörder von *Martina* und der Bankräuber gemein sind, sondern diejenigen, die Schweigegeld von DM 100,- für den Mord von der Clique verlangen.

6. Normativ für die Desintegration der Sexualität in die gesamtmenschliche Persönlichkeit und damit sozial-ethisch begriffsverwirrend sind auch die in beiden Heften enthaltenen Fortsetzungsserien des »Freimütigen Liebesreportes« (so die Formulierung des Verlages in Heft 7 S. 45) Minderjähriger von Dr. *Korff* alias Dr. *Goldstein*.

Hier wird in allen Einzelheiten beschrieben, wie die 14jährige *Ina* und die 15jährige *Margret* sich gegenseitig zum Orgasmus gebracht haben, wie 12jährige Jungen einzeln und in Gruppen onaniert haben, z. T. als sie noch nicht geschlechtsreif waren (»Ich weiß noch, als ich damit anfing, kam noch nichts heraus, kein Erguß«). Daran schließt sich die Aufforderung von Dr. *Korff* an, nicht nur dies nachzumachen, sondern auch heterosexuell zu verkehren. Dr. *Korff* stellt fest: »Mit 14 oder 15 Jahren Lust auf Sex zu bekommen und diese Lust auch auszukosten, ist durchaus nichts Ungewöhnliches oder Schlimmes. *Margret* und *Ina* waren enge Freundinnen geworden, aber sie trauten sich nicht an Jungen heran und befriedigten sich deshalb untereinander«. Ferner: »Ich überlegte. Wenn diese beiden Mädchen den ›natürlichen Wunsch‹ haben, mit zwei Jungen im Zimmer zu schlafen, dann verbietet das Gesetz und unsere Heimordnung solche Natürlichkeit«. Dennoch folgt später die Aufforderung von Dr. *Korff* an seine 14- und 15jährigen Gesprächspartnerinnen: »So eine innige Freundschaft wie zwischen euch findet ihr mit Jungen nicht so schnell ... Mit Jungen müßtet ihr mehr riskieren und größere Hindernisse überwinden. Ich rate euch: Wagt das auch. Auch Jungen können sehr zärtlich sein, und sie werden eure Zärtlichkeit auch gerne haben. Auf dieses Vergnügen dürft ihr nicht verzichten«.

In Heft 7 wird die Masturbation und Onanie als Statussymbol des Erwachsenseins ausgegeben. Dies wird nicht nur im Text, sondern in der Überschrift besonders hervorgehoben. Die Überschrift von S. 48 Heft 7 lautet: »Auch Erwachsene befriedigen sich zwischendurch mal selbst«. Der Text dazu: »Erwachsene Menschen onanieren auch, wenn sie niemanden für sexuelle Liebe haben. Wenn der Ehepartner mal verreist oder nicht in Stimmung ist. Wenn sie aufwachen und merken, daß sie allein sind. Das tut auch eine Lehrerin, ein Polizist oder ein Vorarbeiter oder eine Verkäuferin«.

Inhalt und Aufmachung dieser Beiträge waren **Anlaß** für Eltern und Lehrer aus dem ganzen Bundesgebiet, durch Vorsprache, fernmündlich und schriftlich bei den **Antrag**stellern und der Bundesprüfstelle die Indizierung dieser Ausgaben von »BRAVO« zu verlangen. Zu nennen sind hier vor allem die Initiativen des Verbandes Deutsche Frauenkultur, des Deutschen Akademikerinnenverbandes und des Lehrerarbeitskreises Literarische Erziehung, in Bayern. Sie sahen in diesen Beiträgen die Aufforderung an 12- bis 15jährige, zu masturbieren und heterosexuell zu verkehren.

Auch die praktizierende Psychagogin und Fachschriftstellerin *Christa Meves* sieht hierin »Anleitungen zu homosexuellen Bezügen, die an Eindeutigkeit und Nachahmungsmöglichkeit nichts zu wünschen übrig lassen«. Sie schreibt (»Freie Liebe im Jugendalter? – Eine Kritik an modischen Empfehlungen zur Sexualerziehung«, veröffentlicht in »Sexualerziehung«, Styria Verlag 1972 S. 97/98) unter ausdrücklicher Bezugnahme auf Heft 6 +7/72:

»Heranwachsende mit perversen Praktiken vertraut zu machen, ist also im höchsten Maße fragwürdig, weil viele von ihnen durch negative Erfahrungen mit den Elternvorbildern ihrer Kindheit an der Grenze einer Fehlprägung stehen, so daß es durch das perverse Primärerlebnis zu einer Fixierung kommen kann und die Manifestation so zwangsläufig eine sexuelle Fehlhaltung heraufbeschwört. Diese Empfehlungen sind in der BRD keineswegs nur Theorie. Die Jugendzeitschrift ›BRAVO‹, die von Hunderttausenden von Jungen und Mädchen wöchentlich geradezu verschlungen wird, bringt mit Hilfe der Plaudereien eines Dr. Korff konkrete Schilderungen zur Verwirklichung dieses Programms. Da werden Anleitungen zu homosexuellen Bezügen und gegenseitig manuell hervorgerufene Orgasmen gegeben, die an Eindeutigkeit und Nachahmungsmöglichkeit nichts zu wünschen übrig lassen.«

Die Bundesprüfstelle hatte von folgendem auszugehen:
Seit den statistischen Erhebungen von *Kinsey* und von *Sigusch* ist bekannt, daß ein hoher Prozentsatz der Jugendlichen onaniert. Die Übertabuisierung und Verteufelung solcher Praktiken ist weithin, bis hin in kirchliche und theologische Kreise aufgegeben (vgl. dazu statt vieler *J. David* SJ in »Sexualpädagogik« 3/72 S. 114 ff. und *S. H. Pfürtner* »Kirche und Sexualität« rororo 1972). Demgegenüber wird in einem 1968 in der DDR von den Professoren *Margarethe* und *Franz Fleck* erschienenen sexiologischen Lehrbuch zur Onanie u. a. noch folgendes ausgeführt: »Bei häufiger Ausübung (der Onanie) kommt es zu depressiver Verstimmung, zum Minderwertigkeitsgefühl, paranoiden Reaktionen... Vielfach wird sie als Ursache einer psychischen oder neurologischen Erkrankung («Rückenmarkschwindsucht«, »Gehirnerweichung«) angeschuldigt. (Zitiert nach *Sigusch* »Medizin und Sexualität« in »Medizinische Welt« Heft 50/1970 S. 2159 ff.).

Die Bundesprüfstelle hat wiederholt entschieden, daß die Darstellung von Sexualität, einschließlich der Onanie, nicht als sozial-ethisch begriffsverwirrend einzustufen ist, solange nicht suggestive, indoktrinierende Tendenzen nachgewiesen werden, die einer emanzipatorisch-pädagogischen Zielsetzung entgegenstehen.

Unter Berücksichtigung und sorgfältiger Abwägung all dieser Umstände kam die Bundesprüfstelle zu der Auffassung, daß viele jugendliche Leser diesen beiden Fortsetzungsserien unter Einbeziehung der Überschriften, Zwischenüberschriften, von Vorspann und Bildmaterial sowie den Ankündigungen auf den Titelblättern, Aufforderungs- und Rechtfertigungscharakter beimessen werden, mit der Folge, die Professor *Brocher* in seinem Gutachten für diesen Fall aufgezeigt hat: Der Annahme einer Sexpflicht, der Entstehung von Minderwertigkeitskomplexen – man sei abnormal, wenn man nicht entsprechend den Empfehlungen der Artikel handele. Hinzu kommt, daß in jugendlichen Lesern der Eindruck erweckt wird, sie seien bei Befolgung der Ratschläge erwachsen, denn »Erwachsene onanieren auch«, wie nachdrücklich versichert wird. Hierdurch veranlaßt »BRAVO« Jugendliche – insbesondere labile – zur Fixierung auf diese infantilen Formen der Sexualität unter gleichzeitiger Entwicklung einer Pseudoerwachsenheit.

Die Bundesprüfstelle hat dabei weder zugrundegelegt, was der Verfasser Dr. *Korff* alias Dr. *Goldstein* sagen wollte – so wie es Prof. *Brocher* in seinem Gutachten bei Verneinung des Aufforderungscharakters getan hat – noch die Auffassung derjenigen möglichen Leser, von denen Dr. *Goldstein* meint, daß sie »durch eigenes Trauma blockiert« seien. Entscheidend war für das Gremium der Bundesprüfstelle, wie diese Beiträge von Jugendlichen, einschließlich der labilen Jugendlichen verstanden werden, und wie sie auf diese wirken.

Für die Annahme einer suggestiven, indoktrinierenden Wirkung mit Aufforderungs- und Rechtfertigungscharakter im Sinne einer Pseudoerwachsenheit sprechen vor allem:

– daß die Beiträge von »BRAVO« selber nicht als Aufklärungsserie, sondern als »Freimütiger Liebesreport« bezeichnet werden (Heft 7 S. 45);
– daß es sich entgegen der Auffassung von Dr. *Goldstein* nicht um eine Aufklärungsserie handelt, ergibt sich auch aus dem Fehlen der Informationen über mitmenschliche Bezüge, wie sie zu Recht heute bei der Aufklärung verlangt werden. »Aufklärung ohne die gleichzeitige Information über die damit zusammenhängenden mitmenschlichen Bezüge und Verantwortungen ist keine Aufklärung im eigentlichen Sinne des Wortes« schreibt der Kinderarzt Dr. *Christoph Wolfensberger-Haessig* »Wider die ›Aufklärung‹«, Benziger und Flamberg Verlag 1972 S. 2).

Professor *Horst Scarbath* formuliert den gleichen Gedanken:

»*... es gilt, das was sich so ›sexuelle Aufklärung‹ nennt, zu erweitern, nicht nur im biologischen, sondern auch im Bereich psychologischer und soziologischer Informationen, und vor allem in die argumentierende Bewertung von Alternativen des Denkens, Empfindens und Verhaltens*«.
(Horst Scarbath in »Geschlechtsreife und Mündigkeit – Liebeserziehung nach der Pubertät« in Rainer Haun (Hrsg.) »Geschlechtserziehung heute«, München 1971 S. 41)
Dr. Dr. *Heinz Hunger* schreibt in »Sexualpädagogik und Sexualmoral« (Neue Deutsche Schule Verlagsgesellschaft mbH, Essen 1972 S. 22/23):
»*Offensichtlich verwechseln Comfort, Kentler und noch andere durchgängig Genitalität und Sexualität. Was sie Sexualerziehung nennen, hat nicht einmal so viel mit der menschlichen Sexualität zu tun wie der Sport mit der Leibeserziehung (hierzu vgl. Heinrich Dietz, ›Sexus, Sport und geistiger Elan‹, Neuwied, Berlin 1968). Im Unterschied zu Kentler, der als These aufgestellt hat: ›Was die Sexualerziehung zu erziehen hat, ist die ›Sexualität‹, macht Günter Hoppe die Berichtigung geltend: ›Es geht in der Geschlechtserziehung nicht nur um die Sexualität, es geht auch um den Geist, die Freiheit, und den ganzen Menschen‹ (Kentler, Bittner, Scarbath u. a. ›Für eine Revision der Sexualpädagogik‹, München 1967 S. 31, 173) ...
Bei der Sexualerziehung geht es also im Gegensatz zu Kentler nicht primär um Übung und Ertüchtigung genitaler Funktionsleistungen, sondern um Selbstentdeckung, Selbsterkenntnis und Bewährung als sexuell bestimmter Mensch gegenüber und im Verein mit ähnlich oder anders sexuell bestimmten Menschen. Sexualität ist beim Menschen immer mehr als bloßer genitaler Akt, will mehr haben, geben und sein als Muskel- und Drüsenreaktion. Darum kann ein Organbefund wie ›geschlechtliche Reife‹ nicht schon zur Inbetriebnahme dieser Organe und ihrer Funktionen berechtigen ...*

Wer die Ansicht vertritt, Sexualerziehung sollte darin bestehen, der Jugend möglichst uneingeschränkte Gelegenheit zum Geschlechtsverkehr zu verschaffen (das Magazin ›stern‹ 1969/34 S. 87 veröffentlichte eine Reportage unter Nennung von Kentlers Namen mit dem bezeichnenden Untertitel ›Berliner Diplom-Psychologe verteidigt freie Liebe im Zeltlager‹) hat weder begriffen, was menschliche Sexualität ist, noch was Erziehung bedeutet« ...
(Vgl. auch *Tobias Brocher* in »Schuld und Trauer« Patmos Verlag 1971 und *Willy Rehm* »Die psychoanalytische Erziehungslehre« Verlag Piper & Co., München 1971 S. 154);
- daß durch Überschrift und Text der falsche Eindruck erweckt wird, man gelte als erwachsen, wenn man entsprechendes praktiziere (Heft 7 S. 48);
- daß in den Beiträgen »Die heißen Fragen der Liebe« in dem Buch, das im Jugenddienst-Verlag 1971 von Dr. *Goldstein* ebenfalls unter dem Pseudonym Dr. *Korff* unter ausdrücklichem Hinweis »Das Buch stammt aus der bisher erfolgreichsten Aufklärungsserie der Jugendzeitschrift »BRAVO« veröffentlicht wurde, dieser Aufforderungs- und Rechtfertigungscharakter fehlt (vgl. insbesondere die Beiträge S. 31 ff. »Bin ich homosexuell« und S. 42 ff. »Was ist eigentlich schlimm an der Onanie?«;
- daß Dr. *Korff* in BRAVO Thesen als allgemeingültig und selbstverständlich hinstellt, die in Wirklichkeit in Wissenschaft und Literatur sehr kontrovers sind. Hierauf hat sogar Prof. *Hochheimer* in dem vom Verlag übereichten fachwissenschaftlichen Gutachten (S. 6) ausdrücklich hingewiesen. Nach ständiger Spruchpraxis der Bundesprüfstelle ist eine solche verzerrte Darstellung schon geeignet, eine sozialethische Begriffsverwirrung herbeizuführen. Dies gilt hier umso mehr, als die in »BRAVO« verschwiegenen anderen Auffassungen keineswegs (nur) von als repressiv eingestuften Wissenschaftlern vertreten werden, wie es Prof. *Hochheimer* in seinem Gutachten versucht darzustellen.

Entgegen der von Dr. *Korff* in »BRAVO« vertretenen These »Es ist nichts ungewöhnliches, mit 14 oder 15 Jahren Lust auf Sex auch auszukosten« führt Prof. Alexander *Mitscherlich*, der repressiver Tendenzen unverdächtige Psychoanalytiker, aus (»Jugend in der modernen Gesellschaft« von L. v. *Friedeburg* (Hrsg.), Neue Wissenschaftliche Bibliothek Soziologie, Kiepenheuer & Witsch, Köln-Berlin 1965 S. 297 »Pubertät und Tradition«):

»Gerade die zunehmend beobachtbare Frühsexualisierung fügt sich mühelos in diese Auffassung ein: dauernde Reizüberflutung der Erregungsbereitschaft von der Kindheit an wirkt als Stimulierung auf die organische Tendenz, dem quälenden Reiz rasch zu entgehen. Wenn die innere Struktur des Ich den Weg dieser Reizbefriedigung nicht beherrscht, führt er in die Richtung der primitiven Erregungsabfuhr: zum Beispiel durch die sexuelle Befriedigung. Daß diese noch narzißtisch bleibt, entspricht physiologisch diesem Lebensabschnitt durchaus; daß bei ungebremsten Befriedigungsmöglichkeiten die Konsequenz in einem fast greisenhaft ›abgebrühten‹ jedenfalls in einem tief spannungslosen Verhältnis des Jugendlichen zu allen Fragen der Geschlechtsliebe führt – also vorerst die überaus schwierige Aufgabe, von der autistisch-narzißtischen Entwicklungsstufe in eine bipersonale der Ich-Du-Beziehung zu gelangen, lähmt – bestätigt nur wieder einmal die Tatsache, daß höhere soziale Aufgaben nicht ohne die spannungsvolle Mitwirkung der elementaren Triebregungen erfüllt werden können. Kurz, je mehr und je früher direkte Sexualbefriedigung erreichbar ist, desto weniger Anreiz besteht zur Sexualisierung in sublimierten Lebenserfahrungen, in Ichstärkung, Selbstkontrolle. Die Retardierung der seelischen Reife wird demnach verstärkt.«

Im gleichen Sinne schreibt der Schweizer Kinderarzt Dr. Christoph *Wolfensberger-Haessig* in »Wider die Aufklärung«, Benziger und Flamberg Verlag 1972 S. 155:

»... daß man die Sexualtechnik möglichst frühzeitig zu praktizieren beginne, damit sie mit der Zeit zu immer größerer Perfektion emportrainiert werden könne. Das beruht natürlich auf einem offenkundigen Irrtum. Es besteht vielmehr die Gefahr, daß die spätere Liebesfähigkeit durch die Aufnahme allzu früher Sexualtätigkeit, zu der man noch nicht reif genug ist, geschädigt wird. Genitale Reiztechniken könnte man schließlich schon im Kindesalter zur Anwendung bringen. Dafür müßte man nicht einmal die Geschlechtsreife abwarten. Der Prozeß der Gemüts- und Persönlichkeitsreifung nimmt aber, wie wir gesehen haben, mit dem Beginn der Geschlechtsreifung erst einen Anfang. Niemals ist die Meinung vertretbar, daß die eingetretene Geschlechtsreife automatisch die Aufnahme von Sexualbeziehungen rechtfertige.«*

Entgegen der lapidaren Feststellung von Dr. *Korff* in »BRAVO« (am Ende in Heft 7 S. 48), daß man durch »Onanie immer lerne, seine Gefühle mit anderen zu teilen, bis man sie schließlich mit dem Allereinzigen teilt, mit demjenigen, den man liebt«, weist u. a. *Christa Meves* in »Freie Liebe im Jugendalter?« (a.a.O. S. 96) darauf hin, daß dies keineswegs so selbstverständlich ist, sondern daß durch entsprechende Erziehung und Verführung auch im Pubertätsalter eine Fixierung auf die infantile Sexualität erfolgen könne. *Christa Meves* schreibt:

»Denn in der praktischen psychotherapeutischen Arbeit mit Jugendlichen läßt sich die Erfahrung machen, daß das sexuelle Schicksal eines Menschen keineswegs unabhängig ist von den Beeinflussungen, denen er im Jugendalter ausgesetzt ist, im Gegenteil: Kaum ein anderer Antriebsbereich unterliegt in dieser Phase der Primärerlebnisse einer so komplizierten Skala von Störungsmöglichkeiten wie die Sexualität. Gerade die Kinder, die in der ödipalen Prägungsphase keine klare Zuordnung ihrer Strebungen auf gegengeschlechtliche Partner erfahren haben, gehen in bezug auf

die sexuelle Objektprägung indifferent in die Pubertät. Werden sie jetzt mit dem Einsetzen des puberalen Triebschubes zu perversen Primärerlebnissen verführt, so können sie unter Umständen unwiderruflich an eine bestimmte ersatzbefriedigende Praktik fixiert bleiben, so daß ihr Schicksal eine lebenserschwerende Wendung erfährt« (vgl. auch »Milieubedingte Entstehung der Homo- und Bisexualität – Eine Theorie der Geschlechtsorientierung« von *Kazimier Imielienski* mit einem Vorwort von *Heinz Hunger*, Ernst Reinhardt Verlag, München 1970).
Ferner schreibt *Dr. Goldstein* als *Dr. Korff* selbst in »Die heißen Fragen der Liebe« Jugenddienst Verlag 1971, S. 32 unter» Wie wird ein Mensch homosexuell?: »*Meist durch bestimmte ungünstige Bedingungen in der Kindheit und durch falsche Erziehung«*.
Erziehung erfolgt heute auch durch Massenmedien wie »BRAVO« (vgl. Dritter Jugendbericht der Bundesregierung unter »Sozialisation durch Öffentlichkeit« S. 96 Kap. III 2.6 und Zoll/Henning »Massenmedien und Meinungsbildung« Juventa Verlag 1970 S. 270).
Um Mißverständnisse auszuschließen, sei darauf hingewiesen, daß es der Bundesprüfstelle nicht darum geht, für die eine oder andere Auffassung Stellung zu nehmen, sondern ausschließlich darum, sicherzustellen, daß wenigstens auf die Vielfalt der Meinungen hingewiesen wird und nicht eine als die allein vorhandene Auffassung dargestellt wird.

IV.

Der Antragsteller hat zutreffend ausgeführt, daß durch die beiden Hefte von »BRAVO« das Erlernen und Einüben von Frustrationstoleranz, der Beherrschung (nicht Unterdrükkung) von Trieben, der sozialen Belange wie gegenseitige Rücksichtnahme und Verzicht um des anderen willen, vereitelt oder erschwert wird. Zu der »Tendenz der Maximierung triebhafter Bedürfnisse« (*R. W. Fröhlich* S. 255) durch die Herausstellung des Besitzes der Stars (als Knabe schon 40, als 17jähriger 100 eigene maßgeschneiderte Anzüge und 100 eigene Hemden, Heft 7 S. 23, die Autos, Schallplatten, Häuser usw. der Stars), die Anpreisung von Alkohol-, Drogen-, Musik- und Sexkonsum kommt hinzu, daß »BRAVO« zeigt, wie man es macht, um nicht Verzicht und Triebbeherrschung üben zu müssen: Man »klaut«, raubt und macht mit den geklauten Sachen Geschäfte. Dort wo gegenseitige Rücksichtnahme eingeübt werden könnte, zeigt »BRAVO«, daß man Mädchen »vernascht«, beseitigt, wenn sie nicht aufpassen und man sich anderen zuwendet. Dort wo Pflichten verlangt und eingeübt werden, empfiehlt »BRAVO« das Weglaufen unter gleichzeitiger undifferenzierter Darstellung der Schule und des Elternhauses als Sündenbock.

V.

Besonders nachdrücklich wird der Reifungsprozeß der weiblichen jugendlichen Leser gestört. Denn ihnen wird deutlich gemacht, daß sie vor allem »zum Vernaschen« durch Männer und anschließendem Wegwerfen (Erschießen) da sind und daß es für die Eltern schrecklich und grauenhaft ist, eine Tochter zu haben. Darüber hinaus sind die Mädchen nur mit negativen bzw. negativ befrachteten Klischees bedacht: *Martina* wird von ihrer Mutter als Belastung empfunden, hatte den Bandenboß erpreßt und erwartete ein uneheliches Kind. Inge wollte die Bande »verpfeifen«, erlag aber der Anziehungskraft des Bankräubers und Helden *Tom. Daisy* ist eifersüchtig; sie dreht durch und wird in der Schule ohnmächtig (so im »Liebeskrimi«). Dies ist besonders schwerwiegend, weil sich bei Fabrikarbeiterinnen ohnedies »eine vorwiegend depressive Stimmung bemerkbar mache, die auch späterhin den sozialen Aufstieg der arbeitenden Frau lähme« (so *W. Jaide* »Selbstzeugnisse jugendlicher Industriearbeiterinnen« in »Die junge Arbeiterin« von *G. Wurzbacher* u. a., Juvente Verlag 1958 S. 63) »und auch heute noch veraltete, simplifizierende und degradierende Stereotypen über das andere Geschlecht fortbestehen« (so *W. Jaide* »Jugend in den Veränderungen unserer Welt«, veröffentlicht in Heft 1 S. 52, 57 der Schriftenreihe der Bundesprüfstelle).

VI.

Ob die Auswahl der Leserbriefe und ihre Beantwortung, die ebenfalls durch Dr. *Goldstein* unter dem Pseudonym Dr. *Sommer* erfolgt (Heft 6 S. 40, 41; Heft 7 S. 26/27) § 1 GjS erfüllt, konnte dahingestellt bleiben, da es hierauf für die Indizierung der beiden Hefte nicht mehr ankam. Prof. *Tobias Brocher* hat zur Klärung der Frage, ob durch diese Leserbriefe Normvorstellungen Jugendlicher geprägt werden könnten, etwa in der Weise »Aha, die machen das auch, also warum soll ich es nicht auch machen können?« wissenschaftliche Untersuchungen angeregt.

VII.

Der ursächliche Zusammenhang zwischen der Lektüre der beiden Ausgaben von »BRAVO« und den vorstehend dargelegten Wirkungen ist mit der nach dem GjS geforderten Wahrscheinlichkeit gegeben. Ausgehend von der These *H. Schelsky's* (»Auf der Suche nach der Wirklichkeit« S. 312), daß die Wirkungen der Publizistik weniger in der Rationalität des Gesagten als in den »psychologischen Gesetzlichkeiten der Bewußtseinsformierung« liegen, ist

H. Schelsky (»Müssen Massenmedien bilden?« in »Medium« 1965 S. 171) zuzustimmen, »daß für die gegenwärtige Jugend sich die Welt von vornherein als eine Welt der Information durch Massenkommunikationsmittel aufbaut und daß diese Generation es für das Natürlichste der Welt hält, nach diesen übermittelten Signalen und Informationen ihr Leben einzurichten und zu führen«. Angesichts der Allgegenwärtigkeit und Unabdingbarkeit der Massenmedien im Sozialorientierungsprozeß der modernen Menschen, läßt sich mit *U. Beer* »Geheime Miterzieher der Jugend«, Düsseldorf 1961 S. 26, feststellen, »daß für den, der sich daran gewöhnt hat, die Welt im Bild der Massenmedien (hier Illustrierten) aufzunehmen, dieses Bild normative, gebietende Kraft bekommt, die nicht so leicht abzuschütteln ist«. Dies gilt in besonderem Maße für die Leser von »BRAVO«. Denn »BRAVO« richtet sich speziell an Jugendliche, trägt der alters- und schichtenspezifischen Bedürfnislage in hohem Maße Rechnung und ist der Wertorientierung der peer-groups affin. Dies zeigt sich u. a. darin, daß Filmschauspieler, Fernsehstars und Schlagersänger bei Lehrlingen die größte Gruppe ihrer Vorbilder ausmacht und daß die Lehrlinge die größte Gruppe der »BRAVO«-Leser darstellen, nämlich 62% Lehrlinge, 30% höhere Schüler (vgl. oben unter II, 2). Gegenüber der Auffassung von *Peter Kaupps* »die schlimmen Illustrierten – Massenmedien und die Kritik ihrer Kritiker eine soziologische Analyse« Econ Verlag 1971 S. 52. »Jedenfalls läßt die ständige Vermischung von Alltäglichkeit und Wunschwelt in der Person von Prominenten eine weitaus schwächere Identifikationsbasis entstehen, als es ›bei Menschen wie du und ich‹ der Fall ist. Das ist z. B. sicher auch der Grund dafür, daß die »Neue Revue« als Titelbild unbekannte Modelle bevorzugt«, ist das Gremium der Bundesprüfstelle der Auffassung, daß anhand der von »BRAVO« verwendeten psychologischen Mechanismen die Aufforderung zum identifizierenden und projizierenden Engagement noch erhöht wird. Denn gemäß der *Freud'schen* Sequenz, nach der Identifikation und Projektion stets eine Kombination anders- und gleichartiger Merkmale beim idealisierten Objekt voraussetzen, präsentiert »BRAVO« die personalities so ständig ›in einem Zwielicht aus Wunschwelt und Alltäglichkeit‹ – sie sind einmal so ›wie man selbst gern sein möchte‹ und gleichzeitig ›normale Menschen wie du und ich‹. (*Rolf W. Fröhlich* S. 246). Durch die Personalisierung der Star-Idole wird ein psychologischer Magnetismus ausgelegt, der Hingabe und Unterwerfung gegenüber dem idealisierten Objekt fordert und dazu verführt, das gelieferte Vorbild in seiner Gesamtheit bewundernd zu erleben und hinzunehmen, nicht aber es in seiner Beschaffenheit differenziert zu betrachten und imaginativ zu durchdringen. Dem Appellcharakter des Klischees wird schließlich durch Apostrophierung des Lesers ein expliziter Imperativ hinzugefügt, denn Fan ist nur, wer alles über den Star weiß und ›mit ihm durch dick und dünn‹ geht; andererseits wird – um die totale Auslieferung des Jugendlichen an das Idol perfekt zu machen – eine fiktive Intimbeziehung unterstellt und dabei der Leser glauben gemacht, daß er, der Fan, der beste und wirkliche Freund des Stars sei« (*Rolf W. Fröhlich* S. 247, vgl. insbesondere Heft 6 S. 48; Heft 7 S. 14–17 mit der Aufforderung »Schreibt uns – Euer Star besucht Euch!«) Im übrigen wird ergänzend Bezug genommen auf *Peter Müller* »Die soziale Gruppe im Prozeß der Massenkommunikation« F. Enke Verlag, 1970 S. 225. *Franz Ronneberger* (Hrsg.) »Sozialisation durch Massenkommunikation« F. Enke Verlag 1971 und *H. Selg* »Über Gewaltdarstellungen in Massenmedien« in Heft 3 S. 11 ff. der Schriftenreihe der Bundesprüfstelle Bonn, 1972.

VIII.

Zu den Ausführungen des Verlages kam die Bundesprüfstelle zu folgender Auffassung: Entgegen den Behauptungen des Verlages wird weder durch den Antrag noch durch diese Entscheidung in das Recht des Verlages eingegriffen, eine Zeitschrift mit »Stars« zu machen und zu verbreiten. Denn »Film- und Schlagerillustrierte können auch so konzipiert sein, daß sie Jugendlichen helfen, sich durch neue Identifikationsmöglichkeiten von ursprünglichen Identifikationen mit den Älteren abzuheben und so etwas wie eine mindestens partielle Gegenidentifikation aufzubauen« wie Prof. *Horst Scarbath*, Fachbereich Erziehungswissenschaften an der Universität Hamburg, in einem Vortrag auf der Tagung der Katholischen Akademie Bayerns im Juni 1971 wörtlich ausgeführt hat (veröffentlicht in: *Roman Bleistein* »Jugend zwischen Schonraum und Emanzipation«, Kösel Verlag 1971 S. 97 ff.).

Das Argument des Verlages, die Bundesprüfstelle müsse sich bei ihrer Entscheidung an die Aussagen der mündlich und schriftlich in diesem Verfahren erstatteten Gutachten halten, die übereinstimmend auf eine Ablehnung des Antrags votiert hätten, geht fehl.

Die Bundesprüfstelle ist ein Gremium von Fachleuten, das sich aus Künstlern, Schriftstellern, Verlegern, Buchhändlern, Vertretern der Jugend, der Lehrerschaft, der Kirchen und der Landesregierungen sowie dem Vorsitzenden zusammensetzt und kraft ausdrücklicher gesetzlicher Bestimmung (§ 10 GjS) an keine Weisungen gebunden ist. Es bildet sich sein Urteil aufgrund der Prüfung der zur Indizierung beantragten Schriften nach mündlicher Verhandlung, geheimer Beratung und Abstimmung. Zur Vorbereitung der Entscheidungen können das Gremium und der Vorsitzende Sachverständige heranziehen und hören (§ 6 DVO GjS). An die Gutachten der Sachverständigen ist die

Bundesprüfstelle ebensowenig gebunden wie Gerichte an Gutachten der im Gerichtsverfahren tätigen Sachverständigen.

Soweit die Bundesprüfstelle dem Gutachten des von ihr als Sachverständiger bestellten Professors *Tobias Brocher* nicht gefolgt ist, liegt dies insbesondere an folgendem: Professor *Brocher* hat den Begriff der »sozial-ethischen Begriffsverwirrung« zu eng ausgelegt. Er hat den Inhalt der beiden Hefte nicht erschöpfend analysiert.

Dem Gutachten von Professor *Hochheimer* konnte vor allem aus nachstehenden Überlegungen nicht gefolgt werden: Das Gutachten baut auf der Forderung auf, daß das zweierlei Recht für Erwachsene und Jugendliche aufzuheben sei und daß es keine allgemeingültigen sozial-ethischen Werte mehr in der BRD gäbe. Beides steht mit dem geltenden und geplanten Recht in Widerspruch, (vgl. insbesondere die Formulierung und Begründung des 4. Strafrechtsreformgesetz-Entwurfes und des Dritten Jugendberichtes S. 96 und die oben unter II, 1 zitierte Rechtsprechung des Bundesverfassungsgerichts), so daß schon aus diesem Grunde Bedenken bestanden, dem Gutachten zu folgen. Die Propagierung und Verherrlichung des Schulversagens und des Warenhausdiebstahls wird mit der Begründung bagatellisiert, »sie werden es genauso wenig nachmachen wie das ›Klauen‹ von Schallplatten oder Bananen«. Die Stars werden als Autodidakten im guten Sinne dargestellt.

Den gutachtlichen Ausführungen von Professor *Mühle* im Termin konnte das Gremium insoweit folgen, als er, wie es Professor *Scarbath* in dem bereits oben erwähnten Vortrag vom Juni 1971 auch schon getan hat, nachwies, daß Zeitschriften mit Starkult keineswegs ohne weiteres geeignet sind, Kinder und Jugendliche zu gefährden. Es konnte ihm jedoch hinsichtlich des Ergebnisses betreffend der beiden Ausgaben von »BRAVO« nicht folgen, weil er bei seiner Analyse nicht den Gesamtinhalt zugrunde legte.

Der Auffassung von Dr. *Goldstein,* es handele sich bei seinen Beiträgen um eine Aufklärungsserie, mit der das Verantwortungsbewußtsein der Jugendlichen gestärkt werden sollte, konnte nicht gefolgt werden. Warum es sich nicht um eine Aufklärungsserie handelt, wurde weitgehend bereits oben dargelegt. Ergänzend ist auf folgendes hinzuweisen: Der Verlag selbst gibt die Serie nicht als Aufklärungsserie, sondern als »Freimütigen Liebesreport« (Heft 7 S. 45) aus, versieht ihn mit Überschriften und Zwischenüberschriften, für die Dr. *Goldstein* die Verantwortung ablehnt (Ziff. 7 seiner Stellungnahme). Er setzt sich mit den Beiträgen in Widerspruch zu dem, was er in einer ebenfalls von ihm herausgegebenen auflagenstarken Wochenzeitschrift vom 6. 2. 1972 eine wissenschaftliche Autorin sagen läßt. In diesem Blatt ist ein »Intimreport« einer Lesbierin abgedruckt, in dem sich ein »Kasten« befindet mit folgendem Text »Die wissenschaftliche Autorin *Ruth Bann* über das Thema der lesbischen Liebe: Wenn zwei reife Frauen in Zufriedenheit und ohne Störung der Umwelt zusammenleben, sollten sie wegen dieser Lebensform weder abgewertet noch – wie in der Antike – als besonders hochstehend aufgewertet werden. Wir sollten dies ebenso respektieren wie andere private Seinswesen«. Diese vom Verlag in einer für Erwachsene bestimmten Zeitschrift verbreitete Auffassung einer seiner wissenschaftlichen Autorinnen hätte die Redaktion hindern sollen, in den beiden für Jugendliche bestimmten Ausgaben von »BRAVO«, die lesbischen und onanistischen Praktiken Minderjähriger Millionen von jugendlichen Lesern in allen Einzelheiten mit Aufforderungs- und Rechtfertigungscharakter vorzuführen, zumal ein nicht geringer Teil dieser Leser erst zwischen 10 und 14 Jahren alt ist.

Die Behauptung des Verlages, er habe den Inhalt von »BRAVO« inzwischen entsprechend den Anregungen von Prof. *Tobias Brocher* geändert, konnte ebenso dahingestellt bleiben, wie die Behauptung von Dr. *Goldstein,* die Redaktion habe seine Beiträge mit Über- und Zwischenüberschriften versehen, für die er keine Verantwortung trage. Für die Entscheidung ist allein erheblich der Inhalt der beiden Ausgaben, wie er von den nach dem GjS zu schützenden Jugendlichen verstanden wird und welche Wirkungen dadurch bei ihnen eintreten.

Rechtsbehelfsbelehrung ...

Die Klage des Verlages gegen diese Entscheidung hat das Verwaltungsgericht Köln mit Urteil vom 4. Juli 1974 Az. 1 (8) 1990/72 abgewiesen. Die Berufung gegen dieses Urteil hat der Verlag zurückgenommen (Az. des OVG Münster XII A 1368/74 Einstellung des Berufungsverfahrens mit Beschluß vom 13. Juni 1975).

Stefen

Indizierung der Jugendzeitschrift BRAVO
(Ausgabe 46/77)
Entscheidung Nr. 2672 vom 12. 1. 1978

In ihrer 242. Sitzung am 12. Januar 1978 hat die Bundesprüfstelle für jugendgefährdende Schriften in der Besetzung mit:

Vorsitzender:
 Ltd. Regierungsdirektor R. Stefen

Gruppenvertreter:
 Frau Rune Mields (Kunst)
 Roelof de Jong Posthumus (Literatur)
 Frau Dr. Pricken van Gils (Buchhandel)
 Dr. F. Klinkhammer (Verleger)
 Manfred Geis (Jugendverbände)
 Frau M. Krumpholz (Jugendwohlfahrt)
 OStdDir. F. Burmeister (Lehrerschaft)
 Prälat Dir. Dr. Hermann (Kirchen)

Länderbeisitzer:
 OStudDir. Hans-Georg Thode (Schleswig-Holstein)
 Bibl.Direktor Dr. Willi Wendling (Baden-Württemberg)
 MinRat Diether Stuhl (Hessen)

auf Antrag des Bayerischen Staatsministeriums für Arbeit und Sozialordnung, München, vom 21. 11. 1977 wie folgt entschieden:
 Die periodische Druckschrift BRAVO Nr. 46 vom 3. 11. 1977
 Heinrich Bauer Fachzeitschriften-Verlag KG, München, ist in die Liste der jugendgefährdenden Schriften aufzunehmen.

Sachverhalt

1. Die Wochenzeitschrift BRAVO erscheint seit 1956. Ab August 1968 wird sie von dem Heinrich Bauer Fachzeitschriften-Verlag, Hamburg, in München herausgegeben. Chefredakteur ist nach Peter Bönisch und Lieselotte Krakauer ab 1972 deren früherer Stellvertreter Gert Braun.

2. Verkauft wurden:[1]
  1957:   214 277 Exemplare wöchentlich
  1967:   765 033 Exemplare wöchentlich
  1977:   1 404 059 Exemplare wöchentlich
Im IV. Quartal 1977, aus dem die verfahrensgegenständliche BRAVO-Ausgabe stammt, wurden wöchentlich 1 375 328 Exemplare verkauft; davon 227 146 Exemplare aufgrund fester Abonnements. Außerdem wurden wöchentlich 11 764 unberechnete Freistücke abgegeben.[2] In Lesezirkeln wird BRAVO nicht geführt.

3. Der Umfang der BRAVO-Hefte schwankt zwischen 72 und 88 Seiten, oft sind auch noch Poster eingelegt. Ein BRAVO-Heft kostet ab Oktober 1977 DM 1,30.

4. Der Preis für eine ganzseitige Werbeannonce in BRAVO beträgt: schwarz/weiß DM 14 624,–, vierfarbig DM 28 663,–. Die Zahl der Anzeigenseiten betrug 1975 = 620,50, 1976 = 746,70, 1977 = 877,90 Seiten.[3]

---

[1] ZV + ZV (Zeitschrift für Presse und Werbung) Nr. 44/45 vom 9. 11. 77, S. 1913.
[2] IWV Liste für das IV. Quartal 1977 (IWV = Informationsgemeinschaft zur Feststellung der Verbreitung von Werbeträgern e. V. Bonn-Bad Godesberg).
[3] Anzeigenteil-Analysen des Informationsdienstes text intern, Hamburg.

Das BRAVO-Anzeigenvolumen nach Branchen betrug 1976:[4] Mittel gegen Akne/unreine Haut = 16%, übrige Kosmetik/Körperpflegemittel = 18%, Mofa/Moped/Motorrad =10%, Pkw = 3%, Unterhaltungselektronik = 10%, Bekleidung = 7%, Versender = 6%, alkoholfreie Getränke = 5%, Banken/Sparkassen/Versicherungen = 4%, Süßwaren = 3%, Sonstige = 18%, zusammen = 100%.

5. 31% aller Jugendlichen zwischen 12 und 21 Jahren lesen jede BRAVO-Ausgabe.[5] Der weiteste Leserkreis[6] beträgt in dieser Gruppe 58,6%. Nach Altersgruppen, Tätig-

---

[4] *Udo Breidenbach,* BRAVO-Anzeigenleiter: Gegen Marktunterschätzung und Vorurteile. In: ZV + ZV Nr. 44/45 vom 9. 11. 77, S. 1902 ff.

[5] Jugend-Media-Analyse 1977, vorgelegt von der Arbeitsgemeinschaft Leseranalyse Jugendpresse. Sie wurde innerhalb eines Jahres nach Gründung der AG mit einem Kostenaufwand von 250 000 DM erstellt. Die Arbeitsgemeinschaft Leseranalyse Jugendpresse besteht aus 8 Verlagen und 4 Werbeagenturen.
Nach *Klaus F. Geiger und Broder-Heinrich Christiansen:* »Lesen in der Freizeit – Ergebnisse einer Schülerbefragung im Landkreis Rotenburg« in: Rotenburger Schriften, herausg. vom Heimatbund Rotenburg/Wümme 1977, Heft 46, S. 64 ff. und Heft 47, S. 7 ff. lesen 685 Schüler (85,6% der befragten 800) mehrmals oder mindestens einmal in der Woche eine Zeitschrift. 40% lesen BRAVO oder eine ähnliche Zeitschrift. Auf die Frage, warum dies so ist, bekamen die Autoren folgende Antworten: »BRAVO ist Kitsch – Kitsch kann aber auch sehr schön sein – BRAVO schreibt für alle – Man kann sie mit der Bildzeitung vergleichen. Sie ist ganz locker«. Vgl. auch *Gaby Klingen-Troost:* Lesehäufigkeit und Verbreitung von Kioskzeitschriften bei 11–15jährigen Hauptschülern einer Großstadt in: Medien- und Sexual-Pädagogik 2. Jahrg. 1974 Heft 2, S. 14 ff. Außerdem: *Dirk Gerlach* u. a.: Lesen und soziale Herkunft – Eine empirische Untersuchung zum Leseverhalten Jugendlicher, Weinheim u. Basel 1976.

[6] Weitester Leserkreis: Das sind Leser, die in 12fachem Erscheinungsintervall erreicht werden, d. h. diejenigen, die bei wöchentlich erscheinenden Heften mindestens einmal im Vierteljahr ein Heft lesen; bei 14täglich erscheinenden Heften mindestens einmal im halben Jahr und bei monatlich erscheinenden Heften mindestens einmal im Jahr ein Heft lesen.

keit und Schulart verteilen sich die Leser und der weiteste Leserkreis lt. Jugend-Media-Analyse wie folgt:

Leser pro Ausgabe		Weitester Leserkreis
Gesamt	31,0%	58,6%
nach Altersgruppen		
12–14	38,8%	71,1%
15–17	37,8%	69,7%
18–21	18,9%	38,5%
nach Tätigkeiten		
in Ausbildung	33,7%	66,3%
berufstätig	22,6%	42,5%
nicht berufstätig	30,5%	50,5%
nach Schularten		
Volksschule	44,1%	76,1%
Mittel-/Realschule	40,7%	73,3%
Gymnasium/Uni/Fachschule	21,0%	48,9%

6. BRAVO bezeichnet sich selbst als »Deutschlands größte Zeitschrift für junge Leute«, als »Marktführer auf einem der schwierigsten Märkte« und als »Agentur der sekundären Sozialisierung«. Sie »will den Jugendlichen bei der Bildung der noch nicht ausgereiften Persönlichkeit und bei der Bewältigung der ... sexuellen Triebe helfen«.[7]

Zur inhaltlichen Entwicklung von BRAVO hat der Chefredakteur Gert Braun auf der Jahrestagung 1977 des Verbandes Deutscher Zeitschriftenverleger u. a. ausgeführt:[8]

---

7 BRAVO-Redaktion: BRAVO – Die Zeitschrift für junge Leute, Vorstellung einer Zeitschrift, München ohne Jahrgang (1967) S. 2, zitiert nach *Albert Huck* »Elemente der Ideologie in der Jugendzeitschrift BRAVO« (unveröffentlicht), einzusehen beim Deutschen Jugendschriftenwerk, Frankfurt/Main.
8 *Gert Braun:* Ein Ärgernis für rechts und links – wie aus einem Show-Magazin für Erwachsene in 21 Jahren die größte Jugendzeitschrift der Welt wurde. In: ZV + ZV Nr. 44/45 vom 9. 11. 77, S. 1904 ff.

BRAVO wollte anfangs nichts anderes als Unterhaltung bieten. Ende der 50er Jahre kamen der Fernseh-Show-Bereich, die Schlager und Pop-Musik und ihre Interpreten hinzu. Ab Mitte der 60er Jahre nahm BRAVO die Sexualaufklärung ins Heft. »Unter Leitung von Dr. med. Martin Goldstein wurde ein Beratungsteam aufgebaut, dessen Qualifikation von keinem Fachmann bestritten werden kann« schreibt der Chefredakteur wörtlich – was jedoch von anderen wiederum heftig in Frage gestellt wird.[9]

Der Name Dr. Goldstein ist weder im Impressum der Zeitschrift noch sonst im Heft zu finden, denn Dr. Goldstein schreibt seit Jahren unter dem Pseudonym Dr. Korff in jedem BRAVO-Heft Beiträge zur Sexualaufklärung Jugendlicher und beantwortet als Dr. Sommer die monatlich bis zu 5 000 bei BRAVO eingehenden Problem-Leserbriefe. Jeweils 4–6 Briefe und Antworten werden in jedem BRAVO-Heft veröffentlicht.

Daß Dr. Korff und Dr. Sommer zwei Pseudonyme für eine Person, nämlich Dr. med. Martin Goldstein, sind und daß Dr. Goldstein seit 1967 ärztlicher Mitarbeiter an der evangelischen Erziehungsberatungsstelle in Düsseldorf ist, wurde erstmals in dem Indizierungsverfahren gegen die BRAVO-Ausgaben 6 und 7/72 bekannt. In der mündlichen Verhandlung der Bundesprüfstelle am 8. Mai 1972 gab Dr. Goldstein eine längere Erklärung ab.[10] Darin sagte

---

9 *Erdmute Beha/Henryk M. Broder:* Die große BRAVO-Familie: Stars im Glück für Fans im Unglück. In: 'ran Buch Nr. 1, herausgegeben von *Hans Dieter Baroth/Erdmute Beha/Henryk M. Broder/Norbert Hartmann*, Köln, 2. Aufl. 1977, S. 74 ff. 94 ff.; ZDF-Sendung vom 28. 10. 1976; 'ran 7. Jahrg. Heft 6/1977, S. 20 u. 21; *Reiner Rodenhauser:* In BRAVO nichts Neues. In: Concepte, Magazin für Sozialethik und Sozialhygiene, Sonderheft Oktober 1977.

10 Der volle Wortlaut der Erklärung von *Dr. Goldstein* vor der Bundesprüfstelle ist in der Indizierungsentscheidung Nr. 2384 vom 6. Oktober 1972 wiedergegeben. Die gesamte Entscheidung ist veröffentlicht in: Sexualpädagogik Heft 3/72. Sonderdrucke können von der Bundesprüfstelle bezogen werden.

er u. a., er habe die von BRAVO gebotene Gelegenheit, unter Pseudonymen mitzuarbeiten und dadurch Jugendlichen etwas zu helfen, dankbar angenommen. Er lege aber Wert auf die Beibehaltung der Pseudonyme. Wegen Wahrung der Pseudonyme ist es zwischen dem Bauer-Verlag und der DGB-Jugendzeitschrift »'ran« zu einem Rechtsstreit gekommen. Nach der gerichtlichen Entscheidung darf »'ran« weiter behaupten: »Dr. Korff gibt es nicht«.[11]

Anfang Dezember 1976 schreibt BRAVO in eigener Sache u. a.:[12]

> »Liebe Leser, wir müssen Euch über eine skandalöse Sendung des ZDF informieren. Dort wurde behauptet, daß die Aufklärung in BRAVO gefährlich, pornographisch und reine Geschäftemacherei sei. Und daß es *Dr. Sommer* und *Dr. Korff* gar nicht gäbe. Für alle, die diese Sendung am 28. Oktober gesehen haben, geben wir einen kurzen Überblick, was BRAVO für die Aufklärung getan hat, tut und auch weiterhin tun wird. Mit gutem Recht können wir sagen: Wir sind stolz darauf ...
>
> Unter dem Titel »Aufgeklärt oder abgeklärt« brachte das ZDF am 28. Oktober um 21.15 Uhr einen Bericht über die Aufklärung Jugendlicher. Zuerst wurden darin etliche Jugendliche befragt, von wem sie aufgeklärt worden seien. Die wenigsten konnten ihre Eltern oder die Schule nennen. Die Macher dieser Sendung schlossen daraus haarscharf, daß es nicht so weitergehen dürfe, daß die Aufklärung vom Elternhaus in Zusammenarbeit mit der Schule erfolgen müsse, und nicht auf der Straße oder von »gewissen Jugendzeitschriften« (sprich BRAVO) ...

---

11 'ran 7. Jahrg. Nr. 6/77 S. 20 ff. und *Dieter Schmidt:* Dr. Korff gibt es nicht. In: Juso Schüler Express 6/77 und 'ran 7. Jahrg. Nr. 3/77 S. 37.
12 BRAVO Heft Nr. 50 vom 2. 12. 76 S. 54 ff. »Wir sind stolz darauf«. (Vgl. auch: »Gibt es Dr. Sommer wirklich« in: BRAVO 9/78, S. 55).

Als Außenstehender, wenn man nicht zu diesen Fernsehmachern gehört, fragt man sich, warum wohl die heutige Jugend zu Liebe und Sexualität diese freie, vernünftige Einstellung hat, wenn sie weder vom Elternhaus noch von der Schule aufgeklärt und richtig geführt worden ist. Wir können mit gutem Recht behaupten, daß diese Arbeit BRAVO seit 14 Jahren geleistet hat. Und wir können auch mit gutem Recht behaupten, daß die Aufklärung in BRAVO von Fachleuten gemacht wird, die mehr verstehen als fast alle Lehrer und Eltern (das soll kein Vorwurf sein, weil sie eben Fachleute sind und aus Studium und der täglichen Praxis heraus qualifizierter dafür sind.

Und nun zu dieser unerhörten Behauptung, daß es *Dr. Sommer* und *Dr. Korff* nicht gäbe. Die BRAVO-Leser wissen seit langem, daß diese Namen Decknamen sind. Und das hat seinen guten Grund: *Dr. Sommer,* der eigentlich *Dr. Goldstein* heißt, ist Arzt und Psycho-Therapeut und hat auch eine Privatpraxis. Außerdem ist er für eine Beratungsstelle tätig. Er möchte deshalb die Arbeit für die BRAVO-Leser nicht unter seinem eigenen Namen machen. Vor allem dürfte er auch von der Ärztekammer aus durch seine Veröffentlichungen in BRAVO mit seinem eigenen Namen keine indirekte Werbung für seine Privatpraxis machen. Das mußten wir respektieren und konnten deshalb auch kein Bild von ihm bringen. Wie könnte er außerdem die ganze Arbeit bewältigen, wenn ihn alle BRAVO-Leser kennen und dann natürlich auch bei ihm zu Hause aufkreuzen oder ständig bei ihm anrufen würden? Jeder vernünftige Mensch kapiert das. Im übrigen wissen die BRAVO-Leser, was das ZDF nicht wissen wollte: Daß *Dr. Sommer* zusammen mit einem Team von weiteren Fachleuten, sprich Psychologen, Sozialpädagogen und einem Soziologen die Leserberatung für BRAVO-Leser macht. Allein könnte er das gar nicht schaffen.[12a] Wie sieht diese Arbeit aus? *Dr. Sommer* und sein

---

[12a] 'ran schreibt in Nr. 6/1977 S. 20 unter Bezugnahme auf einen Rechtsstreit mit dem Bauer-Verlag »Die Zusammensetzung des Teams von »Fachleuten« stimmt mit der Beweisaufnahme vor Gericht nicht überein. Da sah das Team etwas anders aus: Der

Team bekommen täglich bis zu 200 Problembriefe von jungen Leuten, die Hilfe brauchen. Hauptthemen sind Liebe, Sexualität, Schwierigkeiten mit den Eltern und der Schule, mit dem Beruf. Jeder dieser Briefe wird beantwortet, ein kleiner Teil in BRAVO, 99% privat (wenn sie nicht anonym sind). Dazu kommt die telefonische Beratung. Täglich von 12 bis 13 Uhr und Dienstag und Donnerstag auch von 18 bis 19 Uhr, kann das Dr. Sommer-Team angerufen werden, um in ganz dringenden Fällen sofort zu helfen. Dadurch wurde schon mancher Jugendliche von seinen Selbstmordabsichten befreit; oder von seiner Angst, mit einem schlechten Zeugnis nach Hause zu kommen; und manchem Mädchen wurde in einer seelischen oder körperlichen Not geholfen, zum Beispiel, wenn sie schwanger war und sich sonst niemandem anvertrauen konnte...

Wie sehr unsere Leser diese Arbeit schätzen und dafür dankbar sind, beweist unsere letzte Umfrage, nach der 74,5% von 100 000 Befragten angaben, daß die Aufklärung in BRAVO so weitergemacht werden sollte. 24% meinten sogar, es sei zu wenig Aufklärung in BRAVO. Und nur 1,5% sagten, in BRAVO sei zuviel Aufklärung.

Immer mehr Dankesbriefe kommen inzwischen auch von Eltern. Sie schreiben uns, daß die Aufklärung in BRAVO die beste Basis sei, um mit ihren Töchtern und Söhnen darüber zu sprechen, und daß sie selbst daraus sehr viel lernen könnten. Auch immer mehr Lehrer bestätigen uns, daß die Aufklärungsberichte in BRAVO für sie eine willkommene Hilfestellung für ihren Unterricht sei...«

7. BRAVO war bisher zweimal Gegenstand von Prüfverfahren vor der BPS.

Psychotherapeut *Martin Goldstein*, eine Diplom-Psychologin, ein Sozialarbeiter und eine Hausfrau«. 'ran fragt und meint: »Schamhaft verschwiegen? Die Wuppertaler Hausfrau *Ursula Schulz* (SPD) wurde in BRAVOS Aufklärungsteam von »Fachleuten« nicht erwähnt«.

1959 wurde ein Antrag auf Indizierung abgelehnt.[13] 1972 wurden auf Antrag des Bayerischen Staatsministeriums für Arbeit und Sozialordnung die Ausgaben 6 und 7/72 indiziert.[14] Die Listenaufnahme erfolgte, weil die vom Antragsteller näher bezeichneten Beiträge u. a. normativ wirkten für Schulversagen und Schulflucht, für Flucht in Drogen- und Alkoholgenuß und den Sozialisationsprozeß weiblicher Jugendlicher dadurch beeinträchtigen, daß sie Mädchen als Objekte »zum Vernaschen« darstellten. Die Klage des Verlages wurde abgewiesen, die Berufung von ihm zurückgenommen.[14a]

8. Das verfahrensgegenständliche BRAVO Heft Nr. 46/77 hat 84 Seiten und folgenden Inhalt:[15]

- BRAVO Otto Wahl 1977:
  Wählt Eure beliebtesten Sängerinnen und Sänger, S. 41
- Aufreger der Woche:
  TV »Plattenküche« – Aus für Zander & Co., S. 4
- Stars aktuell:
  Siw Inger – wo sie zu Hause ist, S. 14; Panik bei Rosetta Stone, S. 22; Marilyn Monroe bleibt unvergessen, S. 54; Bay City Rollers – was sie in Amerika wirklich wollen, S. 62; Punk-Rock – Slits, vom Teufel besessen? S. 82
- Musik:
  Supertramp, die Supergruppe, S. 6; Showaddywaddy – fünf auf einen Streich, S. 28
- Posters, Porträts:
  Rosetta Stone, Marilyn Monroe, Andy Gibb: Posters liegen dem Heft bei, S. 84

---

13 BPS-Entscheidung Nr. 632 vom 12. 6. 59.
14 BPS-Entscheidung Nr. 2384 vom 6. 10. 72.
14a Verwaltungsgericht Köln, Urteil vom 4. 7. 1974 – 1 (8) 1990/72 und Einstellungsbeschluß OVG Münster vom 13. 6. 1975 – XII A 1368/74.
15 Inhaltsverzeichnis BRAVO Nr. 46/77

- Aktuelle Reportagen:
Das Schicksal der Katze Mohle, S. 72; BRAVO-Leser bei »Gold«-Rosi Mittermaier, S. 80
- BRAVO-Disco:
Riesenwirbel bei der Disco in Nürnberg, S. 8; Plattentips, heiße News, S. 46; BRAVO-DISCO – was in Düsseldorf passieren wird.., S. 66; Song der Woche: Supertramp mit »Give a little bit«, S. 68; Hits der Woche, S. 69
- Serien in Wort und Bild:
Mädchen vor Gericht: Hanna stand beim Klauen Schmiere, S. 13;
Foto-Love-Story: Feiger Überfall im Wald, S. 34
- Film:
Bernard und Bianca, Disney neuer Zeichenspaß, S. 64; Belmondo riskiert Kopf und Kragen, S. 78
- Fernsehen:
TV-Programm vom 7. 11.–13. 11., S. 74
- Mode/Kosmetik:
Intimpflege: So macht das Waschen Spaß, S. 18; Strick Dich schick für 100 Mark, S. 70
- Aufklärung/Beratung:
Dr. Korff: Wie weh tut es beim ersten Mal? S. 25;
Dr. Sommer: Was Dich bewegt, S. 50
- Roman:
Wer für die Liebe leiden muß, S. 58
- Zum Sammeln:
Abba-Starschnitt in Lebensgröße, S. 56
- Unterhaltung/Witze:
Kreuzworträtsel – 3 Tele-Spiel-Apparate zu gewinnen, S. 30; Horoskop, S. 33; BRAVO-Gag-Show mit den Witzen der Woche, S. 38
- Kontakte/Treffpunkte:
S. 20
- Impressum:
S. 32
- Vorschau nächstes Heft:
S. 77

9. In der Serie »Aus der Sprechstunde von Dr. Jochen Sommer« »Was Dich bewegt« werden von Dr. Sommer folgende Leserbrieffragen beantwortet:[16] »Wie komme ich an die Pille?« (Mädchen, 16, aus Bielefeld); Dr. Sommer: »Ohne Gespräch bist Du einsam«. »Unsere Eltern ›zwingen‹ uns zu Notlügen« (Bärbel und Angela, 16, aus Rheinhausen); Dr. Sommer: »Steh zu dem was Ihr tut!«. »Taugen entjungferte Mädchen nichts?« (Eine Clique aus Oldenburg, 15 bis 18 Jahre); Dr. Sommer: »Es gibt nicht nur falsch oder richtig!« und »Ich habe Angst, daß Gott mich straft« (Marlene, 16, aus Sargans (Schweiz)); Dr. Sommer: »Übertriebener Gehorsam hemmt Deine Entwicklung«.

Zur Art seiner Leserbriefantworten hat Dr. Goldstein am 8. 5. 1972 in der mündlichen Verhandlung vor der BPS u. a. ausgeführt:[17]

»... meine Antworten (sind) ganz anders als die anderer Briefkastenberater. Ich arbeite, so weit es möglich ist, eine Analyse des vorliegenden Briefes, fußend auf kritischen Untersuchungen von Inhalt, Handschrift, Örtlichkeit, Familienstand, Beruf, Alter und Dynamik der Beschreibung. Sodann überlegen wir gemeinsam die Form einer beantwortenden Gegenrolle unter folgendem Schema:

1. Überschrift in Schlagzeilen
2. Mit anderen Worten: Deine Situation ist so ... (Symptom)
3. Dahinter liegt das tiefere Problem, nämlich ... (Ursache)
4. Es liegt nicht allein an Dir, sondern auch daran, daß ... (Umwelt)
5. Versteh, daß es anders sein könnte, wenn Du jetzt ... (Theorie)
6. Und Dich dann aufraffst so zu handeln ... (Praxis)

---

[16] BRAVO Heft 46/77, S. 50–52 »Aus der Sprechstunde von Dr. Jochen Sommer: Was Dich bewegt. Das Dr. Sommer-Team beantwortet Eure Leserbriefe«.
[17] Entscheidung Nr. 2384 der Bundesprüfstelle vom 6. 10. 72 a.a.O.

7. Wenn Du nicht allein damit fertig wirst, wer kann dabei helfen? (Verweis auf Fachstellen)...«

10. Der Fortsetzungsroman[18] handelt von Martin (16), der jede Nacht aus dem »Heim für schwererziehbare Jungen ausbricht«, um seine kranke Mutter zu besuchen und deshalb von Heuler und anderen Heiminsassen massiv bedroht wird.

11. Die vom Antragsteller beanstandete Foto-Love-Story (S. 34–36) besteht aus 4 Teilen: 1) der Ankündigung auf dem Titelblatt, 2) der Wiedergabe des bisherigen Inhalts mit 4 Fotos mit Text, 3) der eigentlichen Story mit 23 Fotos mit Sprechblasen und 4) der Ankündigung der Fortsetzung »Im nächsten BRAVO: Christian kommt zu Hilfe«.

12. Das Bayerische Staatsministerium für Arbeit und Sozialordnung hält die Foto-Love-Story für geeignet, Kinder und Jugendliche im Sinne des GjS sittlich zu gefährden. Zur Begründung führt das Ministerium u. a. aus:

> »Die wesentlichen Elemente der Bildergeschichte sind: Aggressiv-männliche Geschlechtsrollen werden in krimineller Weise praktiziert. Eine Gruppe männlicher Jugendlicher stützt sich gegenseitig bei brutalem Verhalten gegenüber einem Mädchen. Es werden zumindest Vergewaltigungsabsichten angedeutet. Es wird versucht, ein Mädchen durch Gewaltanwendung zur Partnerin zu gewinnen. Es handelt sich hier also um Gefühlsinhalte, die entwicklungs-psychologisch für diese Altersgruppe aktuell sind. Die Bildergeschichte gewinnt so den Charakter eines möglichen Verhaltensmusters in einer ähnlichen Lebenssituation. Die Brutalität und Gruppensolidarität in solchen Situationen entsprechen

---

[18] »Wer für die Liebe leiden muß – Packender Roman um einen rebellischen Jungen« von *Tatjana Lindhoff*. In: BRAVO Heft 46/77 S. 58–61.

durchaus den kriminologischen Forschungen und Erfahrungen anläßlich zahlreicher gruppenweise begangener Straftaten. Die Darstellung einer solchen Handlungssequenz kann deshalb Aufforderungs- und Vorbildcharakter für Jugendliche in einer ähnlichen Situation gewinnen. Die negativ wertende Überschrift ist gegenüber der Suggestivität der Darstellung unerheblich und schwächt den Aufforderungscharakter keineswegs ab«.

Das Bayerische Staatsministerium für Arbeit und Sozialordnung beantragt,

BRAVO Nr. 46 vom 3. 11. 77 in die Liste der jugendgefährdenden Schriften einzutragen.

13. Der Verlag, vertreten durch Herrn Rechtsanwalt Dr. Kuner, München, beantragt,

den Antrag abzulehnen, hilfsweise wegen Geringfügigkeit von der Indizierung abzusehen (§ 2 GjS).

Zur Begründung führt Rechtsanwalt Dr. Kuner in der mündlichen Verhandlung im wesentlichen aus:

»Bei dieser Foto-Love-Story handele es sich um einen »Ausrutscher«. Er sei während des Urlaubs des Chefredakteurs ins Blatt gekommen. Der Beitrag sei jedoch nicht jugendgefährdend. Er biete Jugendlichen weder einen Anhalt für »Lernen am Modell« noch zur Imitation oder Identifikation. Schon in der Überschrift werde das Verhalten der beteiligten männlichen Jugendlichen zutreffend und eindeutig negativ dargestellt, da es – durch Farbkontrast hervorgehoben – als »Feiger Überfall« bezeichnet werde. Dem Mädchen werde kein Leid zugefügt. Ihre Freundin könne Hilfe rufen. Die Story solle Mädchen warnen, Jungen nicht unnötig zu reizen. Er könne versichern, daß solche Storys in BRAVO nicht wieder erscheinen würden. BRAVO habe noch nie gewalttätige

Inhalte verbreitet. BRAVO trage vorbildlich zur Sexualaufklärung Jugendlicher bei. Dies beweise u. a. die Zusammenarbeit mit der Bundeszentrale für gesundheitliche Aufklärung, Köln, eine Bundesoberbehörde im Geschäftsbereich des Bundesministers für Jugend, Familie und Gesundheit. Wenn wider Erwarten die jugendgefährdende Wirkung der Foto-Love-Story bejaht werden sollte, müßte von der Indizierung nach § 2 GjS wegen Geringfügigkeit abgesehen werden«.

Auf den Vortrag des Rechtsanwalts folgte eine längere Diskussion des 12er Gremiums mit dem Rechtsanwalt des Verlages. Dabei wies die Bundesprüfstelle u. a. auf folgendes hin: Eine von BRAVO durchgeführte, ausgewertete und Ende November 1977 veröffentlichte[19] Fragebogenaktion, an der sich 120 000 BRAVO-Leser beteiligten, habe ergeben: Mehr als die Hälfte der Jungen und fast 40% der Mädchen schlagen zu, wenn sie jemand gereizt hat.
Hierzu erklärte Rechtsanwalt Dr. Kuner:

»Diese Zahlen seien nur das Ergebnis der Computer-Auswertung von ca. 6 500 der 120 000 eingegangenen Fragebogen. Außerdem bedürften die Zahlen noch der Differenzierung.«

Wegen der weiteren Einzelheiten des Sach- und Streitstandes wird auf den Inhalt der Prüfakte und des Heftes Nr. 46/77, die Gegenstand der Verhandlung waren, Bezug genommen.

---

[19] BRAVO-Heft 49 vom 24. 11. 1977, S. 4 und 5: »Sensationelle Ergebnisse bei der BRAVO-Fragebogen-Aktion: Sag uns, wie Du bist und wie's Dir geht! 120 000 Leser gaben Antwort. Hier ist der erste Teil der Auswertung »Wie aggressiv wir sind«, gegliedert nach Gewalt, Kriminalität, Todesstrafe, Probleme«. (Vgl. auch: Der Spiegel Nr. 2 vom 9. 1. 78, S. 134).

Gründe

14. Die »Foto-Love-Story: Heiße Bienen auf Maschinen – Feiger Überfall im Walde« auf Seite 34–36 und die Fortsetzung des Romanes »Wer für die Liebe leiden muß«, Seite 52–54 des Heftes 46/77 der Jugendzeitschrift BRAVO, wirken verrohend im Sinne von § 1 Abs. 1 Satz 2 GjS. Damit sind sie geeignet, Kinder und Jugendliche sozialethisch zu desorientieren, wie das Tatbestandsmerkmal »sittlich zu gefährden« in § 1 Abs. 1 Satz 1 GjS auszulegen ist. Dem Antrag des Bayerischen Staatsministeriums für Arbeit und Sozialordnung vom 21. 11. 1977 entsprechend, war das gesamte Heft 46 vom 3. 11. 1977 der periodischen Druckschrift BRAVO von der BPS in die Liste der jugendgefährdenden Schriften einzutragen.

15. Die Aufnahme von Schriften, Ton- und Bildträgern, Abbildungen und anderen Darstellungen (§ 1 Abs. 3 GjS) in die Liste, setzt ihre Eignung zur sittlichen Jugendgefährdung voraus. Dazu zählen vor allem unsittliche, verrohend wirkende, zu Gewalttätigkeit, Verbrechen oder Rassenhaß anreizende sowie den Krieg verherrlichende Medien. Bis 1971 vertrat die Rechtsprechung[20] die Auffassung, sowohl bei der Eignung zu einer sittlichen Gefährdung als auch bei den in § 1 Abs. 1 Satz 2 GjS angeführten Beispielen und den Ausnahmetatbeständen des § 1 Abs. 2 GjS handele es sich um unbestimmte Rechtsbegriffe ohne Beurteilungsspielraum, die nur eine einzige richtige Entscheidung zuließen. Ule[21] hatte jedoch schon 1955 darauf hingewiesen, daß die Entscheidung der Prüfstelle eine Voraussage für die Zukunft erfordere. Redeker[22] wies 1971 auf folgendes

---

20 BVerwGE 23, 112; 28, 233 aufgegeben durch Urteil vom 16. 12. 71, BVerwGE 39, 197.
21 *Ule* in: *Jelinek* Gedächtnisschrift 1955 S. 309.
22 *Konrad Redeker,* DÖV 1971, 757/762.

hin: Die Vorstellung, bei Anwendung des Begriffs der Eignung zur Jugendgefährdung sei nur eine richtige Lösung möglich, erweise sich als Fiktion. Von der Sache her seien mehrere Lösungen, eine »Bandbreite der Entscheidungsmöglichkeiten« denkbar, die das Recht in gleicher Weise als vertretbar ansehen könne.

Mit dem GjS hat der Gesetzgeber für die Entscheidung über die Listenaufnahme

a) eigens die Bundesprüfstelle als ein spezifisch sachkundiges, kollegiales, gruppen- und funktionenspezifisch zusammengesetztes Gremium eingerichtet, anstatt diese Aufgabe Selbstkontrolleinrichtungen, Gerichten oder bestehenden Behörden zu übertragen;

b) das Indizierungsverfahren justizförmig ausgestaltet und grundsätzlich von Anträgen abhängig gemacht;

c) in § 10 GjS bestimmt: »Die Mitglieder der Bundesprüfstelle sind nicht an Weisungen gebunden«.

Nach § 9 GjS besteht die Bundesprüfstelle aus einem vom Bundesministerium für Jugend, Familie und Gesundheit (BMJFG) ernannten Vorsitzenden, je einem von jeder Landesregierung ernannten Beisitzer (Länderbeisitzer) und weiteren vom BMJFG ernannten, ehrenamtlich tätigen Beisitzern (Gruppenbeisitzer). Die Ernennung kann jeweils nur für 3 Jahre erfolgen; Wiederernennung ist möglich. Die Gruppenbeisitzer sind gemäß § 9 Abs. 2 GjS »den Kreisen 1. der Kunst, 2. der Literatur, 3. des Buchhandels, 4. der Verlegerschaft, 5. der Jugendverbände, 6. der Jugendwohlfahrt, 7. der Lehrerschaft und 8. der Kirchen, der jüdischen Kultusgemeinden und anderer Religionsgemeinschaften, die Körperschaften des Öffentlichen Rechts sind, auf Vorschlag der genannten Gruppen zu entnehmen«. Für die Auswahl dieser Beisitzer innerhalb ihrer jeweiligen Gruppen gilt das autonome Recht der nach dem GjS vorschlagsberechtigten Gruppen. Der Gesetzgeber geht davon aus, daß auf diesem Wege ein qualifiziertes Gremium für die Entscheidungen nach dem GjS gebildet wird. Er unterstellt, daß generell durch die Auswahl der beteiligten Gruppen die Benennung geeigneter Beisitzer sichergestellt ist.[23]

Die Bundesprüfstelle entscheidet im Einzelfall grundsätzlich durch ein 12er-Gremium.[24] Das 12er-Gremium besteht aus: dem Vorsitzenden, drei Länderbeisitzern und je einem Vertreter der 8 Gruppen. Die Vertreter der Kirchen und der jüdischen Kultusgemeinde sowie die Länderbeisitzer wechseln turnusmäßig nach einem jährlich neu festzulegenden Geschäftsverteilungsplan. Erscheinen zur Sitzung einberufene Beisitzer oder ihre Stellvertreter nicht, so ist die Bundesprüfstelle auch in einer Besetzung von mindestens 9 Mitgliedern beschlußfähig, von denen mindestens 2 den in § 1 Abs. 2 Nr. 1–4 genannten Gruppen angehören müssen. Die Anordnung der Aufnahme in die Liste bedarf einer Mehrheit von zwei Dritteln, mindestens aber von sieben Stimmen, wenn nur neun Mitglieder an der Entscheidung mitwirken. Die Entscheidungsfindung erfolgt auf Antrag und nach mündlicher Verhandlung in einem justizförmigen, mit allen Rechtsgarantien für die Betroffenen ausgestatteten Verfahren. Das rechtliche Gehör des Verlages und des Autors ist zu wahren. Zu der mündlichen Verhandlung, zu der der Vorsitzende die Öffentlichkeit zulassen kann,[25] sind Verlage und Autoren mit einer Frist von 14 Tagen zu laden. Sie haben das Recht, sich durch Rechtsanwälte vertreten zu lassen, Gutachten vorzulegen oder vortragen zu lassen und sich deren Inhalt als Parteivortrag zu eigen zu machen.[26] Auf die mündliche Verhandlung folgt die nichtöffentliche Beratung und Abstim-

---

[23] OVG Münster Urteil vom 12. 5. 1977 – XII A 1191/76.
[24] In zweifelsfreien Eilfällen (§§ 15 und 15 a GjS) kann die BPS auch durch ein 3er Gremium, in den Fällen der §§ 18 und 18 a GjS durch den Vorsitzenden allein entscheiden.
[25] Seit 1969 wird die Öffentlichkeit immer zugelassen.
[26] Die BPS kann ihrerseits Sachverständige heranziehen, ohne an deren Voten gebunden zu sein (§ 6 DVO GjS).

mung des 12er-Gremiums, anschließend die öffentliche Verkündung der Entscheidung, ggf. die Eintragung in die Liste und ihre Bekanntmachung im Bundesanzeiger. Dadurch treten die Vertriebs-, Werbe- und Weitergabebeschränkungen der §§ 3 ff. GjS in Kraft. Gegen die Indizierungsentscheidung können Verlage und Autoren den Rechtsweg bis zum Bundesverwaltungsgericht beschreiten; ferner in einem Aussetzungsverfahren bis zum Oberverwaltungsgericht Münster die Aussetzung der Rechtsfolgen der Bekanntmachung der Listenaufnahme betreiben.

16. Aus alledem hat die Rechtsprechung folgende Schlußfolgerungen gezogen:
Bei der Indizierung handelt es sich nicht lediglich um die Feststellung von Tatsachen und deren Subsumtion unter das GjS. Die Entscheidung über die Eignung zur Jugendgefährdung enthält vielmehr ein vorausschauendes und zugleich richtungsweisendes Urteil mit erheblichem Einschlag wertender Elemente.[27]
§ 9 GjS läßt erkennen, daß die Zusammensetzung des Spruchgremiums der BPS vermutete Fachkenntnisse und Elemente gesellschaftlicher Repräsentanz verbindet. Die Besetzung der Bundesprüfstelle bietet die Gewähr, daß bei der Entscheidung über die Aufnahme einer Schrift in die Liste, die verschiedenen Gruppen unserer pluralistischen Gesellschaft wirksam werden.[28]
Die gegen das GjS, das Indizierungsverfahren und gegen die Folgewirkung der Indizierung geltend gemachten verfassungsrechtlichen Bedenken[29] greifen nicht durch.[30]

---

[27] BVerwG Urteil vom 16. 12. 1971 – IC 31.68 in BVerwGE 39, 197 ff. und Schriftenreihe der Bundesprüfstelle Heft 2, Bonn-Bad Godesberg 1972, S. 11 ff. (15 unter 2a).
[28] BVerwG Urteil vom 16. 12. 1971 a.a.O.
[29] *Bauer* J.Z. 1965, 41; *Bettermann* AöR 1958 Bd. 83 S. 91, 109 ff.; *von Xylander* RdJB 1968, 135, 137.
[30] BVerwGE 11, 234, 237; 30. 336; 31, 113; Beschluß vom Juni 1971-1 BvR 191/63 in »Massenmedien und Jugendschutz« herausg.

Die im Urteil des Bundesverwaltungsgerichts vom 16. 12. 1971[31] noch offen gebliebenen verfassungsrechtlichen Fragen sind durch Urteil des Bundesverwaltungsgerichts vom 8. März 1977[32] zugunsten des Gesetzes über die Verbreitung jugendgefährdender Schriften geklärt worden.

Das GjS schützt nicht nur den durchschnittlichen Jugendlichen, sondern den Jugendlichen schlechthin, einschließlich der gefährdungsgeneigten Jugendlichen; auszunehmen sind lediglich Extremfälle.[33]

Die Eignung zur sittlichen Gefährdung muß nicht mit einer an Sicherheit grenzenden Wahrscheinlichkeit zu einer sozialethischen Desorientierung führen; es genügt der mutmaßliche Eintritt einer sittlichen Gefährdung.[34] Dabei spielt es keine Rolle, ob geschilderte Erlebnisse real passiert sind oder nur, aus welchen Motiven auch immer, vorgespielt werden.[35]

Der Grundsatz »Kunstschutz geht vor Jugendschutz« gilt nicht uneingeschränkt.[36]

---

von *Rudolf Stefen,* Heft 7 der Schriftenreihe der Bundesprüfstelle, Bonn-Bad Godesberg 1976, S. 112 f.; BVerwGE 22, 112 und 27, 21, 25 und 39, 197 ff.; OVG Münster in DÖV 1967, S. 459 zu § 7 GjS. Die Frage, ob § 18 Abs. 1 Satz 2 GjS das rechtliche Gehör des Verlages genügend zur Geltung bringt, wird z. Zt. vom Bundesverfassungsgericht aufgrund eines Vorlagebeschlusses des Verwaltungsgerichts Köln vom 14. 10. 75 (Az VG Köln 10 K 1101/74 z. Az BVerfG 2 BvL 14/75) geprüft.

31 BVerwGE 39, 197.
32 BVerwG, Urteil vom 8. 3. 77 – IC 39.72 in NJW 1977 S. 1411.
33 BVerwG, Urteil vom 16. 12. 1971 a.a.O. (Abweichung von BVerwGE 25, 321).
34 BVerwG, Urteil vom 16.12. 1971 a.a.O.
35 VG Köln, Urteil vom 9. 3. 76 – 10 K 419/75.
36 BVerwG, Urteil vom 16. 12. 1971 a.a.O. (Abweichung von BVerwGE 23, 104 ff.), kritisch dazu: *Dian Schefold:* »Kunstvorbehalt und Beschränkungen der Medienfreiheit« in: Rundfunkpolitische Kontroversen, Festschrift zum 80. Geburtstag von *Fritz Eberhard,* Europäische Verlagsanstalt Frankfurt/Main-Köln, 1976, S. 115 ff. mit weiteren Fundstellen.

Bei Illustrierten bestimmt sich die Überdeckung für sich betrachtet gefährdender Stellen einer Schrift nicht nach dem gesamten Heft, sondern nach dem einzelnen Beitrag. Auf den einwandfreien Inhalt der späteren Fortsetzungsfolgen eines Romanes kommt es bei Teilabdruck in Illustrierten nicht an.[37]

Eine Teilindizierung ist bei Illustrierten nicht möglich. Illustrierte sind in sich abgeschlossene Druckerzeugnisse, die durch eine Teilindizierung verändert würden. Darüber hinaus würde eine Entfernung oder Schwärzung einzelner Seiten oder Teile auch dem Erwachsenen jegliche Kenntnisnahme unmöglich machen. Dies ließe sich mit dem Zweck des Gesetzes nicht rechtfertigen und verstieße gegen das Übermaßverbot.[38]

Bei Illustrierten und anderen periodischen Druckschriften bieten Einzelindizierungen keinen ausreichenden Jugendschutz, weil die Druckschrift meist erst auf die Liste gesetzt werden kann, wenn die betreffenden Hefte nicht mehr im Handel sind und zudem durch die Einzelindizierung nicht verhindert werden kann, daß ständig neue jugendgefährdende Hefte auf dem Markt erscheinen. Um diese Lücke des Jugendmedienschutzes zu schließen, kann die Bundesprüfstelle Einzelausgaben periodischer Druckschriften auch dann noch in die Liste aufnehmen, wenn sie nicht mehr im Handel sind. Die Voraus-Indizierung einer periodischen Druckschrift – ausgenommen Tageszeitungen und politische Zeitschriften – kann gleichzeitig mit den zur An-

---

[37] BVerwG, Urteil vom 16. 12. 1971 a.a.O.
[38] BVerwG, Urteil vom 16. 12. 71 a.a.O. unter ausdrücklicher Bezugnahme auf das Urteil vom gleichen Tage – IC 71.40, veröffentlicht in Heft 2 der Schriftenreihe der Bundesprüfstelle, Bonn-Bad Godesberg 1972, S. 26 ff. und unter Abweichung von BVerwGE 27, 21.

wendung des § 7 GjS erforderlichen Indizierungen von Einzelheften erfolgen.[39]

Die Bundesprüfstelle entscheidet nach ihrem Ermessen, ob ein Fall von geringer Bedeutung i. S. des § 2 GjS gegeben ist. Sie hat dabei den Grad der sittlichen Jugendgefährdung der Schrift und den Umfang ihrer Verbreitung zu berücksichtigen.[40]

Für die gerichtliche Überprüfung einer Indizierung ist der Zeitpunkt maßgebend, zu dem die BPS ihre Entscheidung getroffen hat. Der Vorsitzende der Bundesprüfstelle muß die Entscheidung in einer die gerichtliche Nachprüfung ermöglichenden Weise schriftlich begründen. Dabei müssen die Beurteilungsmaßstäbe zu erkennen sein, die die Bundesprüfstelle ihrer Entscheidung zugrundegelegt hat. Dazu gehört neben den eigentlichen Entscheidungsgründen auch die Darstellung des Sachverhalts, von dem die BPS ausgegangen ist.[41]

Schon 1955 hat der Erste Senat des Bundesgerichtshofes zu § 6 GjS entschieden,[42] »daß es gerade der Zweck des GjS ist, der befürchteten weiteren Zunahme der von Jugendlichen begangenen Verbrechen durch Erfassung des Übels an der Wurzel vorzubeugen und daß sittliche Schäden nicht immer nur in der Begehung von Straftaten, son-

---

[39] Ständige Rechtsprechung OVG Münster, Entscheidung vom 22. 11. 1966 – II A 754/65 in: DÖV 1967 S. 459; vom 5. 8. 1970 – VI B 336/70; vom 26. 10. 1970 – VI B 512/70; vom 7. 7. 1972 – XII B 210/72; vom 10. 12. 1974 XV B 1104/74 und vom 2. 5. 1977 – XII A 1191/76; VG Köln u. a. vom 27. 9. 1974 – 1 L 666/74 und zuletzt vom 25. 7. 1977 – 1 L 1978/77.
[40] BVerwG, Urteil vom 16. 12. 1971 a.a.O.
[41] BVerwG, Urteil vom 16. 12. 1971 a.a.O., OVG Münster in ständiger Rechtsprechung, zuletzt Urteil vom 2. Mai 1977 XII A 1191/76 und VG Köln.
[42] BGH, Urteil vom 14. 7. 1955 – 1 StR 172/55, BGHSt 8, 80 ff.

dern in sonstigem gemeinschaftswidrigen Verhalten zu Tage treten«. 1966 hat das Bundesverwaltungsgericht[43] in Übereinstimmung mit der Spruchpraxis der Bundesprüfstelle und der Instanzgerichte festgestellt: Die Beispiele unsittlich, verrohend wirkend, zu Gewalttätigkeit, Verbrechen oder Rassenhaß anreizend in § 1 Abs. 1 Satz 2 GjS sind nicht erschöpfend. »Die Beantwortung der Frage, welche Eigenschaften außer den im Gesetz genannten Beispielen nach der Auffassung des Gesetzgebers eine Schrift geeignet machen, die Jugend sittlich zu gefährden, hängt davon ab, welches Begriffsmerkmal den im Gesetz genannten Beispielen gemeinsam ist. Ihnen allen haftet die Eignung an, die Jugend zu einer sittlichen Fehlhaltung gegenüber Erscheinungen des menschlichen Lebens, insbesondere des Gemeinschaftslebens, zu führen (Rauschert in: Recht der Jugend, 1959, S. 82). Das ist es also, was das Gesetz in § 1 Abs. 1 Satz 1 unter dem Oberbegriff der sittlichen Gefährdung versteht und was die Bundesprüfstelle und das Berufungsurteil zutreffend sozialethische Begriffsverwirrung nennen«.

Satz 2 in § 1 Abs. 1 GjS schafft eine widerlegliche Rechtsvermutung für die Eignung zur sittlichen Jugendgefährdung, wenn die dort genannten Voraussetzungen vorliegen.[44]

Verrohend wirken u. a. Medien, die bei Kindern und Jugendlichen die Bereitschaft wecken oder fördern, in be-

---

[43] BVerwG, Urteil vom 12. 1. 1966 – VC 104.63 in: BVerwGE 23, 112, insoweit ausdrücklich bestätigt durch BVerwG, Urteil vom 16. 12. 1971 in: BVerwGE 39, 197.

[44] Das Bundesverwaltungsgericht meint in Bd. 25, 318 in seiner Entscheidung wohl dasselbe, wenn es sagt, daß Schriften in den Fällen des Satzes 2 »in der Regel« als jugendgefährdend anzusehen sind. Ebenso *Raue:* Literarischer Jugendschutz, Berlin 1970, S. 41.

stimmten Situationen aggressiv zu handeln;[45] ferner solche Medien, die Sadismus, Gewalttätigkeit, Hinterlist oder gemeine Schadenfreude wecken, stabilisieren oder fördern.[46]

17. Unter Anlegung dieser Maßstäbe hat das Bayerische Staatsministerium für Arbeit und Sozialordnung den Indizierungsantrag gegen BRAVO Nr. 46/77 zu Recht gestellt und ihn zutreffend mit der verrohenden Wirkung der Foto-Love-Story begründet.

Das 12er-Gremium der Bundesprüfstelle hat sich nach mündlicher Verhandlung mit eingehender Diskussion mit dem Vertreter des Verlages vollinhaltlich dem Vorbringen des Antragstellers angeschlossen. Es hat darüber hinaus festgestellt: auch die in dem BRAVO-Heft 46/77 enthaltene Fortsetzung des Romans »Wer für die Liebe leiden muß« wirkt verrohend.

Beide Beiträge zeigen, wie sich männliche Jugendliche gegenüber einem einzelnen Jugendlichen aggressiv-brutal in einer Weise verhalten, die weit über altersspezifische Kraftproben und Raufereien hinausgehend, kriminelle Züge und Energie aufweist und Abgestumpftheit gegenüber Gewaltanwendung erkennen läßt. Diese Gruppensolidarität, Brutalität und Abgestumpftheit der aggressiven Jugendlichen in beiden BRAVO-Beiträgen entsprechen den Erfahrungen zahlreicher gruppenweise begangener Straftaten Jugendlicher. Diese nehmen in letzter Zeit so zu, daß sie wiederholt Gegenstand von Erörterungen in Ministe-

---

[45] *Herbert Selg:* Über massenmediale Gewaltdarstellungen, Heft 3 der Schriftenreihe der Bundesprüfstelle, Bonn-Bad Godesberg 1972, S. 11.
[46] *Potrykus,* Anm. 11 zu § 1 GjS.

rien,[46a] in Landtagen der Bundesländer,[47] der Presse[48] und des Fernsehens[49] waren. Willy Rehm hat sie in einer Problemskizze zusammengestellt.[50]

In der BRAVO »Foto-Love-Story – Heiße Bienen auf Maschinen – Feiger Überfall im Wald« will die 16jährige Eva mit ihrer Freundin Susi auf ihrer neuen 50er Maschine ihre alte Clique »aufmischen«, bei der sie mit einem zünftigen Krach ausgeschieden sind. Dies gelingt ihnen. Doch bevor es zur Prügelei kommt, geben Eva und Susi sich zu erkennen. King, Eva's Exfreund, möchte wieder mit ihr gehen. Eva erteilt ihm eine eiskalte Abfuhr. »Da dreht King durch und schmiedet mit seiner Clique einen gemeinen Racheplan«, heißt es am Ende des Teils »Was bisher geschah«. In 23 Bildern wird dann gezeigt, wie »fünf Typen gegen zwei Mädchen« (Bild 7) aggressiv-männliche Geschlechtsrollen in krimineller Weise praktizieren. Zunächst

---

46a Jugendkriminalität in NRW, herausgegeben vom Innenminister des Landes NRW als Heft 20 seiner Veröffentlichungen, Düsseldorf 1978, S. 13 ff., 32 ff.
47 Landtag von Rheinland-Pfalz, Drucksachen 8/1636 vom 17. 12. 1976; 8/1783 vom 7. 2. 1977; 8/1787 vom 6. 2. 1977; 8/1934 vom 17. 3. 1977. Das Kultusministerium hat dabei u. a. ausgeführt: »Besonders zu beachten sind die gegen Mitschüler gerichteten Gewalttätigkeiten. Bei den betreffenden Schülern zeigt sich ein Verhalten, das Ausdruck von Aggression wie von Gewöhnung an Gewalt ist, und keineswegs isoliert im schulischen Bereich gesehen werden darf«.
Hessischer Landtag, Drucksache 8/4323; Bayerischer Landtag, Anfrage zum gleichen Thema; Text und Antwort liegen noch nicht gedruckt vor.
48 Der »stern« vom 14. 4. 1977: »... dann schlag ich dir die Zähne ein«.
Bild-Zeitung vom 4. bis 7. 9. 1977 Serie: »Blutiger Schulhof« Süddeutsche Zeitung vom 21. 5. 1977 »Schülerin sadistisch mißhandelt – 14jährige im Klassenzimmer überfallen«.
49 ZDF-Sendung vom 2. 5. 1977: »Sie schlagen und sie quälen sich«.
50 *Willy Rehm:* »Aggressive Schüler – Eine Problemskizze« in: Prävention – Zeitschrift für Gesundheitserziehung 1. Jahrg. Heft 1/ 1978, S. 18 ff.

werden die Mädchen von ihrem neuen Motorrad, und dann in den Wald abgedrängt. »Wir machen bloß ein hübsches Spielchen mit euch« erklärt King (Bild 7), stößt Eva zu Boden und fragt (scheinheilig) »Bist du gestolpert?« (Bild 8). Eva, die sich wieder aufgerichtet hat, sagt: »Susi hetzt euch die Polizei aufn Hals«. King antwortet: »Bis die uns findet, bin ich mit dir fertig« (Bild 15). Dann bilden die Jungen einen Kreis, stoßen Eva hin und her (»Hoppla flieg rüber, hopp, ich fang sie«), reißen ihr die Jacke aus, zerfetzen ihre Bluse und stoßen sie auf den Waldboden (Bilder 18 bis 21). King wirft sich auf Eva, so daß sie sich nicht mehr befreien kann und erklärt: »Jetzt mach ich mit dir, was ich will«. Die anderen sehen ungerührt zu, wie es ausdrücklich im Text zu diesem Bild heißt (Bild 23).

Ebenso teilnahmslos bilden die Fürsorgezöglinge Charly, der Lange und Lutz einen Kreis um den 16jährigen Martin, damit Heuler ihn unbeobachtet vom Heimleiter beim Umgraben des Anstaltsrasens »fertigmachen« kann. Der Grund für den »kalten Haß« und den Angriff von Heuler auf den 16jährigen: Heuler vermutet, Martin verlasse nachts heimlich das Heim, um Diebes- oder Liebesabenteuer zu erleben, während Martin in Wirklichkeit seiner schwerkranken Mutter zu Hilfe eilt. Wie die Jungen Martin zum Geständnis zwingen wollen, wird auf Seite 61 vom BRAVO-Heft 46/77 unter dem Aufmacher »Heuler will Martin fertigmachen« wie folgt geschildert:

> Jemand stieß ihn unsanft in die Seite. Martin zuckt zusammen und sah auf. Genau in das grinsende Gesicht von Heuler.
> »So«, zischte Heuler, »jetzt ist der General weg. Jetzt sind wir unter uns. Jetzt können wir die Sache in Ruhe bereden. Kommt Jungs, bildet mal einen Kreis, damit der Alte uns oben aus seinem Fenster nicht beobachten kann. Du solltest deinen Spaten besser weglegen, Martin.«

Martin schüttelte den Kopf. »Ich behalt' ihn aber in der Hand. Ich will erst mal wissen, was los ist.« Er sah langsam von einem zum anderen. Die Jungen blickten ihn so teilnahmslos an, als wäre er Luft für sie.
Bloß Heuler konnte seinen kalten Haß nicht verbergen. »Ich weiß alles«, zischte er. »Ich weiß, daß du heute nacht abgehauen bist, Baby.«
Martin wurde blaß. »Das stimmt nicht«, sagte er, »das ist gelogen. Wie soll ich denn abhauen? Ist doch gar nicht möglich! Ihr wißt doch selbst...«
Heuler kam mit seinem Gesicht noch etwas dichter heran. »Red keinen Scheiß, Baby. Wir wissen Bescheid. Wir sind nämlich heute nacht in deinem Zimmer gewesen, weißt du, wir wollten dich besuchen. Aber du warst nicht da.«
Martin wurde noch einen Schein blasser. Verzweifelt suchte er nach einer Ausrede. »Ich war auf dem Klo«, sagte er hastig, »ich hatte Dünnpfiff heute nacht, weiß auch nicht... kommt wohl von dem Essen... Ich hab' die ganze Nacht auf dem Klo gesessen...«
Heuler lächelte. »Das glaubst du doch selbst nicht, Baby.« Er stieß Martin mit dem Spaten in die Seite. »Dein Fenster war nämlich offen.«
Martin biß sich auf die Lippen. Hilfesuchend sah er sich um. Charly trat noch einen Schritt vor: »Keine Angst, Baby. Wir lassen dich hier nicht raus.«
»Nicht eher«, fügte Heuler hinzu, »bis wir wissen, was du heute nacht gemacht hast. Wir würden dir nämlich gern ein bißchen helfen bei deinen Touren. Wenn du Autos knackst, zum Beispiel, da würden wir gern was abkriegen. Oder stehst du Schmiere? Machst vielleicht Automaten-Brüche im Alleingang, was?«
Martin schüttelte den Kopf. »Laß mich«, sagte er ärgerlich, »ihr spinnt doch. Ich bin doch kein Gangster.«
Heuler lachte. »Seht ihr, Kinder?« sagte er zu den anderen, »was habe ich gesagt: Er ist kein Gangster! Dann geht er wohl nachts zu seiner Puppe, wie? Wie alt ist sie denn?

Und hübsch, was? Blond und großer Busen, wie? Ich wette du stehst auf Weiber mit großem Busen. Da kann unser Baby sich schön rankuscheln, was? Wie bei seiner Mama, haha.« Die anderen lachten breit.
Martin kochte. Er ballte die Fäuste. »Haltet sofort den Mund«, zischte er, »oder ich ...«
Heuler ließ sich nicht erschüttern. »Oder hat deine Mama etwa keinen großen Busen gehabt?«

Im nächsten BRAVO: Erbitterter Zweikampf im Garten

Abgebrühtheit, kriminelle Energie und Zynismus der aggressiven Jugendlichen kommen u. a. in folgendem zum Ausdruck: Was in der Überschrift zur Bildergeschichte als feiger Überfall ausgegeben wird, bezeichnet King als »hübsches Spielchen«. Auf den Hinweis von Eva, ihre Freundin hole die Polizei, antwortet King wie ein Verbrecherprofi: »Bis die uns findet, bin ich mit dir fertig«. Der Hinweis, in der nächsten Folge komme Christian Eva zu Hilfe, klingt demnach wie reiner Hohn.
Auch Heuler geriert sich in dem Roman wie ein Verbrecherprofi. Das »fertigmachen« des 16jährigen Martin nennt er: »... in Ruhe die Sache bereden«. Dabei fordert er Martin auf: »Red doch keinen Scheiß, Baby« und verhöhnt ihn: »Ich wette, du stehst auf Weiber mit großem Busen«. Außerdem verletzt er Martin, der nachts seiner schwerkranken Mutter zu Hilfe eilt, zutiefst mit den Worten, »Oder hat deine Mama etwa keinen großen Busen gehabt?«.

18. Beiden BRAVO-Beiträgen ist gemeinsam, daß die aggressiven männlichen Jugendlichen von ihren Opfern gereizt wurden; von Eva bewußt, von Martin ungewollt. Mit dieser Fallgestaltung kommt BRAVO der Mehrheit seiner

jugendlichen Leser entgegen.[51] Denn über 50% der männlichen und fast 40% der weiblichen BRAVO-Leser reagieren nach den eigenen Erhebungen von BRAVO[52] aggressiv, wenn sie gereizt werden. Damit setzt BRAVO seine schon in der Indizierungsentscheidung Nr. 2384 im Jahre 1972 von der Bundesprüfstelle gerügte Tendenz fort, Beiträge zu veröffentlichen, in denen Modelle für negative bis strafbare Verhaltensweisen Jugendlicher dargestellt werden. In den Februar-Heften 6 und 7 von 1972 waren es Beiträge, in denen Schulversagen, Schulflucht, Warenhausdiebstahl, Hehlerei und Drogenmißbrauch geschildert, verherrlicht oder verharmlost wurden; Verhaltensweisen, die damals begannen in der Jugendszene modern zu werden. Diesmal sind es Verhaltensweisen, in denen körperliche Angriffe von Jugendlichen untereinander mit Modellcharakter dargestellt werden, so wie sie heute allenthalben zu beklagen sind, so daß sich schon Landtage der Bundesländer wiederholt mit dieser Problematik befassen mußten. Dieses Verhalten von BRAVO wiegt umso schwerer, als Dr. Goldstein, der unter den Pseudonymen Dr. Korff und Dr. Sommer ständiger Mitarbeiter von BRAVO ist, behauptet[53] »BRAVO versteht von (Sexual-)Erziehung mehr als fast alle Eltern und Lehrer«. Hinzu kommt, daß der BRAVO-Chefredakteur Bedeutung und Tragweite der Indizierung der BRAVO-Hefte 6 und 7/72 nicht richtig beurteilt und nicht richtig darstellt.

19. Auf der Jahrestagung 1977 des Verbandes der Zeitschriftenverleger führte der Chefredakteur von BRAVO zum Vorwurf der Jugendgefährdung aus:[54]

---

51 Ebenso »Der Spiegel« Nr. 2 vom 9. 1. 1968 S. 134.
52 BRAVO 49/77 S. 4, vgl. oben Rnr. 13.
53 BRAVO Heft 50/76 S. 54, vgl. oben Rnr. 6.
54 ZV + ZV 44/45 1977, S. 1904 ff.

»Aber wie wenig Fachleute Einfluß nehmen können, wenn es beispielsweise darum geht, einen Indizierungsantrag gegen »Bravo« zu beurteilen, wie er im Februar 1972 vom zuständigen Ministerium in Bayern auf Vorschlag einer Lehrervereinigung gestellt wurde, zeigt das anhängig gewordene Verfahren.
Wegen sozial-ethischer Verwirrung (Bagatellisierung der Onanie und homophilen Entwicklungsphase, Setzung falscher Leitbilder) wurden die beiden Hefte Nr. 6 und 7/72 auf die Liste der jugendgefährdenden Schriften gesetzt.
Obwohl dieses Verfahren fünf Jahre alt ist und inzwischen eine andere Chefredaktion verantwortlich zeichnet, fehlt bei keinem der einseitigen Angriffe, die gegen »Bravo« immer noch gestartet werden, der Hinweis auf den jugendgefährdenden Charakter dieser Zeitschrift. Dies vor allem dank der fleißigen, auf Eigenwerbung bedachten Hinweise der Bundesprüfstelle, die die Indizierung von 1972 als eine ganz besondere Glanzleistung ansah und noch heute ansieht, obgleich nicht der geringste Anlaß hierzu besteht. So wies z. B. »Bravo« der Bundesprüfstelle nach, daß der überwiegende Teil der gegen das Blatt angeführten Zitate aus wissenschaftlichen Äußerungen entweder aus dem Zusammenhang gerissen oder falsch wiedergegeben wurde. Trotzdem können sich die »Bravo«-Gegner unbeschadet darauf beziehen. Zum Beispiel in der Fernsehsendung »Kontrovers« des ZDF vom 28. Oktober 1976 erlaubte man sich, aufgrund dieser Indizierung vor fünf Jahren die heutige Zeitschrift als »Porno-Blatt« hinzustellen.«

Ergänzend hätte der Chefredakteur korrekterweise hinzufügen müssen: Für die BRAVO-Hefte 6 und 7/72 zeichnete er als stellvertretender Chefredakteur mitverantwortlich.[55] Die Klage des Verlages gegen die Indizierungsentscheidung der Bundesprüfstelle ist vom Verwaltungsgericht Köln mit Urteil vom 4. Juli 1974 abgewiesen worden.[56] Die Beru-

---

55 Impressum BRAVO-Heft 6/72, S. 24 und Heft 7/72, S. 43.
56 Verwaltungsgericht Köln, Urteil vom 4. Juli 1974 – 1 (8) 1990/72.

fung gegen dieses Urteil hat der Verlag mit Schreiben seines Rechtsanwalts vom 6. 6. 1975 zurückgenommen.[57]
Das Verwaltungsgericht Köln führt zur Begründung seines die Klage abweisenden Urteils u. a. aus:

> »... Die Bundesprüfstelle ist bei ihrer Entscheidung auch von den richtigen Wertmaßstäben ausgegangen. Insoweit ist die Kammer in Übereinstimmung mit der Bundesprüfstelle der Auffassung, daß Abkehr von der Realität, Minderwertigkeitsgefühle, das Fehlen von Leistungsmotivation und Leistungsidentität, Schulversagen und Schulflucht, Desintegration der Sexualität aus der gesamtmenschlichen Persönlichkeit, Flucht in Drogen und Alkoholgenuß, die Nichtberücksichtigung sozialer Belange wie gegenseitige Rücksichtnahme und das Fehlen der Fähigkeit zum Verzicht sowie Erlernen von Frustrationstoleranz im Widerspruch zu dem von der Gesellschaft als erstrebenswert angesehenen Verhaltensweisen bzw. Eigenschaften stehen, und damit sozialschädlich sind. Entgegen der Meinung des Klägers wird keine dieser Verhaltensweisen bzw. Eigenschaften von der heutigen Gesellschaft toleriert im Sinne einer Bewertung als einer jedenfalls nicht negativen Eigenschaft bzw. Verhaltensweise...
> Angesichts dieser Ausführungen der Gutachter kann die Beurteilung der Bundesprüfstelle, die beanstandeten Beiträge in den BRAVO-Heften seien geeignet, Kinder und Jugendliche zu gefährden, nicht als unvertretbar bezeichnet werden. Es ist nämlich nach dem gegenwärtigen Stand der Wissenschaft nicht ausgeschlossen, daß die von der Bundesprüfstelle beanstandeten Beiträge in den BRAVO-Heften sich in dem von der Bundesprüfstelle ausgeführten Sinn auf die Entwicklung von Kindern und Jugendlichen auswirken, und damit zu einer sozialethischen Begriffsverwirrung führen. Insoweit kommt es auf die Richtigkeit einzelner, von der Bundesprüfstelle verwendeter Zitate nicht an. Die Eignung der Beiträge

---

57 Einstellungsbeschluß des Oberverwaltungsgerichts Münster vom 13. Juni 1975 – XII A 1368/74.

zur Jugendgefährdung muß nicht wissenschaftlich unanfechtbar bewiesen sein ...«

Die Monatsschrift BRAVO-Poster Nr. 12/75, für die der BRAVO-Chefredakteur ebenfalls verantwortlich zeichnete, wurde mit Entscheidung Nr. 1159 (V) vom 29. 4. 1976 wegen verrohend wirkender Beiträge indiziert.

20. Für die verrohende und damit sozialethisch desorientierte Wirkung insbesondere der Bildergeschichte, sprechen außer den schon genannten noch folgende Gründe:
Nach lerntheoretischen Erkenntnissen kommt dem »Lernen am Modell« große Bedeutung zu. Modelle oder Vorbilder für Verhaltensweisen liefern nicht nur Menschen im Alltag, sondern auch Darstellungen von Personen in Filmen, Büchern, Illustrierten und Zeitungen. Nahezu alle Untersuchungen zum Lernen am Modell unterstreichen, daß durch Beobachten relativ leicht gelernt wird, so daß die generalisierende Annahme, auch gedruckte Texte und Bilder setzten Lernprozesse in Gang, die zur Zeit beste Hypothese ist.[58] Dabei sind Illustrationen keineswegs mehr nur veranschaulichendes Beiwerk zum Text; es ist beinahe umgekehrt; sie sind zur eigentlichen Nachricht geworden, die der Text höchstens ergänzt. Das Bild bietet dem Jugendlichen die Faszination des Konkreten, das eher als Worte geglaubt wird. Was fotografiert ist, das ist vorhanden, lautet die landläufige Überzeugung, der es entgeht, daß mit Inszenierungen und Bildern ebenso, wenn nicht intensiver, gelogen werden kann als mit Worten. Zudem entlastet das Bild von der Stringenz des Diskursiven, das der Sprache eigen ist; es gibt Raum für Assoziationen und erlaubt, mit Hilfe des optischen Stimulus freie Vorstellungs-

---

58 *Herbert Selg:* Über massenmediale Gewaltdarstellungen, a.a.O.

bilder zu entwickeln.[59] Relativ leicht wird durch Bilder erreicht, daß der Rezipient aufgrund vorprogrammierter Reiz-Reaktionsbeziehungen weitgehend automatisch auf emotionale Reize reagiert, d. h. ohne diese gedanklich zu verarbeiten und ohne sich seiner Entscheidungssituation bewußt zu sein.[60]

Nach neuer wissenschaftlicher Erkenntnis können beim Menschen Verhaltensänderungen erfolgen, ohne daß die Einstellung vorher geändert worden ist. Nach Krugmann/Koeppler[61] gilt dies vor allem für die Angehörigen der jüngeren Generation. Sie sind nicht an die starre Reihenfolge der Phasen der Entschlußbildung der Einstellungs-Modelle gebunden. Nicht überschätzt werden darf in diesem Zusammenhang die Fähigkeit junger Menschen, sich von dem im Bild Erlebten zu distanzieren. Im Gegenteil birgt gerade das nur bildhafte Erleben die Gefahr in sich, daß die Wirklichkeit am Bild gemessen und der Unterschied von Spiel und Ernst in gefährlicher Weise verwischt wird.[62]

21. Den unter dem Reihentitel »Foto-Love-Story« veröffentlichten Beiträgen kommt für die Übermittlung und Verstärkung von Einstellungen und Verhaltensweisen Ju-

---

[59] *Dieter Baacke:* Der traurige Schein des Glücks in: *Hermann K. Ehmer* (Hrsg.): Visuelle Kommunikation, Köln 1971, S. 213 ff., 224; *Ernesto Grossi* spricht von der »Macht des Bildes und der Ohnmacht der rationalen Sprache«.
[60] *Kroeber-Riel:* Konsumentenverhalten, München 1975, S. 394, 395.
[61] *Krugmann/Koeppler:* Gedächtnis ohne Erinnerung. Sehen ohne Wahrnehmung? in: Vierteljahreshefte für Mediaplanung, herausgegeben von *Dr. Ernst Braunschweig,* Morsum 1977, S. 19 ff.
[62] Hierauf hat das Ministerium für Arbeit, Gesundheit und Sozialordnung des Landes Baden-Württemberg in einer Beantwortung vom 4. 10. 77 zum Thema Gewaltdarstellung in Rundfunk und Fernsehen besonders hingewiesen (Drucksache Nr. 4628/77, zitiert nach ajs informationen 1/78, S. 15).

gendlicher besondere Bedeutung zu, wie schon folgende Beispiele erkennen lassen:
Björn Odijk erhielt rd. 700 Liebesbriefe, Heiratsanträge und Bettangebote, nachdem BRAVO 1973 in der Serie »Foto-Love-Story« geschildert hatte, was er angeblich erlebte, als er in den Orient trampte.[63]
Die Bundeszentrale für gesundheitliche Aufklärung, Bundesoberbehörde im Geschäftsbereich des Bundesministeriums für Jugend, Familie und Gesundheit, mit Sitz in Köln, veröffentlichte 1973 in BRAVO in Zusammenarbeit mit der BRAVO-Redaktion eine Aufklärung in Bildern zum Thema Empfängnisverhütung. Lt. Vorwort ist »die Aufklärung in Bildern für junge Leute, die schon die Reife für geschlechtliche Liebesbeziehungen haben. Aber auch die Jüngeren sollen rechtzeitig wissen, wie verantwortliche Partnerschaft aussieht und daß man darüber spricht«.[64]
Diese Bildergeschichte wird von der Bundeszentrale noch heute unter dem Titel »Muß-Ehen muß es nicht geben« als Broschüre in 2. Auflage verteilt.[65] Spätestens seit Veröffentlichung dieser Bildergeschichte in Zusammenarbeit mit der Bundesbehörde sollte BRAVO in besonderem

63 'ran Nr. 10 vom 1. 10. 1974, S. 16/17, zitiert nach 'ran Buch 1, 2. Auflg. 1977 S. 114 ff.
64 BRAVO 45/73, S. 28 »Gespräche vor dem ersten Mal«. – 46/73, S. 42 »Liebe ohne Folgen«. – 47/73, S. 41 »Liebe ohne Angst«. – 48/73, S. 56 »Die sachliche Seite der sexuellen Liebe«. – 49/73, S. 36 »Liebe im Auto«. Erstmals auf dem Titelblatt als Foto-Love-Story angekündigt. – 50/73, S. 41 »Aus Liebe zum Frauenarzt«. – 51/77, S. 33 »Liebe mit der Pille«. – 52/77, S. 50 »Ich passe schon auf...«. – 1/74, S. 34 »Das ist nichts für junge Mädchen«.
65 »Muß-Ehen muß es nicht geben« – Informationen über Empfängnisverhütung für junge Paare in Bildern – Ausschnitte aus einer BRAVO-Serie, die in Zusammenarbeit mit der Bundeszentrale für gesundheitliche Aufklärung erstellt wurde. 1. Auflg. ohne Jahresangabe, 2. Auflg. herausgegeben von der Bundeszentrale für gesundheitliche Aufklärung, Köln, in Zusammenarbeit mit BRAVO. Stand August 1976, Bearbeitung: *McCann*, Köln, Druck: J. P. Bachem KG.

Maße darauf Rücksicht nehmen, daß diese Serien von den jungen Lesern, die nach den Angaben der Jugendmedienanalyse den Großteil der Leserschaft von BRAVO ausmachen,66 bevorzugt als Modellangebot für eigenes Verhalten rezipiert wird. Deshalb sollte die BRAVO-Redaktion gerade diese Serie besonders sorgfältig auch im Hinblick auf § 1 GjS redigieren. Dabei wird die BRAVO-Redaktion besonders darauf zu achten haben, daß sie nicht Fehlhaltungen bei Jugendlichen fixiert oder fördert, die bei ihnen durch Nichterlernen von Frustrationstoleranz, Triebaufschub und Triebverzicht entstanden sind. Denn diese Jugendlichen befinden sich infolge von Erziehungs- und Sozialisationsdefekten in einer latenten Verwahrlosungsdisposition mit Riesenansprüchen, die leicht in asoziales bis kriminelles Verhalten übergehen, wenn ihre Wünsche nicht befriedigt werden.67

Die Redaktion wird sich fragen müssen, ob sie in BRAVO nicht, wie auch in diesen Beiträgen, infolge einer mißverstandenen Psychoanalyse die – zwar gern gehörte, aber dennoch falsche – Meinung verstärkt, eine uneingeschränkte Triebtoleranz gewährleiste am ehesten eine gesunde Entwicklung des Individuums. Sie wird demgegenüber beachten müssen, daß schon Freud selbst nie Zweifel daran gelassen hat, daß eine gesunde und normale Entwicklung

---

66 Vgl. oben, Rnr. 5.
67 *Eugen Wiesnet* und *Balthasar Gareis:* Schuld und Gewissen bei jugendlichen Rechtsbrechern, Düsseldorf 1976, S. 87 u. 73 ff.; *Günther Kaiser:* Jugendkriminalität, Weinheim u. Basel 1977, S. 216 ff. – Derselbe: Erscheinungsformen und Motivationen der Straffälligkeit bei Jugendlichen in: *Ruprecht Kurzrock* (Hrsg.) Kriminalität, Berlin 1976, S. 46 ff.; *Friedrich Geerds:* Ursachen und Erscheinungsformen der Gewaltkriminalität in: *Ruprecht Kurzrock* a.a.O., S. 57 (63–65); *Joachim Hellmer:* Jugendkriminalität, Neuwied, Berlin, ³1975, S. 62 ff. *Walter Bärsch:* Beten wir die Gewalt der Bedürfnisse an? in: *Walter Kerber* (Hrsg.) Wohlstandskriminalität – Die neue Herausforderung, Zürich 1976, S. 45 ff.

des Individuums in unserer Kultur ohne erzieherische Versagungen und Ausbildung zweckmäßiger Abwehrfunktionen des Ich ganz undenkbar sei. Selbst W. Reich hat festgestellt, daß Erziehung ohne Triebversagen nur zu ungehemmter Triebhaftigkeit und Asozialität führen könne. »Nichts destoweniger hat sich, so widersinnig dies auch erscheint, in den letzten 30 Jahren unter Berufung auf die Psychoanalyse eine Bewegung verbreitet, die als Erziehungsideal«, wie R. Spitz formuliert, »eine eigenartige, unvernünftige Haltung der blinden Gewährung, eine angstvolle blinde Vermeidung aller Versagungen und jeder Disziplin vertritt«. Spitz formuliert weiter, »es ist klar, daß Versagungen eine wichtige, eine notwendige, eine entscheidende Rolle in dem Anpassungsvorgang spielen, den das Kind vollziehen muß, um sich der menschlichen Gesellschaft einzuordnen«.

Liebende Annahme, d. h. eine positive emotionale Beziehung, sind für das Wirksamwerden pädagogischer Bemühungen unerläßlich. Aber ebenso klar ist, daß für die kindliche Normalentwicklung der frühzeitige Erwerb des Nein eine nicht zu unterschätzende Rolle spielt. Jacobson spricht von dem konstruktiven Einfluß von Frustrationserfahrungen auf die Entdeckung und Unterscheidung zwischen Selbst und Liebesobjekt. Vom 2. Lebensjahr an muß das Kind altersgemäße Frustrationen von seiner Umgebung, vor allem von der Mutter, erhalten. Durch diese notwendigen Versagungen wird das kindliche Ich in seinen Fähigkeiten gestärkt, auf unmittelbare Bedürfnisbefriedigungen zu verzichten und nach und nach die Einschränkungen zu ertragen, die mit einer adäquaten Anpassung an die soziale Realität verbunden sind. Rene Spitz sagt dazu: »Die Erwerbung des Nein gibt den Anstoß zu einer ausgedehnten Ich-Entwicklung, in deren Rahmen die Vorherrschaft des Realitätsprinzips über das Lustprinzip immer ausgeprägter wird. Werden dem Kind die altersgemäßen

Versagungen nicht geboten, bleibt es seinen triebhaften Impulsen hilflos ausgeliefert, ohne daß diese in traumatischer Weise von außen unmittelbar geschürt werden.[68]
Die Redaktion sollte verstärkt darauf achten, daß sie dieses Ausgeliefertsein junger Menschen an ihre Impulse mit BRAVO nicht unter Verstoß gegen das GjS ausnutzt und verstärkt, sondern an der Korrektur von Fehlentwicklungen mitwirkt, indem sie bei ihren jugendlichen Lesern Nachreifungsprozesse in Gang setzt. Dabei gilt es zu reflektieren, was Gerhard Szczesny, der als Gründer und langjähriger Vorsitzender der Humanistischen Union in der Bundesrepublik Deutschland Beiträge zur Liberalisierung unserer Rechtsordnung geleistet und 1974 geschrieben hat:

> »Ohne den Willen zum Werten, ohne die Kraft zur Entscheidung und ohne den Mut zur Unterdrückung spontaner Wünsche gibt es keine Humanisierung, weder des einzelnen noch der Gesellschaft.[69]

Zur Durchsetzung unserer höheren Bedürfnisse und zur humanisierenden Überformung aller unserer Bedürfnisse überhaupt, bedarf es nicht nur der Erkenntnis und Anerkenntnis einer Wertordnung, sondern auch der Anspannung des Willens, sie durchzusetzen. Wille läßt sich als Fähigkeit definieren, das was man für richtig und wünschenswert hält, auch zu vollziehen.[70]
Ich halte die Enttabuisierung der sexuellen Sphäre für ein fälliges und die menschliche Existenz bereicherndes Ereignis. Nur zeigt der Versuch, auch in diesem elementaren Bereich Autonomie zu verwirklichen, daß die einfache Freisetzung

---

68 Zitiert nach: *Eberhard Rieth:* Direktor der Fachkliniken Ringenhof und Höchsten: Aspekte zum Alkoholmißbrauch Jugendlicher in: Informationen – Mitteilungsblatt der Aktion Jugendschutz, Landesarbeitsstelle Baden-Württemberg Nr. 3/75, S. 1.
69 *Gerhard Szczesny:* Die Disziplinierung der Demokratie oder die vierte Stufe der Freiheit, Reinbek b. Hamburg 1974, S. 140.
70 Ebenda, S. 111.

eines Triebes die Tendenz hat, unfrei, das heißt, abhängig von eben dem Trieb zu machen, dem man nun unbefangen zu folgen entschlossen ist.[71]
Wenn man die Bedürfnisse des Menschen einfach sich selbst überläßt, also das tut, was von der Neuzeit als Aufklärung und Fortschritt vollzogen wurde, setzen sich die elementaren Impulse durch. Eine Gesellschaft, die auf die Selbstregulation der Bedürfnisse vertraut, wird notwendigerweise eine Gesellschaft, in der die sozial und ökonomisch Geschicktesten, die Unterhaltungsindustrie und die Pornowelle herrschen.«[72]

Die Redaktion sollte außerdem prüfen, ob sie nicht dann schon das GjS verletzt, wenn sie in BRAVO Kinospielfilme vorstellt und empfiehlt, die von den obersten Jugendbehörden für Kinder und Jugendliche nicht freigegeben worden sind (§ 6 JÖSchG, § 21 GjS).

22. Der Behauptung des Verlages, die Foto-Love-Story – Feiger Überfall im Wald – sei versehentlich während des Urlaubs des Chefredakteurs ins Heft gekommen, vermochte das 12er-Gremium nicht folgen. Dagegen spricht schon, daß das Grundmuster der Bildergeschichte, nämlich Solidarisierung aggressiver Jugendlicher bei gruppenweise begangenen asozialen bis strafbaren Handlungen gegenüber einem einzelnen in dem Roman im gleichen Heft wiederkehrt.
Daß die negativ wertende Überschrift der Foto-Story gegenüber der Suggestivität der bildnerischen Darstellung unerheblich ist und den Aufforderungscharakter der Geschichte nicht abschwächt, hat bereits der Antragsteller zutreffend dargelegt. Dies muß umso mehr gelten, als

---

71 Ebenda, S. 112.
72 Ebenda, S. 55.

der Titel »Feiger Überfall« schon stark relativiert wird durch den Serientitel »Foto-Love-Story – Packende Bildergeschichte. Heiße Bienen auf Maschinen«,

King »den feigen Überfall« als »hübsches Spielchen« bezeichnet und dieser Sprechblasentext genau in der Höhe der Überschrift »Feiger Überfall« auf der gegenüberliegenden Seite steht,

negative Zusätze keine oder jedenfalls kaum Wirkung haben, wie sich schon daraus ergibt, daß der Drogenkonsum unter Jugendlichen nicht nachläßt, obwohl die Hinweise auf die gesundheitsschädliche Wirkung des Drogenkonsums immer zahlreicher werden.[73]

Schließlich ist auch der Jugendforschung bekannt, daß Jugendliche sich auch mit Negativ-Fremdbildern so sehr identifizieren können, daß sie sie schließlich zu ihrem Selbstbild machen.[74]

23. Ausnahmetatbestände nach § 1 Abs. 2 GjS, die auch bei Bejahung der Jugendgefährdung eine Indizierung verhindert hätten, wurden vom Verlag nicht geltend gemacht. Sie lagen auch offensichtlich nicht vor.

24. Von der Listeneintragung konnte auch nicht nach § 2 GjS abgesehen werden. Ein Fall geringer Bedeutung konnte das Gremium nicht annehmen. Dem standen entgegen: Die hohe Auflage und die weite Verbreitung der Zeitschrift BRAVO, die Schwere der von diesem Heft ausgehenden Jugendgefährdung und § 7 GjS. Nach dieser

---

[73] Vgl. *Eugen Wiesnet* und *Balthasar Gareis:* Schuld und Gewissen bei jugendlichen Rechtsbrechern, Düsseldorf 1976, S. 74.
[74] *Bursten/Hurrelmann:* Abweichendes Verhalten – eine Untersuchung zu Prozessen der Stigmatisierung, 3. Auflg. 1977. Schulsozialarbeit, Band 2 der Schriften zur Sozialarbeit hrsg. vom Vorstand der Bundesarbeitsgemeinschaft Jugendaufbauwerk, Bonn, o. J. (1977) S. 31 ff.

Bestimmung kann die Bundesprüfstelle eine periodische Druckschrift – ausgenommen Tageszeitungen und politische Zeitschriften – auf die Dauer von 3 bis 12 Monaten im voraus in die Liste aufnehmen. Voraussetzung ist, daß innerhalb von 12 Monaten mehr als 2 ihrer Nummern in die Liste aufgenommen worden sind.

Rechtsbehelfsbelehrung ...

Der Verlag hat kein Rechtsmittel gegen die Entscheidung eingelegt.

Stefen

**Nichtindizierung der Jugendzeitschrift BRAVO
(Ausgabe 49/77)
Entscheidung Nr. 2691 vom 13. 4. 1978**

Bundesprüfstelle
In dem Prüfverfahren

des
Ministeriums für Arbeit, Gesundheit und Sozialordnung
Baden-Württemberg
– Antragsteller –

gegen

den
Heinrich Bauer Fachzeitschriften-Verlag KG
Augustenstr. 10, 8000 München 2
– Antragsgegner –

Bevollmächtigter:
Dr. *Wolfdieter Kuner*
– Rechtsanwalt –
Tengstr. 45, 8000 München 40

wegen Indizierung der Zeitschrift
»BRAVO« Nr. 49, vom 24. Nov. 1977

hat die Bundesprüfstelle auf die mündliche Verhandlung vom 13. April 1978 in ihrer 245. Sitzung in der Besetzung mit:
Vorsitzender:
Ltd. Regierungsdirektor *R. Stefen*

Gruppenvertreter:
Prof. *Konrad Jentzsch* (Kunst)
Georg Hermanowski (Literatur)
Dr. *Hans Mehlhorn* (Buchhandel)
Frau *Hildegard Grosche* (Verleger)
Frau *Angela Braasch-Eggert* (Jugendverbände)
Kreisrat *van Geldern* (Jugendwohlfahrt)
OStudDir. *Günther Roland* (Lehrerschaft)
Prälat Dir. Dr. *Franz Hermann* (Kirchen)

Länderbeisitzer:
Prof. Dr. *Franz Fippinger* (Rheinland-Pfalz)
Richter *Manfred Neusius* (Saarland)

entschieden:
Der Antrag, die Zeitschrift
»BRAVO« Nr. 49 vom 24. Nov. 1977
zu indizieren,

wird abgelehnt.

Sachverhalt

1. Der Antragsgegner gibt seit 1968 die seit 1956 wöchentlich erscheinende Jugendzeitschrift BRAVO heraus. Er hat sie gegen heftigen Widerstand der Konkurrenz und Kritik aus vielen Bereichen zu der auflagenstärksten Jugendzeitschrift in der Bundesrepublik gemacht. Verkauft wurden 1957 wöchentlich 214 277 Exemplare, 1977 wöchentlich 1 404 059; davon 227 146 Exemplare auf Grund fester Abonnements. Außerdem wurden wöchentlich 11 764 unberechnete Freistücke von BRAVO abgegeben. In Lesezirkeln wird BRAVO nicht geführt.

2. BRAVO war bisher dreimal Gegenstand von Prüfverfahren vor der Bundesprüfstelle. 1959 wurde ein Antrag auf Indizierung abgelehnt.[1] Die Ausgaben 6 und 7/1972 sowie die Ausgabe 46/77 wurden jeweils auf Antrag des Bayerischen Staatsministeriums für Arbeit und Sozialordnung indiziert.[2]

3. Der Antragsteller hält die Ausgabe 49/77 für jugendgefährdend. Zur Begründung führt er u. a. aus, das Weltbild von BRAVO sei eng, das Menschenbild primitiv. Emotionen würden gefördert, deren Äußerungen ekstatischer, sentimentaler oder auch brutaler Art sein können. Sexuelle Aufklärung werde geboten, die viele Jugendliche mit Problemen belaste, und sie in einschlägige Verhaltensklischees zwänge. Ekstase und sexuelle Libertinage und Trostlosigkeit würden bei den Lesern gefördert. Im einzelnen hält er für jugendgefährdend: Berichte über die Rockmusik und den damit verbundenen Starkult. Die Weihnachtsverlosung von »echten Rollers-Klamotten«, Briefe aus der Spalte »Treffpunkt«, die Foto-Love-Story, den Aufklärungsbeitrag von Dr. *Korff* sowie den Beitrag »Verhaftet wegen Vergewaltigung« auf Seite 44. Außerdem den Fortsetzungsroman auf Seite 46, wegen der darin enthaltenen Schilderung von Fesselungsszenen.

4. Der Antragsgegner beantragt Abweisung des Indizierungsantrages; hilfsweise Einholung eines Sachverständigengutachtens zur Frage der Jugendgefährdung durch diese BRAVO-Ausgabe. Der Bevollmächtigte des Antragsgegners begründete in der mündlichen Verhandlung seine Anträge im wesentlichen wie folgt:

---

1 Entscheidung Nr. 632 vom 12. 6. 1959.
2 Entscheidungen Nr. 2384 vom 6. 10. 1972, **Bundesanzeiger** Nr. 194 vom 12. 10. 1972 und Entscheidung Nr. 2672 vom 12. 1. 1977, Bundesanzeiger Nr. 11 vom 17. Januar 1978.

Der Antrag orientiere sich nicht an den Tatbestandsmerkmalen des GjS, sondern sei getragen von einem pädagogischen Unbehagen, das, aus vielen Quellen gespeist, gegen die Zeitschrift BRAVO hier seinen Niederschlag fände. Letztlich stehe dahinter der Neid, daß es den pädagogisch Interessierten nicht gelungen sei, eine Zeitschrift nach ihrem Geschmack mit einer so hohen Auflage auf den Markt zu bringen und zu halten. Darüber ließe sich zwar trefflich streiten, jedoch seien keine Kriterien daraus abzuleiten, die für die Frage der Indizierung oder Nichtindizierung maßgebend seien.

Der Antragsgegner habe wie alle anderen Verlage ein Recht darauf, daß Indizierungsanträge an den gesetzlichen Tatbeständen des GjS orientiert wären und nicht als Ersatz für Medienpolitik oder pädagogische Ziele von Antragstellern dienten.

5. Wegen der weiteren Einzelheiten des Sach- und Streitstandes wird auf den Inhalt der Prüfakte und des Heftes BRAVO 49/77, die Gegenstand der Verhandlung waren, Bezug genommen.

Gründe

6. Dem Indizierungsantrag konnte nicht entsprochen werden. Die Auffassung, BRAVO Heft 49/77 sei jugendgefährdend im Sinne des GjS erreichte nicht die für eine Indizierung erforderliche Mehrheit der Stimmen der Mitglieder des Entscheidungsgremiums.

7. Die Bundesprüfstelle kann auf Antrag Schriften durch Listeneintragung (Indizierung) und Bekanntmachung der-

selben im Bundesanzeiger den in §§ 3–5 GjS genannten Vertriebs-, Werbe- und Weitergabebeschränkungen unterwerfen. Den Schriften stehen gleich: Ton- und Bildträger, Abbildungen und andere Darstellungen (§ 1 Abs. 3 GjS). Periodische Druckschriften (ausgenommen Tageszeitungen und politische Zeitschriften) kann die Bundesprüfstelle im voraus auf die Dauer von 3 bis 12 Monaten in die Liste aufnehmen, wenn innerhalb von einem Jahr mehr als zwei ihrer Nummern in die Liste aufgenommen worden sind (§ 7 GjS).

Gegenstand des Prüf- und Entscheidungsprozesses der BPS ist die gesamte zur Indizierung vorgelegte Schrift, unabhängig davon, welche Inhalte der Antragsteller für jugendgefährdend hält. Bei periodischen Druckschriften kann die BPS sich nur mit dem Inhalt des oder der vorgelegten Hefte befassen, sofern nicht gleichzeitig über die Vorausindizierung der Druckschrift gem. § 7 GjS zu entscheiden ist.

Die Entscheidung trifft ein 12er Gremium, deren Mitglieder nicht an Weisungen gebunden sind (§§ 9 und 10 GjS). Es besteht aus dem Vorsitzenden, drei turnusmäßig wechselnden Länderbeisitzern und 8 Gruppenbeisitzern. Die Gruppenbeisitzer sind *auf Vorschlag der genannten Gruppen* vom Bundesministerium für Jugend, Familie und Gesundheit den Kreisen der Kunst, der Literatur, des Buchhandels, der Verlegerschaft, der Jugendverbände, der Jugendwohlfahrt, der Lehrerschaft und der Kirchen entnommen. Die Vertreter der evangelischen, jüdischen und katholischen Glaubensgemeinschaften nehmen in turnusmäßigem Wechsel an den Sitzungen teil.

Voraussetzung für die Indizierung ist, daß die qualifizierte Mehrheit des 12er Gremiums (8 Stimmen bei Anwesenheit von 12 oder 11, 7 Stimmen bei Anwesenheit von 10 oder 9 Mitgliedern; bei Anwesenheit von weniger als 9 Mitgliedern ist das Gremium nicht beschlußfähig) nach einem gerichtsähnlichen Verfahren und mündlicher Verhandlung

der Auffassung ist, die Schrift sei geeignet, Kinder und Jugendliche sozialethisch zu desorientieren, wie das Tatbestandsmerkmal »sittlich zu gefährden« in § 1 Abs. 1 Satz 1 GjS auszulegen ist.
Bei dieser Entscheidung handelt es sich nicht lediglich um die Feststellung von Tatsachen und deren Subsumtion unter das GjS. Die Entscheidung über die Eignung zur Jugendgefährdung enthält vielmehr ein vorausschauendes und zugleich richtungweisendes zeitgebundenes Urteil mit erheblichem Einschlag wertender Elemente, für die es nicht nur eine einzige richtige Entscheidung, sondern eine »Bandbreite der Entscheidungsmöglichkeiten« gibt. Deshalb haben Lehre und Rechtsprechung der Bundesprüfstelle als gruppen- und funktionsspezifisch zusammengesetztes, sachverständiges Gremium für diese Entscheidung einen Beurteilungsspielraum eingeräumt.[3]

8. Die Behauptung, die Zeitschrift diene vor allem der Unterhaltung und Zerstreuung, deshalb sei das Weltbild von BRAVO eng, und das Menschenbild primitiv, ist in dieser Allgemeinheit nicht geeignet, die Jugendgefährdung im Sinne des GjS darzutun. Sie läßt sich auch auf Grund einer Inhaltsprüfung des verfahrensgegenständlichen Heftes von BRAVO nicht aufrechterhalten.
Alfred Clemens Baumgärtner wies schon 1967 darauf hin,[4] daß zu den Aufgaben der Kinder- und Jugendzeitschriften auch Unterhaltung und Zerstreuung gehörten, und daß es nicht allein weltfremd, sondern geradezu unmenschlich sei, Kindern und Jugendlichen das Recht abzusprechen, solche

---

3 BVerwGE 39, 197; *Konrad Redeker* DÖV 1971, 757 ff.
4 *Alfred Clemens Baumgärtner:* Die Kinder- und Jugendzeitschrift – Erscheinungsformen – Beurteilungsmöglichkeiten – pädagogische Aspekte. In: Der Schweizer Buchhandel, Heft 17 vom 1. September 1967.

Zeitschriften zu lesen. Wörtlich schreibt *Baumgärtner* a.a.O.:

»Zur Hauptaufgabe der Kinder- und Jugendzeitschrift, der Information, kommen ergänzend die der Unterhaltung und Zerstreuung. Es scheint nötig, das einmal deutlich auszusprechen, obwohl natürlich leicht abzuschätzen ist, welches Echo diese Feststellung haben wird. Es ist einfach ungereimt, vom jungen Menschen nichts als Ernst, Leistung und Konzentration zu verlangen, wo wir Erwachsenen nicht daran denken, diese Forderung auch an uns selbst zu richten. Auch das Kind und der Jugendliche haben ein ganz elementares Recht auf Unterhaltung in leeren Stunden und auf Zerstreuung in trüben (Stunden). Das Verdammungsurteil über Fortsetzungsgeschichte, Bastelecke und Witzseite ist – so gesehen – nicht allein weltfremd, sondern geradezu unmenschlich.«

Wie richtig *Baumgärtner* 1967 diese Funktion von Jugendzeitschriften eingeschätzt hat, hat 1977 *Dieter Kirsch* nachgewiesen. In seiner, von dem ehemaligen Beisitzer der BPS, Prof. *Klaus Doderer* vom Institut für Jugendbuchforschung der Frankfurter Universität betreuten Dissertation, kommt *Kirsch* u. a. zu folgenden Ergebnissen:[5] Das Bedürfnis nach Entspannung und Unterhaltung ist nach wie vor der Hauptgrund der Jugendlichen dafür, daß sie trotz nicht geringem Fernsehkonsum Jugendzeitschriften lesen, die diesem Bedürfnis Rechnung tragen. »Die Lektüre, die die Eltern früher beeindruckend fanden, ist weit von dem entfernt, was heute von ihren Kindern gelesen wird«, schreibt *Kirsch* wörtlich.[6]

---

5 *Dieter Kirsch*. In: Literaturbarrieren bei jugendlichen Lesern. Veröffentlichung in Vorbereitung.
6 Vgl. dazu auch *Klaus F. Geiger* und *Broder-Heinrich Christiansen*: Lesen in der Freizeit – Ergebnisse einer Schülerbefragung im Landkreis Rothenburg. In: Rothenburger Schriften, hrsg. vom Heimatbund Rothenburg-Wümme, 1977, Heft 46 S. 64 ff. und Heft 47 S. 7 ff.

Dabei kann hier dahingestellt bleiben, ob es sich dabei um eine problematische und vielbeklagte Flucht dieser Jugendlichen aus der Realität handelt, oder ob sie diese Zerstreuung brauchen um die Strapazen (Streß oder auch Unterforderung) im Schul- und Berufsalltagsleben besser bestehen zu können.[7]

Wenn BRAVO zur Unterhaltung vor allem Themen aus dem Musikbereich anbietet, wie andere Jugendzeitschriften auch,[8] stellt dies ebenso wenig einen Verstoß gegen das GjS dar, wie die Themenbegrenzung z. B. auf Fußball, Autos, Tennis und andere Themen in anderen Zeitschriften. Die Beurteilung der pädagogischen Frage, ob dies »jugendfördernd« ist oder nicht, steht nicht der Bundesprüfstelle zu. Zur Beantwortung dieser Frage könnte z. B. das Deutsche Jugendschriftenwerk (DJW) in Frankfurt/Main wichtige Beiträge leisten.[9]

---

[7] Vgl. dazu den vielbeachteten Vortrag des Münchner Philosophieprofessors *Robert Spaemann* auf dem Kongreß »Mut zur Erziehung« am 9./10. Januar 1978 im Bonner Wissenschaftszentrum; inzwischen veröffentlicht unter dem Titel »Ein Lump ist, wer mehr gibt, als er hat«. In: Frankfurter Allgemeine Zeitung Nr. 75 vom 14. April 1978 S. 9. Ferner *Carl Amery:* Leistung – das Gütezeichen mit dem Wurm drin. In: Süddeutsche Zeitung Nr. 70 vom 25./26. März 1978 S. 125, Feuilleton Beilage.

[8] Vgl. u. a. folgende Musikzeitschriften für junge Leute (verkaufte Exemplare abgerundet):
Musik Joker, Zeitung für Musik und Freizeit,
Axel Springer Verlag, monatlich 104 500 Exemplare
Musikexpreß, Musikzeitschrift für junge Leute
Chr. Krümmer Verlag, monatlich 82 000 Exemplare
Popfoto, Musikzeitschrift für junge Leute
Chr. Krümmer Verlag, monatlich 144 500 Exemplare
Sounds, Das Musik-Magazin,
Chr. Krümmer Verlag, monatlich 40 000 Exemplare
Pop,
Chr. Krümmer Verlag, 14tägl. 210 000 Exemplare

[9] Vgl. z. B. die verschiedenen Kinder- und Jugendbuchpreise und Auswahllisten zur Förderung guter Kinder- und Jugendbücher, insbesondere aber das vom Bundesministerium für Jugend, Fa-

Der Inhalt von BRAVO-Heft 49/77 bestätigt den Vorwurf eines engen Welt- und primitiven Menschenbildes nicht.
Heft 49/77 enthält außer Berichten über Rockmusik und ihre Interpreten, dem Fernsehprogramm der laufenden Woche, dem Sexualaufklärungsbeitrag und der Leserbriefbeantwortung durch Dr. med. *Goldstein*, unter seinen Pseudonymen Dr. med. *Alfred Korff* und Dr. *Jochen Sommer* u. a. auch Beiträge zu folgenden Themen:
Die Auswertung der Antworten von 120 000 BRAVO-Lesern auf die Frage »wie aggressiv sind wir«? Die Antworten sind gegliedert in die Themenbereiche Gewalt, Kriminalität, Todesstrafe und Probleme (S. 4 und 5);
als »BRAVO-Schicksalsbericht« einen Beitrag zum Thema Strafanzeigen gegen Unschuldige und Resozialisierung Straffälliger (S. 44/45);
Behandlung von Problemen von Fürsorgezöglingen in dem Fortsetzungsroman »Wer für die Liebe leiden muß«, (S. 46 und 47);
Vermittlung von Briefkontakten von BRAVO-Lesern untereinander unter der Rubrik »Treffpunkt« (S. 54), dazu einen Leserbrief (S. 2);
den Hilferuf einer Mutter an ihre abgängige Tochter, wieder nach Hause zu kommen (S. 2);
die Beantwortung der Fragen ob es wahr sei, daß Mofa-Fahrer ab 1978 helm- und führerscheinpflichtig sind (S. 3);
die Vermittlung der Adresse eines polnischen Leichtathletikwettkämpfers (S. 3);
Veröffentlichung eines bunten Tierfotos mit jungen Katzen, verbunden mit der Mitteilung, daß auf der Wunsch-

milie und Gesundheit aus Mitteln des Bundesjugendplans geförderte Forschungsprojekt »Analyse und Bewertung der nichtkommerziellen Jugendpresse«, das durch den Deutschen Bundes-Jugendring und die Jugendpresse e. V. einer Projektgruppe der FU Berlin übertragen worden ist.

liste der »Wunschbild-Fans« nicht nur Topstarnamen stehen, sondern auch Bitten um »tolle Filmszenen, dramatische Sportveranstaltungen und Tierfotos« (S. 3);
die Otto-Wahl 1977 (S. 23–27);
die BRAVO-Gag Show (S. 28, 29);
die Einladung zur BRAVO Disco, mit dem Hinweis, daß dabei einer Amateurband Gelegenheit zur Profilierung gegeben wird (S. 40);
Berichte zu Filmen und Fernsehsendungen über Rennfahrer, Auto- und Motorradrennen (S. 60/61, 68/69).

9. Der Auffassung des Antragstellers, jugendgefährdend seien auch die Berichte über die Rockmusik und der damit verbundene Starkult sowie die Verlosung von echten Rollers-Klamotten, vermochte das 12er Gremium nicht zu folgen.
Zur Begründung der Jugendgefährdung dieser Phänomene heißt es im Antrag wörtlich:

»Hier ist nicht der Einzelbeitrag und die Einzelaussage zu werten, sondern es muß die Gesamtwirkung dieser Berichte auf den Jugendlichen beurteilt werden. Der jugendliche Leser wird mit seinem Interesse und seinen Gefühlen in eine Richtung gelenkt, die ihn ganz gefangen nimmt. Die »Ratio« wird beim Anhören dieser Art Musik weitgehend ausgeschaltet. Zahlreiche Vorkommnisse bei Veranstaltungen beweisen dies. Der Jugendliche gerät in eine psychische Abhängigkeit von den ihm präsentierten Stars, deren zum Teil ekstatisch verzerrte Gesichter alles andere als Menschenwürde ausdrücken. Diese »Typen« sind keineswegs als Vorbilder für junge Menschen geeignet. Der Kult um sie kommt der Idolatrie nahe. Der Wunsch, seinem Idol nachzueifern, und die daraus resultierenden Gedanken und Verhaltensweisen dürften den Jugendlichen bei der Meisterung ihres

Alltagslebens keineswegs dienlich sein... Auf Seite 35 werden im Rahmen der großen Weihnachtsverlosung von BRAVO »echte Rollers-Klamotten« angeboten. Welch ein herrliches Gefühl muß es sein, so ein abgelegtes Kleidungsstück eines Stars tragen zu dürfen.
– Der Kleiderfetischismus, der hier von BRAVO gefördert wird, muß entschieden verurteilt werden.«

Die Auffassung, »Starkult, Rockmusik und Klamotten-Verlosung sei Jugendlichen bei Meisterung ihres Alltagslebens keineswegs dienlich«, reicht in dieser Allgemeinheit nicht aus, eine sittliche Jugendgefährdung im Sinne des GjS darzutun.

Davon abgesehen darf die Präsentation von Stars und Interpreten moderner, von Erwachsenen abgelehnter Musik in Jugendzeitschriften nicht nur kulturkritisch und negativ gesehen werden, wie die Jugendforschung dargelegt hat.

Der an der Hamburger Universität lehrende Erziehungswissenschaftler Prof. Dr. *Horst Scarbath* hat dies 1972 in einem Vortrag auf einer Tagung der Katholischen Akademie in Bayern zutreffend wie folgt formuliert:[10]

»... Neben all der Kritik an den Konsuminteressen beispielsweise der Schallplattenindustrie oder der Modefirmen muß man doch die ursprüngliche Funktion eines solchen Phänomens sehen. Auch der Stellenwert, der dem Vorbild der Heiligen in der christlichen Pädagogik immer wieder zugemessen wurde, wird so verständlich: Vorbilder, Leitbilder und Idole können bei aller Problematik sol-

---

[10] *Horst Scarbath*: Jugend zwischen Schonraum und Emanzipation – Perspektiven zur Pädagogik des Jugendalters. In: Jugend zwischen Schonraum und Emanzipation. Hrsg. *Franz Henrich* und *Roman Bleistein*, Band 60 der Münchener Aakademieschriften der Kath. Akademie in Bayern, Kösel-Verlag München 1972, S. 115 ff.

cher frageloser Verehrung dennoch Jugendlichen helfen, sich durch neue Identifikationsmöglichkeiten von den ursprünglichen Identifikationen mit den Eltern abzuheben und so etwas wie eine mindestens partielle Gegenidentifikation aufzubauen ...
Es kommt darauf an, solche Phänomene nicht nur kulturkritisch, pessimistisch, negativ zu sehen, sondern ihre reale Funktion in der Entwicklungsgeschichte eines Individuums zu erkennen ...
Behutsame pädagogische Hilfen – etwa auch mittels genereller Information zur Jugendsoziologie – müßten es dem Jugendlichen ermöglichen, eine solche potentielle Fremdbestimmung durch die peer-group und entsprechende Leitbilder als das zu durchschauen, was sie sind – eben als Fremdbestimmung. Diese Aufgabe wäre dahin zu erweitern, daß Jugendliche lernen, solche Angebote kritisch auf die darin investierten Sinn-Normen und konkreten Verhaltensorientierungen hin zu überprüfen ...
Entsprechende pädagogische Hilfen sind aber deswegen zu leisten, weil – wie uns ja spätestens die Erfahrung des Dritten Reiches gelehrt hat – fragwürdige und inhumane politische Strömungen und Instanzen, neuerdings auch kommerzielle Konsuminteressen sich jener peer-group beziehungsweise jener subkulturellen Identifikationen zu bemächtigen pflegen, um die jugendlichen Identikifationsbedürfnisse für sich auszubeuten ...«
Bedeutung und Notwendigkeit der Aufgabe, Kinder und Jugendliche durch Erziehung in die Lage zu versetzen, Medien kritisch auf die darin investierten Sinn-Normen und konkreten Verhaltensorientierungen hin zu überprüfen, um zu erkennen, wann sie »manipuliert« werden, kann nicht hoch genug veranschlagt werden. Mitglieder der Bundesprüfstelle nehmen an dieser wichtigen Aufgabe in verschiedenster Weise beruflich und nebenberuflich teil. Es wäre aber naiv und/oder utopisch anzunehmen, allen Jugend-

lichen und Kindern könnten in absehbarer Zeit diese Fähigkeiten vermittelt werden.11 und 11a

11 Vgl. *Rolf Oerter,* Professor für Psychologie an der Universität Augsburg, in seinem Vortrag am 28. 1. 78 in der Kath. Akademie Bayern: Zwischen Arbeit und Konsum – Zur psychischen Entwicklung der Kinder in der modernen Gesellschaft.
11 a *Prof. Dr. Werner Kroeber-Riel,* Direktor des Instituts für Konsum- und Verhaltensforschung an der Universität des Saarlandes fordert in seinem Buch »Konsumentenverhalten«, Verlag Franz Vahlen, München 1975, S. 390 (399), »Die Devise sollte heißen: Weniger (rationale) Verbraucheraufklärung und mehr Verbraucherschutz«.
Nachdem er dargelegt hat, daß die Souveränität des Konsumenten durch »ablenkende Kommunikation« beeinflußt werden kann, fährt *Kroeber-Riel* fort (S. 394):
». . . Nun zu anderen Techniken, welche die Souveränität dadurch beschränken, daß sich der Einfluß der willentlichen Kontrolle des Konsumenten entzieht. Es handelt sich hauptsächlich um die gezielte Auslösung von verhaltenswirksamen Emotionen. Ein einfaches Beispiel:
Wird ein Konsument einem erotischen Appell ausgesetzt, so wird meistens eine meßbare psychische Erregung ausgelöst. Diese führt einerseits dazu, daß er der entsprechenden Werbebotschaft seine Aufmerksamkeit zuwendet, andererseits auch dazu, daß der gesamte kognitive Informationsverarbeitungsprozeß stimuliert wird. Je stärker die ausgelöste emotionale Erregung ist, um so besser wird – unter bestimmten Bedingungen – die Botschaft wahrgenommen und behalten und um so stärker ist die Meinungsänderung. Die manipulierte psychische Erregung der Konsumenten wird dadurch zu einem zentralen Ansatzpunkt, um Verhalten zu beeinflussen (vgl. im einzelnen Kapitel A I 2 a im zweiten Teil des Buches).
Verdeutlichen wir uns die Konsequenz: Ein Konsument hat bestimmte Informationsbedürfnisse, und er ist einem bestimmten Informationsangebot ausgesetzt. Welche Informationen er aufnimmt, und wie er sie verarbeitet, hängt nun wesentlich von seiner emotionalen Stimulierung ab. Durch gezielte Stimulierung kann er dazu gebracht werden, Informationen aufzunehmen, die gar nicht seinen Informationsbedürfnissen entsprechen. Und er kann dazu gebracht werden, diese Informationen besser zu verarbeiten als solche, die er eigentlich benötigt.
In diesem Fall reagiert der Konsument aufgrund vorprogrammierter Reiz-Reaktions-Beziehungen weitgehend automatisch auf emotionale Reize. Wenn er sich nicht ausnahmsweise besonders auf die Beeinflussung konzentriert, löst ein emotionaler Reiz Erregungen und dadurch beeinflußte Verhaltensweisen aus, die sich

seiner willentlichen Kontrolle entziehen. Um es etwas überspitzt auszudrücken: Der Konsument ist nicht mehr Herr seiner Reaktionen. Würde man zusätzlich die Testfrage stellen, ob der Konsument (wenn er hinterher über den Beeinflussungsvorgang informiert würde) diese Form der Einwirkung akzeptiert, so würde seine Antwort in vielen Fällen sicherlich ›nein‹ lauten ...«

»... Noch ein weiterer Fall: Durch wiederholte Darbietung eines völlig neutralen Markennamens zusammen mit angenehmen Reizen (wie Landschaftsbildern, erotischen Appellen usw.) ist es auf die Dauer möglich, eine positive Haltung zu dem vorher neutralen Markennamen zu erzeugen. Zugleich verwandelt sich auf diesem Wege eine desinteressierte Haltung gegenüber einem bestimmten Produkt in eine positive Einstellung. Bemerkenswert an diesem Vorgehen ist, daß es keiner einzigen sachlichen Information über das Produkt bedarf, um eine Hinwendung zu diesem Produkt zu erreichen. Der Konsument wird in diesem Falle nach den gleichen Lernprinzipien wie der Pawlow'sche Hund konditioniert. So wie dieser dazu gebracht wird, Speichel abzusondern, wird der Konsument dazu gebracht, ein Produkt positiv wahrzunehmen (vgl. im einzelnen Kapitel B III 3 a im zweiten Teil des Buches).

Diese Beispiele könnten beliebig fortgesetzt werden. Leider gibt es keine systematischen Untersuchungen über das Ausmaß, in dem die Konsumenten durch derartige Marketingmaßnahmen gesteuert werden. Eins zeigen aber die vorhandenen empirischen Ergebnisse: Durch systematische Ausnutzung der ererbten Reaktionen eines Menschen und durch systematische Anwendung lerntheoretischer Prinzipien kann das Konsumentenverhalten in beträchtlichem Maße so geformt werden, wie es den Marketingzielen entspricht ... (S. 395)«.

»... Was nützen dem Konsumenten Informationen darüber, wie man den Urlaub rational gestaltet, vernünftig Auto fährt, durch Konsumverzicht die Gesundheit schützt, unzureichende Qualität erkennt und reklamiert usw., wenn diese Informationen vom Konsumenten gar nicht effizient verarbeitet werden, ja, aufgrund vorhandener psychischer Mechanismen gar nicht effizient verarbeitet werden können?

Schade um die finanziellen Mittel, die für solche informationspolitischen Kampagnen ausgegeben werden! Wirksame Informationspolitik setzt genaue Kenntnisse des Informationsverarbeitungsprozesses beim Konsumenten voraus ... (S. 396/97)«.

»... Eine Analyse der verbraucherpolitischen Normen und der dazu vorgetragenen Begründungen zeigt, daß fast alle Normen – mit Ausnahme derjenigen, die sich auf den Schutz vor Nebenwirkungen des Konsums beziehen – darauf hinauslaufen, das Informationsangebot an die Konsumenten zu verbessern und seine Rationalität bei Kaufentscheidungen zu erhöhen. Das sind dadurch geeignete Maßnahmen, um die Souveränität zu stärken.

Deshalb ist es Aufgabe der Bundesprüfstelle, Medien mit jugendgefährdenden Wert- und Verhaltensorientierungen, vor allem verrohend wirkende, zu Gewalt, Verbrechen oder Rassenhaß anreizende sowie kriegsverherrlichende Medien durch Indizierung vom Vertrieb an Kinder und Jugendliche auszuschließen. Daß dies – entgegen weit verbreiteter Meinung – die Bundesprüfstelle nicht von Amts wegen, sondern nur auf Antrag kann, ist ein Preis, der im Interesse der Pressefreiheit zu Lasten des Kinder- und Jugendschutzes in Kauf genommen werden muß.

Aber: dem Erfolg solcher Versuche, das vernünftige und rationale Verhalten der Konsumenten zu verstärken, sind aufgrund der beschriebenen Verhaltensdeterminanten enge Grenzen gesetzt. Neben diesen Versuchen gibt es aber noch einen wesentlich wirksameren Weg zur Konsumentensouveränität: den Schutz vor Beschränkungen der Souveränität!
Beide Wege müssen auseinandergehalten werden . . . (399)«.
». . . Was fehlt, sind Schutzmaßnahmen, um den Konsumenten vor Ausnutzung seiner tierischen Verhaltensweisen zu schützen . . . (S. 399)«
». . . Wir verstehen dieses Schutzbedürfnis nicht abwertend. Es ist eine Tatsache, die sich daraus ergibt, daß wir manchmal, ob wir wollen oder nicht, unmittelbar reizgebunden, sozusagen tierisch, reagieren. Das Streben nach Selbstachtung und Selbsterhöhung hindert uns daran, das in aller Deutlichkeit zu sehen.
Schutz vor den souveränitätsbeschränkenden Maßnahmen des Marketing kann nicht heißen, das Marketing bis ins einzelne zu reglementieren. Das würde wegen der Universalität souveränitätsbeschränkender Beeinflussungstechniken ohnehin wenig Erfolg haben. Der Schutz kann sich nur auf grobe Beeinträchtigung der Souveränität des Konsumenten beziehen, die sich aus Verhaltensbeeinflussungen ergeben, die ganz offensichtlich die willentliche Steuerung des Verhaltens unterlaufen und vom Konsumenten nicht akzeptiert werden (vgl. dazu die beschriebenen Beispiele).
Über solche Schutzmaßnahmen kann man sicher einen Konsens herbeiführen; das ist nicht problematischer als ein Konsens über Maßnahmen zur Verhinderung von Umweltverschmutzung. Voraussetzung für diesen Konsens ist jedoch die (noch mangelhafte) Bereitschaft, die Schutzbedürftigkeit des Konsumenten anzuerkennen und sich nicht auf seine Souveränität zu berufen! . . .«

Daß Starkult in Zeitschriften z. B. dann jugendgefährdend ist, wenn er dazu dient, Schulversagen, Schulflucht, Warenhausdiebstahl, Hehlerei und Drogenmißbrauch als normal oder als Hilfe für Starkarrieren darzustellen, hat die Bundesprüfstelle mit Entscheidung Nr. 2384 vom 6. Oktober 1972 ausführlich dargelegt.

Die verfahrensgegenständliche BRAVO-Ausgabe enthält solche Inhalte und Verhaltensorientierungen nicht. In zwei Starberichten wird eher über Verhalten von Stars berichtet, das als Identifikationsanreiz in dem von *Scarbath* beschriebenen Sinne dienen kann.

Im Beitrag »Kids mußten Haare lassen« (S. 6 u. 7) erfahren die Leser, daß diese Stars ihr erstes selbstverdientes Geld geradezu vorbildlich angelegt haben. *Alistair* hat sich noch eine Gitarre dazu gekauft, *Ricky* spart alles für ein größeres Schlagzeug. *Colin* kaufte seiner Mutter einen schönen Teppich, den sie sich schon lange gewünscht hatte. *Davey* erwarb eine exklusive Stereoanlage. *Robbi* erfüllte sich einen Kindheitstraum und kaufte sich ein Fahrrad mit allen Raffinessen.

In dem Beitrag »Kann Ex-Kenny *Yan* nie mehr rocken?« (S. 16/17) geht BRAVO auf Probleme ein, die für einen Gitarre spielenden Star durch einen schweren Verkehrsunfall entstehen. Dabei werden Leser vor der Benutzung »heißer Öfen« gewarnt und zugleich ermuntert, auch in aussichtslosen Situationen nicht aufzugeben. Der Beitrag schließt mit einem Appell, ein einmal gestecktes Ziel auch unter Schwierigkeiten weiter zu verfolgen. Der Beitrag schließt:

». . . *Yan* mit seinem angeborenen Optimismus gibt nicht auf. Er will mit aller Kraft wieder gesund werden und zurück auf die Bühne zu *Rick* und seinen neuen Freunden. Aber eines steht heute schon für ihn fest: Nie wieder wird er sich auf einen heißen Ofen setzen.«

Im aktuellen BRAVO-Kreuzverhör mit *Chris Roberts*

(S. 70/71) erklärt der Star u. a.: wie er sich das Rauchen abgewöhnte, warum er gegen die Todesstrafe ist und warum er gegen zu frühe Sexualkontakte ist.

In einem Bericht über die Fernseh Klamauk-Serie »Klimbim« (S. 12–14) erfahren die Leser u. a., daß die Mitwirkenden vor jeder Aufnahme in ein hartes Trainingslager müssen, um sich für die Dreharbeiten fit zu machen.

Im Beitrag »Punkt-Pleite made in Germany« (S. 66/67) schildert BRAVO, warum eine Testveranstaltung mit *Clash* und den »Straßenjungs« aus Frankfurt in München »ein Schuß in den Ofen« wurde. »Ob die Punk-Welle bei uns so richtig ins Rollen kommt, bleibt abzuwarten«, lautet das Fazit dieses kritischen Berichts.

Der Beitrag »BRAVO-Party – Mit Fans feierte *Leif Garret* seinen 16. Geburtstag« (S. 20) dient weit mehr der Eigenwerbung und der Bindung der Leser an BRAVO (Leserblattbindung) als der Star-Präsentation oder dem Starkult.

Es heißt:

». . . BRAVO machte es möglich, daß Ihr *Leif Garret* zum erstenmal in Deutschland »live« erleben konntet. Für seinen Auftritt bei der BRAVO-Live-Disco in Düsseldorf und für TV-Shows kam er von Hollywood zunächst nach München, wo er ausgerechnet an seinem 16. Geburtstag landete. Seht, was BRAVO für ihn vorbereitet hatte ... BRAVO-Fotostudio in München. 50 Teenager sitzen bei Cola und Kuchen zusammen, hören dufte Musik und warten auf den Party-Ehrengast *Leif* . . . BRAVO hatte für den jungen Star aus Amerika eine riesige Party zu seinem 16. Geburtstag arrangiert und dazu einige seiner Fans eingeladen. Natürlich gab es auch eine Super Geburtstagstorte mit der Aufschrift: »BRAVO gratuliert *Leif*« . . . dann revanchierte er sich für die vielen kleinen Aufmerksamkeiten, indem er Autogramme auf Luftballons, Pappteller, Jeans und sogar auf die nackten Arme der Mädchen schrieb ...«

Über diese Art der Werbung kann man verschiedener Meinung sein – jugendgefährdend im Sinne des GjS ist sie nicht.

Auf emotionale und irrationale Reaktionen jugendlicher Besucher von Pop-, Rock- und anderen Musikveranstaltungen wird auf Seite 52 und 53 der vorliegenden BRAVO-Ausgabe sachlich unter Andeutung ihrer Problematik eingegangen; keineswegs werden solche emotionalen und irrationalen Reaktionen Jugendlicher durch dieses BRAVO-Heft gefördert. In dem Bericht über den Auftritt der Mädchen-Band »Vier *Runaways*« in Zürich, deren Auftritt im ARD-Programm auf Seite 64 des Heftes gleichzeitig angekündigt wird, heißt es u. a.:

»... Klar, satt und präzise knallt ihr Baß aus den Boxen, mischt sich mit den Gitarren von *Joan* und *Lita* und den hämmernden Drums von Sandy zu einem kompakten Sound, der manche männliche Heavy-Rock-Bands neidisch machen wird.

Hinter mir kocht der Saal. »Lita, I love you« brüllen vier Typen hektisch im Chor. Das sind noch die harmlosesten Zurufe – viele Jungs drücken es noch viel deutlicher aus, was im Augenblick ihr sehnlichster Wunsch ist. Obwohl das alles im Sound-Orkan der Runaways total untergeht. Die Mädchen wissen, was sie mit ihrem Auftritt bei den Jungs anrichten, und sie genießen es. Vor allem *Lita* hat es den Schweizer Fans angetan. Wenn sie ihre Löwenmähne mit geschürzten Lippen nach hinten wirft, wenn der Reißverschluß ihres Bühnen-Overalls bei einem wilden Solo obenrum zu platzen droht, dann recken sich ganze Bündel von Armen in Richtung Bühne, um diese Rock-Amazone wenigstens einmal am Hosenbein zu erwischen.«

Am Ende des Berichts wird die Möglichkeit der Emotionalisierung von Zuhörern durch diese Art von Musik und ihre Interpreten angesprochen, zugleich aufgezeigt, wie Stars sich zudringlichen Fans entziehen:

». . . Ich fände es bloß gut, wenn noch mehr Mädchen zu unseren Konzerten kämen. Ich glaub, die haben irgendwie Angst vor uns. Aber wir wollen wirklich bloß Musik machen und ihnen nicht ihre Jungs ausspannen. Höchstens ein bißchen anmachen. Ehrlich . . .
Dabei blieb es auch in Zürich. Zwar warteten am Bühnenausgang etliche Verehrer auf die Mädchen. Aber die »Ausreißerinnen« nahmen von ihnen keine Notiz und ließen sich sofort ins Hotel kutschieren.«

Auch dieser Beitrag steht weitgehend im Dienst der Leserblattbindung, wie folgende Auszüge aus dem Text belegen:

». . . Als ich *Sandy* erzähle, daß viele BRAVO-Leser enttäuscht sind, weil die Runaways nur ein Konzert in Deutschland geben, bittet sie mich spontan um Bleistift und Papier. Sie schreibt eine Nachricht an die BRAVO-Leser. Auch *Joan, Lita* und *Vicki* unterschreiben. »Ich hab' deswegen ein richtig schlechtes Gewissen«, gestand sie. »Ursprünglich waren ja eine ganze Reihe von Auftritten geplant, aber wegen einiger Spezial-Shows fürs Fernsehen wurde gekürzt, bis bloß noch Hamburg übrig blieb. Und das, obwohl wir soviel Post von BRAVO-Lesern bekommen . . .«

Der Zettel mit dem Gruß an die BRAVO-Leser in englischer Sprache ist im Original abgebildet und in deutscher Sprache wiedergegeben:

»*Sandys* Gruß an die BRAVO-Leser: Tut uns leid, daß wir nicht mehr Konzerte in Deutschland geben können. Hoffentlich gefallen Euch unsere TV-Shows. Alles Liebe.«

Um eine noch massivere Eigenwerbung für BRAVO und für die Leserblattbindung handelt es sich bei der im Antrag als Kleiderfetischismus bezeichneten »Klamottenverlosung«

(S. 35–38). Dies wird deutlich, wenn man anstatt der dem Antrag zugrundeliegenden isolierten Betrachtung von Seite 35 die Gesamtkonzeption von Titelblatt und den Seiten 35–38 ins Auge faßt.

Die erste Schlagzeile auf dem Titelblatt verkündet in leuchtend roter Farbe: »Rollers schenken euch 2000 Platten« – eine Ankündigung, die auf den »Platten-Hunger« vieler Jugendlicher wohl mit Erfolg spekuliert. Auf Seite 35–37 präsentieren die Rollers Kleidungsstücke, die sie zur Verlosung für die BRAVO-Fans im BRAVO-Bazar schweren Herzens freigeben. Auf Seite 35 wird durch einen Hinweis auf die Verlosungstechnik die Aufmerksamkeit auf Seite 38 gelenkt, wo dann als »Über-Hammer« die Bemühungen um die Eigenwerbung und die Leserblattbindung ihren Höhepunkt erreichen. Als »BRAVO-Platten-Sensation des Jahres« wird mit Foto der Plattenhüllen die »BRAVO Maxi Single Bay City *Rollers*« mit folgendem Begleittext angepriesen:

». . . Die *Rollers* und BRAVO haben sich zusammengetan: Heraus kam ein tolles Ding: Die erste BRAVO-*Rollers*-Maxi-Single. Mit drei Songs zum normalen Single-Preis! Aber das ist noch nicht alles. Zwei dieser Songs sind in dieser Form (siehe unten) noch nie auf Platten erschienen. Und der Über-Hammer: Im BRAVO-Bazar werden 2 000 dieser Maxi-Singles unter den Lesern verlost. Wenn Ihr eine haben wollt, schreibt »Geschenk Nr. 8« auf Eure Wunsch-Postkarte . . .«

Mit der fettgedruckten Zeile »Noch ein Knüller. Die *Rollers* schenken Euch 2 000 Platten«, wird die Schlagzeile vom Titelblatt wieder aufgegriffen und damit der Eindruck für den flüchtigen Leser erweckt, es handele sich um beliebige Platten, während in Wirklichkeit nur Exemplare der BRAVO-Schallplatte zu Werbezwecken verlost werden.

Ein »Obernarr« ist derjenige, der angesichts solcher BRAVO-»Über-Hämmer« dieser Zeitschrift nicht die (Leser-)

Treue hält – so könnte man die Motivation der Redaktion für diese Beiträge verkürzt zusammenfassen.

Mit der angekündigten Verlosung von Kleidern von Stars sollen bewußt all jene angesprochen werden, die Andenken ihrer Idole in Form von Kleidungsstücken, Haaren, Bildern und ähnlichem besitzen wollen. Das ist kein Spezifikum von BRAVO. Die gleichen »Bedürfnisse« macht sich z. B. der kommerziell betriebene Amulett- und Devotionalienhandel zunutze.

Hans Giese hat darauf hingewiesen,[12] daß die Häufigkeit des Sammelns von Abbildern der Wirklichkeit, ganz unabhängig davon, ob in gesunden oder kranken Verläufen, sicher sehr erheblich ist, wobei der Fetisch Repräsentant einer bestimmten geliebten Person ist. Beispielhaft verweist er auf die »abgöttische Verehrung« figürlich »schöner« Sportler, Diven aus der Theater-, Film- und Fernsehwelt usw.

Krankhaft im Sinne einer sexuellen Deviation (Perversion) wird diese »Sammlerleidenschaft« erst dann, wenn der Fetisch (Bild, Kleidungsstücke, Haare usw. des Idols) an die Stelle der sexuellen Beziehung zu einer Person tritt und anstelle einer genitalen Vereinigung den Orgasmus auslöst.[13]

10. Der Antragsteller hält es für bedenklich, daß durch die Kontaktseite »Treffpunkt« der »Kundenkreis von Dr. *Korff* bei sinkendem Durchschnittsalter immer größer« werde.

Unter der Rubrik »Treffpunkt« Seite 54 werden 24 Briefe

---

12 *Hans Giese*: Zur Psychopathologie der Sexualität mit einer Einführung von *Eberhard Schorsch*, Enke Verlag Stuttgart, 1973 S. 64.
13 *Berna/Brocher* in: *Tobias Brocher* und *Ludwig Friedeburg* (Hrsg.): »Lexikon der Sexualerziehung« Kreuz Verlag Stuttgart/Berlin 1972 S. 447 unter »Perversion«.

jeweils mit (Paß)-Foto des Kontaktsuchenden veröffentlicht. Entsprechend dem Vorspann, im »BRAVO-Treffpunkt könnt ihr Brieffreunde suchen, Kontakte knüpfen«, geht es bei den Briefen um Herstellung von Brieffreundschaften, wie folgende 3 der 24 Briefe zeigen:

»SOS! Zwei nette Boys, 13, suchen nette Girls im Alter von 12–14 Jahren, die gern Briefe schreiben. Unsere Hobbys erfahrt Ihr in unseren Briefen. Schreibt an...«

»Hallöchen! Ich, 16, suche gutaussehende Boys und Girls aus aller Welt im Alter zwischen 15 und 18 Jahren. Meine Hobbys: Tanzen und Musik. Es werden alle Briefe mit Bild beantwortet. Schreibt also an...«

»Hallo Girls! Wer hat Lust, mit mir einen Federkrieg zu beginnen? Ich bin 16 und interessiere mich für Mofas, Fußball, Tennis etc. Ich schreibe auch in Englisch. Eure Bildzuschriften richtet bitte an...«

Daß aus diesen Brieffreundschaften auch Ehen entstehen können, zeigt folgender, auf Seite 2 der gleichen BRAVO-Ausgabe veröffentlichte Leserbrief:

»Hallo, BRAVO! Ich bin seit langem BRAVO-Leser. Vor 5 Jahren schrieb ich einem Mädchen in Hamburg, das in Eurem »Treffpunkt« Brieffreunde suchte. Wir korrespondierten viereinhalb Jahre lang. Dann besuchte mich Miriam in Tirol. Es war eine Liebe auf den ersten Blick, wir beschlossen sofort, für immer beieinander zu bleiben. Und wir haben unseren Vorsatz gehalten. Vor kurzem war unsere Hochzeit. Und dieses Glück verdanken wir BRAVO:« schreibt *Günter S.* aus Völs/Tirol –
Wir drücken Dir die Daumen, lieber *Günter,* daß Euer »Glück durch BRAVO« wirklich ein Leben lang vorhält.«

Ob dieser Leserbrief und die »Treffpunktbriefe« echt sind oder nicht, und ob sie auch vor allem der Leserblattbindung möglichst junger Leser dienen, kann dahingestellt bleiben. Beides ist im Sinne des GjS nicht jugendgefährdend.

11. Den »BRAVO-Schicksalsbericht« »Verhaftet wegen Vergewaltigung« (S. 44/45) hält das Gremium in Abweichung von der Auffassung des Antragstellers nicht für jugendgefährdend im Sinne des GjS.
Der geschilderte Fall entspricht bis auf die Höhe der genannten Haftentschädigung den tatsächlichen Begebenheiten.[14] Die für 20 Tage Haft gezahlte Entschädigung betrug nicht, wie BRAVO angibt, DM 180.-, sondern DM 1 080,-. Dies soll, wie der Bevollmächtigte des Verlages in der mündlichen Verhandlung unwidersprochen vortrug, auf einen Übertragungsfehler zurückzuführen sein.
Laut Vorspann zu dem Schicksalsbericht erfolgt die Schilderung in BRAVO: »Als Warnung für alle Jungen vor allzu schnellem Sex. Und als Warnung für Mädchen, was für Unheil man in einer im Zorn gemachten Aussage anrichten kann...«. Das 12er Gremium konnte weder in den Worten noch in den Bildbeiträgen Inhalte oder Aussagen entdecken, die diesem Ziel entgegengesetzt waren, so daß dem Vorspann Alibicharakter zukäme. Auch konnte nicht festgestellt werden, daß *Günter Holzer* zur Märtyrerfigur gemacht wurde. Ob das Foto der Bettnische aus *Günters* Appartement notwendig ist oder nicht, kann dahingestellt bleiben. Die Schlußfolgerung des Antrages, BRAVO wolle dadurch die Leser zum gedanklichen Nachvollzug des geschilderten Geschehens in dieser Bettnische veranlassen, ist nicht zwingend und für sich allein im Sinne des § 1 GjS nicht erheblich.

12. Die neue Foto-Love-Story »*Manuelas* erste Liebe« (S. 8–11) wurde vom Gremium unterschiedlich beurteilt.
Die Mehrheit hält sie für so kitschig und primitiv, daß selbst jüngste BRAVO-Leser darüber nur lachen könnten.

---

14 Verfahren vor der Staatsanwaltschaft München – I 127 a Js 5240/77 –

Dies müsse um so mehr gelten, als diese Story einer oft in gleicher Machart in BRAVO veröffentlichten Werbeannonce für eine Lotion zum Verwechseln ähnlich sei. Hinzu komme, daß nur der geringste Teil der jüngeren BRAVO-Leser über eigene Zimmer verfügten, um dort ungestört Spielen nachgehen zu können.

Eine Minderheit des Gremiums bejahte in Übereinstimmung mit dem Antragsteller demgegenüber den jugendgefährdenden Charakter dieses Beitrages. Dies insbesondere aus folgenden Gründen:

Die auf 15- und 17jährige abgestellte Bildergeschichte habe einen so hohen Aufforderungscharakter für Herstellung sexueller Kontakte, daß sich dadurch schon Kinder ermuntert fühlen müßten, alleine auf ihren »Buden« Pfänderspiele als Auslöser für sexuelle Hingabe zu benutzen. Dramatik, Höhepunkte und Tiefen des Erlebnisses der ersten Liebe würden hier auf ein Spielchen reduziert. Dabei werde das Vorurteil verstärkt, Kinder und Jugendliche, die solche »Spielchen« nicht mitmachten, seien hoffnungslos rückständig. Die Reduktion auf die Frage, ob einer »nett« sei, entscheide hier über sexuelle Hingabe, hier als »Busensehen« kaschiert.

Übereinstimmung bestand im Gremium zu diesem Beitrag über folgendes:

Bei sorgfältiger Redaktion hätte der Beitrag so nicht erscheinen dürfen. Denn er ist geeignet, den Eindruck zu erwecken oder zu verstärken:
- der BRAVO-Schicksalsbericht auf S. 44/45 diene nur vordergründig als Warnung vor zu schnellem Sex,
- die BRAVO-Redaktion nehme Interview-Aussagen ihrer Stars auch dann nicht ernst, wenn sie mit wissenschaftlichen Erkenntnissen im Einklang stehen. Denn *Chris Roberts,* der nach eigenen Angaben im Interview S. 71 als 16jähriger von einer 19jährigen verführt worden ist, beantwortete die Frage von BRAVO wie folgt:

»...*Chris*: Mit 16. Es war auf einer Dampferfahrt in Jugoslawien. Sie war schon 19. Während der Fahrt habe ich sie angesprochen. Sie hielt mich für älter und hat mich dann regelrecht verführt.
BRAVO: Rückblickend auf dieses Erlebnis: In welchem Alter sollten heutzutage deiner Ansicht nach Jungen oder Mädchen ihre ersten Liebeserfahrungen sammeln?
Chris: Das hat mit dem Alter weniger zu tun als mit der charakterlichen Reife des oder der Betreffenden. Für viele ist es sicher besser, sich lieber später als zu früh in Liebesabenteuer zu stürzen ...«[15]

---

[15] Vgl. hierzu u. a.:
a) *Michael Schofield:* Unterschiede zwischen koituserfahrenen und -unerfahrenen Jugendlichen. In: *Helmut Kentler* (Hrsg.) Texte zur Sozio-Sexualität. Leske Verlag, UTB Nr. 247, Opladen 1973 S. 92 ff. Dazu schreibt *Helmut Kentler* a.a.O. S. 99 unter Bemerkungen B:
»... Tatsächlich scheinen aber doch einige Vorurteile gerechtfertigt zu werden: Die koituserfahrenen Jungen schneiden schlechter in der Schule ab, sie wechseln häufiger ihre berufliche Stellung, treiben nicht so häufig Sport, betrinken sich öfter, sind impulsiv und haben einen geringen Ehrgeiz – es sieht so aus, als machten frühzeitige sexuelle Erfahrungen weniger leistungsfähig, weniger fähig zu Sublimationen. Damit würden die Behauptungen der Psychoanalyse bestätigt (siehe 1. Beitrag dieses Buches).
Es fragt sich jedoch, ob eine solche Erklärung der von *Schofield* aufgedeckten Zusammenhänge nicht zu kurzschlüssig wäre; sie übersieht nämlich die unterschiedliche Erziehungssituation der koituserfahrenen und unerfahrenen Jugendlichen. Die erfahrenen Jugendlichen werden weniger streng erzogen, sie haben mehr Chancen, Selbständigkeit zu lernen. Es liegt nahe, daß sie mit der Schule, die Selbständigkeit nicht positiv bewertet, in Konflikte geraten. Auch ihr häufiger Arbeitsplatzwechsel spricht eher für eine nüchterne, kritische Einstellung und für Mobilität als für fehlenden Ehrgeiz; Sie wechseln ihre Stelle, wenn eine andere höheres Einkommen ermöglicht. Zu berücksichtigen ist aber sicher auch, daß selbständige Jugendliche (und zu ihren Besonderheiten gehört größere sexuelle Erfahrung) in einer Gesellschaft, die von Jugendlichen in erster Linie Leistung und

13. Zu dem Fortsetzungsroman (S. 46 ff.) vertritt der Antragsteller die Auffassung, von den darin geschilderten Fesselungsszenen könnten negative Vorbildwirkungen auf die jugendlichen Leser von BRAVO ausgehen.

Dies hielt auch das 12er Gremium für möglich, ohne aber die Wahrscheinlichkeit im Sinne des § 1 GjS für diese Negativwirkungen bejahen zu können. Dazu treten diese Schilderungen gegenüber dem Gesamtinhalt zu sehr in den Hintergrund. Im Unterschied zu dem Inhalt des gleichen Fortsetzungsromans in Heft 46/77. Dort trug er zur Indizierung bei, weil er als Verstärkung für die gleichgelagerte Gewaltdarstellungshandlung in der Foto-Love-Story wirkte.

Darüberhinaus geht die Bundesprüfstelle davon aus, daß die Zusage des Verlages im Termin vom 12. 1. 1978, solche Beiträge wie in dem Fortsetzungsroman, der mit zur Indizierung beitrug, würden in Zukunft nicht mehr in BRAVO veröffentlicht, sich auch auf diesen Teil des Fortsetzungsromans erstreckt.

14. Sexualaufklärung durch Massenmedien wie BRAVO hält der Antragsteller für unzulässig. Dies insbesondere aus folgenden Gründen:

> Askese erwartet, Anstoß erregen und daher in Anpassungsschwierigkeiten geraten. Das gilt ganz besonders für die Mädchen.«
> b) *Bess* u. *Janus* resümieren die Befragungen von 890 ordentlichen Hörern einer Großstadtuniversität in USA in der Fachzeitschrift Sexualmedizin 8/1975 S. 492 ff. wie folgt: ». . . Die Studie läßt erkennen, daß eben jene Studenten, deren Drogenkonsum angestiegen ist, identisch sind mit denen, die liberalere Einstellungen gegenüber sexuellen Praktiken und Haltungen haben . . .«
> c) *Klaus Thomas,* Berliner Selbstmordverhütungsexperte hat 1976 in der Zeitung des Berliner Schulsenators darauf hingewiesen, daß seit 5 Jahren sexuelle Leistungsansprüche und mißverständliche Sexualerziehung bei Selbstmorden von Jugendlichen eine bedeutende Rolle spielen. (Ausführliches Zitat und Fundstelle vgl. Fußnote 55).

Es könne gemäß § 1 Abs. 1 GjS nicht hingenommen werden, daß sich Massenmedien, in die allein Elternhaus und Schule zustehenden sexualpädagogischen Bemühungen hineindrängten und unter Überbetonung biologischer und Ausklammerung ethischer Gesichtspunkte Verwirrung stifteten. Dadurch würde eine altersspezifische, phasengerechte Sexualerziehung durch Elternhaus und Schule beeinträchtigt oder sogar unmöglich gemacht. Immer jüngere Jahrgänge würden sexuell überreizt und sexuellem Leistungsdruck ausgesetzt. Es käme dadurch zu Schockierungen Jugendlicher und zu Fixierung von Fehlhaltungen bei Kindern und Jugendlichen.

Die Auffassung des Antragstellers, Sexualerziehung sei in erster Linie Aufgabe der Eltern und ergänzend Aufgabe der Schule, ergibt sich aus Artikel 6 Abs. 2 und Artikel 7 Abs. 1 GG. Dies betonen auch die Empfehlungen der Kultusminister vom 3. Oktober 1968 zur Sexualerziehung in den Schulen und die entsprechenden Richtlinien der Bundesländer.[16] Übereinstimmend betonen die Empfehlungen und die Richtlinien die Verpflichtung der Schulen, ihre Maßnahmen zur Sexualerziehung vorher mit den Eltern abzustimmen, den Unterricht »wissenschaftlich fundiert und methodisch durchdacht« zu gestalten und Fragen der Schüler sachlich und altersgemäß zu beantworten. »Die Information in der Sexualerziehung ist der pädagogischen Intention untergeordnet, dem Schüler, bei der für die Personalentwicklung wichtigen Reifung seiner Geschlechtlichkeit zu helfen« heißt es wörtlich in Ziffer 1 der Richtlinien zur Sexualerziehung an Schulen von Nordrhein-Westfalen vom 3. Mai 1974.[17]

---

[16] Wortlaut der KMK-Empfehlungen und der Richtlinien der Länder. In: *Norbert Kluge* (Herausgeber), Sexualerziehung als Unterrichtsprinzip. Darmstadt 1976.
[17] *H. Kluge* a.a.O. S. 146 ff.

Das Bundesverfassungsgericht hat mit Beschluß vom 21. Dezember 1977[18] zur Sexualerziehung in der Schule Stellung genommen. Seine Entscheidung hat es in folgenden Leitsätzen zusammengefaßt:
»1. Die individuelle Sexualerziehung gehört in erster Linie zu dem natürlichen Erziehungsrecht der Eltern im Sinne des Art. 6 Abs. 2 GG; der Staat ist jedoch auf Grund seines Erziehungs- und Bildungsauftrages (Art. 7 Abs. 1 GG) berechtigt, Sexualerziehung in der Schule durchzuführen.
2. Die Sexualerziehung in der Schule muß für die verschiedenen Wertvorstellungen auf diesem Gebiet offen sein und allgemein Rücksicht nehmen auf das natürliche Erziehungsrecht der Eltern und auf deren religiöse oder weltanschauliche Überzeugungen, soweit diese für das Gebiet der Sexualität von Bedeutung sind. Die Schule muß insbesondere jeden Versuch einer Indoktrinierung der Jugendlichen unterlassen.
3. Bei Wahrung dieser Grundsätze ist Sexualerziehung als fächerübergreifender Unterricht nicht von der Zustimmung der Eltern abhängig.
4. Die Eltern haben jedoch einen Anspruch auf rechtzeitige Information über den Inhalt und den methodisch-didaktischen Weg der Sexualerziehung in der Schule.
5. Der Vorbehalt des Gesetzes verpflichtet den Gesetzgeber, die Entscheidung über die Einführung einer Sexualerziehung in den Schulen selbst zu treffen. Das gilt nicht, soweit lediglich Kenntnisse über biologische und andere Fakten vermittelt werden.«

Hans-Jochen Gamm stellt 1977 in einer Bilanz der Sexualpädagogik fest:[19]

18 Bundesverfassungsgericht, Beschluß vom 21. 12. 1977, Az.: 1 BvL 1/75 und 1 BvR 147/75 in RdJ Heft 2/78 S. 175 ff.
19 *Hans-Jochen Gamm* und *Friedrich Koch* (Hrsg.): Bilanz der Sexualpädagogik. Campus Verlag Frankfurt, New York 1977 S. 13.

»Zentrales Thema der Jugendlichen ist weniger die Sexualität als solche, sondern eher, wie man durch sie hindurch des Partners inne werden könne, wie man erfahre, ob zwischenmenschliche Beziehungen verläßlich seien. Letztlich ist es die elementare Frage, wer zu einem hält, wem man etwas bedeutet, wer an einen »glaubt« und wem man Liebe auch als Opfer darbringen dürfe. Der fast problemlose Zugang zur versachlichten Sexualität hat ja den Vereinsamungsdruck und die Verlassenheitsängste erst recht wachrufen müssen...«.[20]

Hans-Jochen Gamm empfiehlt:

»Jugendliche sollten Mediation und Askese als Kräfte gebrauchen, die dem durch Überdruß und Ekel an vermarkteter Sexualität entstandenen Verschleiß des Phänomens Liebe entgegenwirken«.[21]

»Ohne Askese droht die Gefahr, daß Begierden mit Bedürfnissen verwechselt werden, denn die Begehrlichkeit des Menschen ist vermutlich unbegrenzt und trägt deutlich infantile Züge...«[21a]

Zur Begründung dieser Empfehlung führt er aus:

»... Materialistische Betrachtung erkennt jedoch, daß die Freigabe von Lustpraktiken der Unfähigkeit zur Lusterfahrung unter entfremdeten sozialen Verhältnissen korrespondiert und daß die Sicherheit der Empfängnisverhütung durchaus nicht die Zärtlichkeit zwischen den Geschlechtern fördert. Was früheren Generationen als höchste irdische Erfüllung galt, kann jetzt mit ausgeschaltetem Risiko beliebig genossen werden. Geschlechtliche Vereinigung erhält unter solchen Umständen sozusagen den Charakter einer kleinen billigen Süßspeise oder verkommt zur Fitnessaufgabe einer pharmazeutischen

---

[20] *Gamm/Koch:* Bilanz der Sexualpädagogik S. 15/16.
[21] *Gamm/Koch:* Bilanz der Sexualpädagogik S. 16.
[21a] *Hans-Jochen Gamm*: Umgang mit sich selbst. List-Verlag 1977 S. 36 ff.

Nachhilfe. Das Geheimnis ist schal. Zwar werden die Geschlechtskräfte mobilisiert, aber immer mehr Potenzstörungen und Orgasmusschwierigkeiten drängen zur Therapie. Das erlaubte Glück will sich nicht greifen lassen, obwohl der mobile Mensch es allerorts angeboten findet...«[22]

Hans-Jochen Gamm fordert:
- Sexualpädagogik muß sich neu orientieren. Sie muß sich der Sinnfrage und der Auseinandersetzung im Wertbereich stellen.[23]
- Die aus Askese erwachsenen vielfältigen Leistungen müssen in ihrer Bedeutung für die menschliche Gesellschaft historisch gewürdigt werden.[24]
- Jungfräulichkeit darf nicht als »schädlich« dargestellt werden; dies sei weder erzieherisch noch wissenschaftlich vertretbar.[25]

Die von *Hans-Jochen Gamm* 1977 vorgetragenen Forderungen und Argumente werden und wurden vorher schon von namhaften Wissenschaftlern aufgrund nichtmaterialistischen Ansatzes formuliert.[26]

1930 bereits sahen *Ernst Schneider* und *Henrich Meng* sich als Herausgeber der 1926 gegründeten »Zeitschrift für Psychoanalytische Pädagogik« veranlaßt, folgende Erklärung ins Heft 4/1930 S. 287 zu rücken:

---

22 *Gamm/Koch*: Bilanz der Sexualpädagogik S. 15.
23 *Gamm/Koch* a.a.O. S. 15.
24 *Gamm/Koch* a.a.O. S. 190.
25 *Gamm/Koch* a.a.O. S. 190.
26 *Horst Scarbath:* Geschlechtserziehung, Motive, Aufgaben und Wege. Quelle und Meyer Verlag Heidelberg 1. Aufl. 1967. 2. Aufl. 1969.
Ders.: Sexualpädagogik. In: *Leo Roth*, Hrsg., Handwörterbuch der Erziehungswissenschaft, München 1976.
Ders.: Ziele geschlechtlicher Erziehung. In: *Philipp Eggers* und *Franz J. Steinbacher* (Hrsg.), Klinkhardts Pädagogische Quellentexte, Bad Heilbrunn 1976, 110 ff.

»Aber prinzipiell die psychoanalytische Erziehungshilfe nur in den Dienst der Triebfreiheit und nicht in den der Askese zu stellen, halten wir für ein unberechtigtes Eingreifen in die Frage der Erziehungseinrichtung und Sittlichkeit ... Die Redaktion.«

Hier sind besonders Prof. Dr. med. *Tobias Brocher* und *Gerhard Szczesny* zu nennen.

Prof. *Brocher* aus folgendem Grund: Er wurde von der Bundeszentrale für gesundheitliche Aufklärung als Autor für das als Ergänzung des Sexualkundeatlasses 1971 an alle Schulen verteilte und im Handel erhältliche Buch: »Psychosexuelle Grundlagen der Entwicklung«27 gewählt. Dies deshalb, weil, wie der damalige Präsident der Bundeszen-

---

Rudolf Affemann: Geschlechtlichkeit und Geschlechtserziehung in der modernen Welt. Gütersloher Verlagshaus *Gerd Mohn*, Gütersloh 1970. Dieses Buch ist 1978 als Taschenbuch in der Herderbücherei Nr. 661 in gekürzter Ausgabe unter dem Titel: »Sexualität im Leben junger Menschen« neu erschienen.

Roman Bleistein: Sexualerziehung zwischen Tabu und Ideologie. Echter Verlag, Würzburg 1971.

Willy Rehm: Die psychoanalytische Erziehungslehre, Anfänge und Entwicklung. *R. Piper Verlag* München 2, Aufl. 1971.

H. Bauer: »Geschlechtserziehung und Gesellschaft«. Luchterhand Lehrmittel. Neuwied, 1973, S. 70 ff.

Wilhelm Korff: »Norm und Sittlichkeit«. Matthias Grünewald-Verlag Mainz 1973, S. 113 ff. und 131 ff.

Hans Joachim Türk: »Moderne und traditionelle Sexualethik und -pädagogik« und »Zur ethischen Problematik der normativen Kraft des Faktischen«. In: *Franz Beffart*: Geschlechtserziehung interdisziplinär. Patmos Verlag Düsseldorf 1975 S. 13 ff. und S. 128 ff.

Wilfried Rohrbach: Humane Sexualität. Neukirchener Verlag. Neukirchen 1976.

Philipp Eggers und *Franz Steinbacher*: Sexualpädagogik, Klinkhardts Pädagogische Quellentexte, Bad Heilbrunn 1976.

Franz Böckle: »Fundamentalmoral«. Kösel-Verlag, 2. Aufl. 1978, S. 30 ff., S. 261 ff. und 306 ff.

27 *Tobias Brocher*: »Psychosexuelle Grundlagen der Entwicklung«. Im Auftrag des Bundesministers für Jugend, Familie und Gesundheit, herausgegeben von der Bundeszentrale für gesundheitliche Aufklärung, Köln. Leske Verlag, Opladen 1971.

trale, Prof. Dr. med. *Fritsche* als Herausgeber im Vorwort ausdrücklich feststellt:[28]

»Für die Darstellung und Wertung des psychischen Hintergrundes der sexuellen Entwicklung gibt es unterschiedliche Auffassungen. Anders als bei biologischen Daten weichen die Auffassungen hier stärker voneinander ab. Dieser Schwierigkeit versuchten wir dadurch zu begegnen, daß ein Autor gewählt wurde, der für die hier zur Diskussion stehenden Bereiche die wissenschaftlich am stärksten begründete Auffassung vertritt und bereit war, seinen Textentwurf von einem Gremium von Sachverständigen der Kultusministerien und Lehrern aller Schularten kritisieren zu lassen, in dem sehr verschiedene Auffassungen zu diesem Themenbereich vertreten waren. Dieses für einen Autor ungewöhnliche Ansinnen hat einen Text entstehen lassen, in dem stärker als üblich auf abweichende Auffassungen eingegangen wurde.

Prof. Dr. med. *Tobias Brocher* wurde als Mitarbeiter von Prof. *Alexander Mitscherlich* am Sigmund-Freud-Institut in Frankfurt als Autor für diese Schrift gewonnen. Mit der Wahl eines Vertreters dieser tiefenpsychologischen Richtung ist nicht deren Installierung als alleinverbindliche Lehrmeinung beabsichtigt. Sie bedeutet hingegen wohl, daß wir dieser Auffassung einen wesentlichen Rang einräumen. Der Autor hat sich zudem als ein hervorragender Sachkenner ausgewiesen, wie auch seine Arbeit ›Kritische Überlegungen zu den Problemen der Sexualerziehung‹, Verlag Diesterweg, 1968, belegt...«

Hinzu kommt, daß Prof. *Tobias Brocher*, heute Topeka, USA, im Auftrag der Bundesprüfstelle für Indizierungs-

---

[28] *Wolfgang Fritsche*, Prof. Dr. med. und Präsident der Bundeszentrale für gesundheitliche Aufklärung, Köln, Vorwort des Herausgebers. In: *Tobias Brocher* a.a.O., S. 7.

verfahren zahlreiche hoch qualifizierte Gutachten erstattet hat.

Auf *Gerhard Szczesny* wird zurückgegriffen, weil er als Gründer und langjähriger Vorsitzender der Humanistischen Union in der Bundesrepublik Deutschland wichtige Impulse zur Liberalisierung des Sexualstrafrechts gegeben hat.

Tobias Brocher schreibt in dem 1971 im Auftrag des Bundesministeriums für Jugend, Familie und Gesundheit von der Bundeszentrale für gesundheitliche Aufklärung herausgegebenen Buch u. a.:

»... Einem grundsätzlichen Mißverständnis ist noch am Anfang zu begegnen: erkennen, wahrnehmen, einräumen und umgehen lernen mit Triebwünschen ist nicht gleichbedeutend mit Sexualisierung, Triebstimulierung oder grenzloser Befriedigung und Freizügigkeit des Triebwunsches. Es besteht aber ein entscheidender Unterschied in der Erziehung zwischen dem Zwang zur Triebunterdrückung aus blinder Verleugnung natürlicher Gegebenheiten und einer allmählichen, sinnvollen, stufenweisen erzieherischen Einübung von Triebaufschub, Umwegverhalten oder einer Veränderung des Triebzieles auf Grund erkannter Tatsachen über die Natur des Menschen...«[29]

Am 16. 1. 1972 erklärte Prof. Dr. *Tobias Brocher* in einer Sendung des Zweiten Deutschen Fernsehens auf die Frage von *Hans Erich Koertgen*: Wie verbinden sich Liebe und Sexualität?

»... Größere sexuelle Freiheit fordert auch größere soziale Verantwortung. Sie wird erst dann erreicht, wenn wir bereit sind zu fragen, ob durch schiefe Sexualpropaganda Dritte geschädigt werden können. Das erfordert die Lösung einer ganz anderen Frage, die den jün-

---

29 *Tobias Brocher:* Psychosexuelle Grundlagen a.a.O., S. 12.

geren Generationen mit Recht dringlich ist. Wie verbinden sich Liebe und Sexualität? Die Sexwelle hat eher zu einer Trennung beigetragen, in der die Eigenliebe und Selbstsucht zunehmen. Isoliert vollzogene Sexualität ohne Liebe läßt nicht nur unbefriedigt, sondern weckt auch Schuldgefühle und verstärkt damit die aus Enttäuschung entstandenen aggressiven Neigungen gegen die Gesellschaft...«[30]

1977 schreibt *Tobias Brocher:*

»...Die Geschlechtlichkeit wächst ihm (dem Jugendlichen) genau so zu wie seinen Eltern. Sie geschieht ihm. Wichtig ist nur, was er damit anfangen soll, und hier beginnen die Schwierigkeiten, nicht etwa wegen elterlicher oder obrigkeitlicher Gebote und Verbote, sondern, weil Intimität erst erlernt werden muß; sie ist nicht angeboren und sie löst Ängste aus.

Die Geschlechtswütigkeit mancher moderner Adoleszenten darf nicht über die Angst hinwegtäuschen, die durch pseudo-aktive Flucht nach vorn überwunden werden soll, wie manche spätadoleszenten, militanten Sexualerzieher meinen. Es ist die Angst, sich selbst zu verlieren, und die Furcht, sich selbst nicht hergeben zu können...

Die größte Furcht aller Menschen im täglichen Leben, in der Liebe und in jeder menschlichen Beziehung ist es jedoch, zurückgewiesen, abgelehnt und einsam zu sein. Die Hoffnung fast aller Menschen gründet sich darauf, sich angenommen zu fühlen, anerkannt und geliebt zu werden...

Die steigende Selbstmordziffer der Adoleszenten und jungen Erwachsenen ist eine bittere Botschaft, deren

---

30 *Tobias Brocher:* Was bleibt von der Sexwelle? In der Sendung: Fragen zur Zeit am 16. 1. 1972 zitiert nach: Jugendmedienschutz 1974, Heft 4 der Schriftenreihe der Bundesprüfstelle, Bonn 1974 S. 48.

Inhalt wir zu verleugnen trachten. Jeder Jugendliche weiß, daß der endgültige Abschied von der Kindheit ein schmerzliches Absterben von Unwiederbringlichem bedeutet. Dieser Verlust wird ihm nur dann erträglich sein, wenn er sich mit der Hoffnung auf einen Lebensabschnitt verbindet, der verheißungsvoll genug erscheint. An solchen Verheißungen scheint es zu mangeln, solange unser Sinn überwiegend sich auf immer größere Lust und zweifelhafte Gewinne richtet ...«[31]

Gerhard Szczesny schreibt 1974:

»... Die Schwierigkeiten und Gefahren der libertinistischen Ethik liegen nicht in der Minimalisierung der von der Gesellschaft verpflichtend gemachten Forderungen, sondern in dem Fehlen jedes Maßstabes für die Gestaltung des persönlichen Lebens ... Der »Andere«, als Orientierungs- und Grenzpunkt meines Rechtes, die eigenen Talente und Bedürfnisse auszuleben, schränkt zwar das Ausmaß dieser Entfaltung ein, stiftet aber kein Modell, das eine Bewertung der verschiedenen mich bewegenden Wünsche und eine Entscheidung zwischen ihnen erlauben würde. Die auf dem Prinzip der Respektierung des Nächsten gegründete Humanität gewährleistet sozialen Frieden und – auf einer nächsten und höheren Stufe – soziale Gerechtigkeit, aber sie leistet wenig für die Persönlichkeitsbildung, für die Humanisierung des eigenen Charakters.[32]

... Die Entscheidungsschwäche des toleranzfixierten, seinsgläubigen Menschen setzt den für die liberale Gesellschaft folgenschwersten Mechanismus in Gang. Es beginnt ein Wettstreit der sich selbst überlassenen Par-

---

[31] *Tobias Brocher:* Stufen des Lebens. Kreuz Verlag Stuttgart–Berlin 1977 S. 58 und 63.
[32] *Gerhard Szczesny:* »Die Disziplinierung der Demokratie oder die vierte Stufe der Freiheit«. Rowohlt Verlag, Rheinbek 1974 S. 53.

tialbedürfnisse, dessen Ausgang ausschließlich davon abhängt, welche Antriebe sich als die stärksten erweisen. Die Bedürfnisse entscheiden über den Menschen, nicht er über sie.33

... Nach dem Zerfall der mythischen und theologischen Wert- und Entscheidungsinstanzen, die als übermenschliche Mächte die Beachtung sozialisierender und humanisierender Ge- und Verbote von außen erzwangen, haben wir gar keine andere Wahl, als diese Instanzen nun dort zu suchen und aufzubauen, wo sie ihren Ursprung haben: in uns selbst.34

... Ohne den Willen zum Werten, ohne die Kraft zur Entscheidung und ohne den Mut zur Unterdrückung spontaner Wünsche gibt es keine Humanisierung, weder des einzelnen noch der Gesellschaft.35

... Der Aufbau einer Person .. ist eine Kunst.. Zur Vermittlung dieser Kunst gehört auch die Einsicht, daß Erziehungsprozesse immer Akte des Zwangs sind, der vom Menschen gegen sich und gegen andere ausgeübt werden muß, um die höheren aber schwächeren gegen die niederen aber stärkeren Antriebe und Interessen durchzusetzen. Eine Pädagogik, die auf die Formulierung eines verbindlichen Bildes vom Menschen, die auf legitime Autorität und Disziplin verzichtet, ist keine Erziehung, sondern nichts weiter als Beihilfe zu einer Selbst-

---

33 *Gerhard Szczesny* a.a.O. S. 55.
34 *Gerhard Szczesny* a.a.O. S. 112.
35 *Gerhard Szczesny* a.a.O. S. 140. Vgl. dazu: *Viktor Franke:* Der Mensch auf der Suche nach dem Sinn. Herderbücherei Bd. 430, 1975.
Peter Kmieciak: Weltstrukturen und Weltwandel in der Bundesrepublik Deutschland, Göttingen 1976, S. 14 und 461.
Daniel Bell: Die Zukunft der westlichen Welt. Frankfurt 1976, S. 178 ff. und 211 ff.

enthemmung, die den Menschen um seine eigentlichen Entwicklungsmöglichkeiten betrügt...«[36]

Helmut Schelsky hat bereits 1955 in seinem jetzt in 21. Auflage vorliegenden Taschenbuch »Soziologie der Sexualität« darauf hingewiesen, durch den Übergang von der Produktions- zur Verbrauchergesellschaft gerieten Sexualität und Freizeit »unter die Herrschaft der Konsumbedürfnisse. Damit unterwerfe der Mensch sich einem zweiten ›Entfremdungs‹- und Disziplinierungsprozeß der industriellen Organisation: der Enthemmung seiner Konsumbedürfnisse...«[37]

Der Arzt und Psychotherapeut *Rudolf Affemann* sieht insbesondere folgende Gefahr in der Entfremdung des Menschen durch die Konsumgesellschaft.

»... Weil bei dem Konsumenten seelische Vorgänge in Verbrauchervorgänge überführt werden, ist Lieben für ihn ein Konsumvorgang. Die Sexualität enthält den Charakter eines Konsumartikels. Aus ihren seelischen Bezügen herausgelöst und von der Person abgetrennt, verzehrt sie der Konsument, wie man etwa Speiseeis lutscht. Der Geschlechtspartner wird als Konsumgegenstand benutzt. Man ›vernascht‹ ihn. Man hat einen großen Männer- oder Frauenverbrauch. Man legt sich einen neuen Freund zu – wie man sich einen neuen Pelz zulegt. Man steigt auf eine andere Freundin um wie auf ein anderes Auto. Der Konsument tut sich mit dem anderen zusammen zum Zwecke des gemeinsamen Sexualkonsums. Seelische Beziehungen sind unerwünscht. Gefühle stören. Ohne beides kann man besser in den Konsumvorgang

---

36 *Gerhard Szczesny* a.a.O. S. 184.
37 *Helmut Schelsky:* Soziologie der Sexualität. Rowohlt Taschenbuchverlag Hamburg. 1. Aufl. 1955, 21. Aufl. 1977. Siehe Kapitel: »Sexualität als Konsum«, S. 118 ff. der 19. Auflage.

eingehen, wieder aus ihm heraustreten und sich neuen sexuellen Konsumartikeln zuwenden...«[38]

Zur Sexualisierung durch Massenmedien vertritt *Affemann* unter ausdrücklicher Bezugnahme auf *David Riesmanns* Klassiker »Die einsame Masse« folgende Auffassung:

»... Viele Massenmedien präsentieren Sex, Verliebtheit, Liebe, Gefühle, Sexualprobleme nicht als Information sondern überwiegend als Konsummittel. Selbst eine scheinbare Sexualinformation besitzt oft keinen Informationscharakter. Ihr Hauptmotiv ist nicht Wissenserweiterung und Meinungsbildung. Diese Massenmedien machen den Menschen solche Tatbestände nicht zugänglich, weil sie ihn zur Kritik- und Urteilsfähigkeit erziehen wollen. Ihr Hauptanliegen ist nicht die Bildung des Menschen zu einem volleren Sein als Geschlechtswesen, sondern Gelderwerb durch Darbietung von sexueller Unterhaltung. Die Massenmedien liefern Sex – im weitesten Sinne – als Konsumgut. Noch einmal muß ausdrücklich erwähnt werden: Auch die scheinbare Sexualinformation trägt häufig nur die Form der Information. Absicht

---

[38] *Rudolf Affemann*: Sexualität im Leben junger Menschen. Herderbücherei Nr. 661, Freiburg 1978 S. 89. Vgl. dazu u. a. die zahlreichen Indizierungsentscheidungen der BPS zur St. Pauli Presse, insbesondere Entscheidung Nr. 23460 vom 21. Januar 1972. In Heft 2 der Schriftenreihe der BPS, Bonn 1972 S. 29 ff. und Entscheidung Nr. 2649 vom 12. Mai 1977 (nicht veröffentlicht) betr. die Zeitschrift »praline-Aktuelle Woche« Nr. 27-29 und 34-76 und die dazu ergangene Entscheidung des Verwaltungsgerichts Köln vom 25. Juli 1977, mit dem der Aussetzungsantrag des Verlages rechtskräftig zurückgewiesen worden ist (Az.: VG Köln 1 L 1978/77). Vgl. ferner *Roland Huntfort*: Wohlfahrtsdiktatur – Das schwedische Modell. Aus dem Englischen übersetzt von *Wolfgang Scheuer*. Ullstein Verlag, Frankfurt, Berlin, Wien 1973, Kap. 15 Sex und Manipulation S. 261 ff.
Vgl. aber dazu und zu *M. B. Bergström-Walon*: »Modellfall Skandinavien«, Hamburg 1970: *Dieter Michael Specht*: Sexualkunde-Unterricht in Schweden. In: Medien- und Sexualpädagogik Heft 4/1975 S. 5 ff.

und Erfolg aber sind Konsum. Das gleiche trifft weitgehend auf die geschäftliche Sexualaufklärung zu, die dem Menschen scheinbar zu einer wissenderen und volleren sexuellen Erlebnisfähigkeit verhelfen möchte. Zumindest das Leitmotiv ist beim Anbieter Geldgewinn durch Konsumvermittlung und beim Abnehmer Bedürfnisbefriedigung mittels Sexualkonsums...

... In dem durch bestimmte Massenmedien angebotenen Sexualkonsum geschieht folgendes: Der Konsument identifiziert sich mit den Gestalten, oder er macht sie zum Objekt seines Triebverlangens. Damit tritt an die Stelle eines aktiven Sexualvollzugs zwischen zwei Menschen die Ersatzhandlung der innermenschlichen Vorstellungswelt. Man bezieht Lust ohne Engagement...«[39]

Damit spricht das Sexualangebot der Massenmedien den Sexualtrieb an und löst diesen aus der Verbundenheit mit dem Gefühl aus der Gesamtheit der seelischen Bezüge, in die er eingebettet ist und mit denen er sich verbinden soll. Die Aufgabe der sexuellen Reifung lautet: Integration des Sexualtriebes in die Ganzheit der individuellen Persönlichkeit. Die Sexualisierung der Massenmedien bewirkt eine ständige Desintegration der Sexualität. Damit wirken sie der Reifung von Sexualität und Mensch entgegen.[40]

Affemann fährt im Kapitel »Psychologisch-kritische Auseinandersetzung mit den Wirkmechanismen der Sexkonsumartikel« fort.[41]

»... Die Gefahr einer Auflösung der Verflochtenheit von Trieb, Gefühl und Person droht auch durch die gutgemeinte sexuelle Aufklärungswelle. Selbst wenn diese Aufklärung weder als Konsum gedacht und benutzt wird,

---

[39] *Rudolf Affemann* a.a.O. S. 100 ff.
[40] Ebda. S. 105.
[41] Ebda. S. 105.

gefährdet sie dennoch die Integration der Sexualität. Die Aufklärungsschriften haben oft nur biologisch-informativen Charakter.[42] Sie spiegeln nicht die mannigfaltigen Verflechtungen und Abhängigkeiten von Sexualität und Gesamtseele mit der Person des geschlechtlichen Gegenübers. Sie leisten also, weil sie selbst nicht ganzheitlich sind – auch wenn sie sich im Prinzip für ein solches Verständnis des Menschen offenhalten –, der Herauslösung der Sexualität Vorschub. Man kann diese Einseitigkeit nicht ausgleichen, indem man noch eine Psychologie, Soziologie und eine Ethik der Sexualität anstückelt. Gerade in der Geschlechtlichkeit zeigt sich, daß der Mensch mehr ist als die Summe seiner Teile. Getrennte Information auf Teilgebieten muß zu einem Nebeneinander im geschlechtlichen Verhalten führen. Unsere Aufgabe heißt dagegen: das Ineinander der Geschlechtlichkeit.

Die Massenmedien bieten zum großen Teil Sex in Bildern. Der Konsument genießt diese Sexualität im Anschauen. Die Sexbilder rufen also immer wieder einen Teiltrieb der Sexualität auf, nämlich den Schautrieb. Aus der ganzheitlichen Lust des aktiven genitalen Vollzuges, der vom Schautrieb vorbereitet und von Schaulust begleitet ist, wird die Befriedigung durch einen Teiltrieb

---

42 Von dieser Auffassung ist offensichtlich auch der Kultusminister des Landes Nordrhein-Westfalen ausgegangen. Denn er hat unter Ziffer 5 »Medien für die Sexualerziehung in der Schule« in seinem Erlaß vom 3. Mai 1974 für die Sexualerziehung an allen Schulen von NRW wörtlich ausgeführt: ». . . Die den Schulen angebotenen Lernmittel und Unterrichtshilfen beschränken sich überwiegend auf die Darstellung der wesentlichen Organsysteme und ihre Funktionen . . . Sie werden aber keineswegs dem Anspruch gerecht, die Sexualerziehung in das soziale und ethische Bezugssystem ihrer Bildungsziele einzubeziehen . . . Zum gegenwärtigen Zeitpunkt ist nicht damit zu rechnen, daß sexualkundliche Unterrichtswerke in das Verzeichnis der notwendigen Lernmittel aufgenommen werden . . .« Amtsblatt des Kultusministers von NRW 1974 S. 318 ff. Diese Fußnote (42) ist nicht im Text von *Affemann* enthalten. Sie wurde von der BPS eingefügt.

der Sexualität, den Schautrieb. Indem die visuellen Reize den Schautrieb einseitig fördern, ziehen sie wieder die Desintegration eines Teils aus dem Ganzen nach sich. Sie pervertieren. Sie erzeugen die Perversion des Voyeurs. Er ist nicht auf lebendige Menschen bezogen, sondern auf tote Bilder, die er mit seinen Vorstellungen und Empfindungen belebt. Damit wird deutlich, daß ihn das Sexangebot der Massenmedien zum Genuß seiner Vorstellungen, seiner Empfindungen und damit auf die Stufe der Autoerotik zurückdrängt.

Noch auf andere Weise pervertieren die Massenmedien die Sexualität. Berieselung mit Sexualreizen führt zur Anpassung an den Reiz. Der Konsument stumpft ab. Die früheren Reize wirken nicht mehr. Folglich muß die Reizdosis erhöht werden. Man zeigt den Körper also noch nackter. Auch daran gewöhnt sich der Verbraucher. Um die erneut heraufgesetzte Reizschwelle zu übersteigen, reicht es nicht aus, nur nacktes Fleisch zu servieren und die Verwendung der Phantasie des Verbrauchers zu überlassen. Ihm müssen nun auch die sexuellen Vollzüge dargeboten werden. Am Anfang genügt es, den Geschlechtsakt zu zeigen. Wieder tritt eine Gewöhnung ein. Der Geschlechtsakt muß noch realistischer nahegebracht werden. Die erneute Anpassung zwingt den Sexlieferanten, andere sexuelle Praktiken zu liefern. Sie nutzen sich gleichfalls ab. Er muß also mehr in die Details gehen. Auf diese Weise entsteht der reichhaltige Pornomarkt.«

Die gleiche Auffassung formulierte Prof. *Tobias Brocher* 1972 in der o. a. Sendung des Zweiten Deutschen Fernsehens wie folgt:[43]

---

[43] *Tobias Brocher:* Was bleibt von der Sexwelle. In Heft 4 der Schriftenreihe der BPS, Bonn 1974, S. 46 ff.

»Es ist erst etwa acht Jahre her, seit der schwedische Filmregisseur Ingmar Bergmann das Kinopublikum vieler Länder in seinem Film »Das Schweigen« mit Szenen unverhüllter Sexualität konfrontierte. Was die einen dabei entrüstete, wurde für die anderen zu einem befreienden Erlebnis. Die schon in den zwanziger Jahren sehr lebhaft diskutierte Einsicht, daß Sexualität als Grundkraft des Lebens positiven Einfluß auf viele Verhaltensweisen und Lebensbereiche haben kann, setzte sich zunehmend gegen den Widerstand der älteren Generation durch. Die Sexwelle begann also mit der zuvor versäumten Aufklärung der Erwachsenen. Man durfte plötzlich offen über Sexualität reden, aber damit wurden auch alle Probleme offenbar, die durch verzerrte, unterdrückte oder mißverstandene Sexualität entstehen konnten. Die danach einsetzende Sexwelle unterschied sich zunehmend kaum von anderen Bedürfniswellen der Nachkriegszeit. Sex wurde zum Geschäft, ein Boom, mit dem man Geld verdienen konnte. Was ursprünglich in der besten Absicht – zum Teil recht naiv – als Information und Aufklärung für sexuell gehemmte und verschüchterte Liebespartner gedacht war, um Befreiung zu bringen, wurde zum Konsumangebot einer kommerzialisierten Sexualität, die den vorherrschenden Gesellschaftsregeln entsprechend nun auch dem Leistungsprinzip unterworfen wurde. Bis heute überwiegen exhibitionistische Bildangebote, die sich an den kindlich sexuellen Schau- und Zeigtrieb wenden, wodurch sich Nacktheit und Bloßstellung besser verkaufen und mit Werbung aller Art koppeln läßt. Die als bedrohliche reale Konkurrentin auf dem Arbeitsmarkt auftretende Frau wird in Wirklichkeit durch Übersexualisierung in den bildlichen Darstellungen abgewertet. Eine durch Kommerzialisierung zum Sex verstümmelte Liebesfähigkeit bringt jedoch nicht die erhoffte Befreiung. Vielmehr gerät der einzelne leichter unter einen Konsumterror, der ihm den Gebrauch von Reizangeboten, Verhütungsmitteln, Sexualtechniken, Entspannungsinstrumenten und fragwürdigen Elixieren suggeriert, damit er das höchste Ideal am Sexhimmel erreichen kann, nämlich Superpotenz und Superorgasmus. Zur Unterstützung und zur Hebung des Umsatzes wird die Lektüre heißer, pornographischer Literatur mit erregungssteigernden Darstellungen abweichenden Geschlechtsverhaltens in den wie Pilze aufschießenden Erzeugnissen der Sexualpresse dringlich empfohlen. Wer diese Supersexualität nicht erreicht, wird zum Sexmuffel. Er ist in dieser Hochleistungsgesellschaft nicht mehr brauchbar...

Dieses von einer Minderheit entworfene Wunschbild angeblicher sexueller Beglückung entspricht keineswegs der Wirklichkeit des Sexualverhaltens der Mehrheit. Bedenklich wird der Aufruf zu Benutzung und Mißbrauch wechselnder Sexualpartner ohne jede tiefere persönliche Beziehung und die damit zunehmende Propagierung sexueller Perversionen. Aber eine bestimmte schmale Branche kann dieses Geschäft mit der Sexualität und Gewalt deshalb gewinnbringend verwirklichen, weil sie mit der Unzufriedenheit, Sehnsucht, Isolation und aggressionslüsternen Frustriertheit des Einzelnen in der anonymen Massengesellschaft rechnen kann. Weil sich viele Menschen von mehr Sexualisierung größeres Vergnügen und Abwechslung in der Eintönigkeit der grauen Alltagsausbeutung versprechen, weckt und erfüllt die kommerzialisierte Sexualität immer mehr Konsumbedürfnisse, die aber keineswegs zur erhofften Befriedigung führen. Die Konsequenz besteht in einer Steigerung der angebotenen Reize und Reizmittel. Während Kolles Bücher, die Aufklärungsfilme der Regierung und die erste Sexualliteratur vor Jahren noch sensationell wirkten, wird dem Konsumenten heute verdeutlicht, daß er viel härteren Sex braucht. Das findet Ausdruck im Umsatz von brutalen Darstellungen sadomasoschistischer, sodomitischer und anderer Formen sexueller Perversionen und Praktiken in Bild, Film und Primitivliteratur. Dadurch wird der Eindruck erweckt, eine Mehrheit habe das dringende Bedürfnis, sich nunmehr der Befriedigung überwiegend abweichender sexueller Neigungen zuzuwenden. Was zuvor als unerlaubter Eingriff des Staates gerügt wurde, nämlich die Bevormundung und Infantilisierung des Bürgers im Bereich der Sexualität, wird schließlich zum gelinden Terror einer Perversionspropaganda, die jedermann davon überzeugen möchte, daß die Reste seiner sexuellen Kindheitsphantasien unbedingt befriedigt werden müßten, wenn er das Glück vollkommener Sexualität erreichen wolle. Die gewonnene Freiheit wird durch Konsumzwänge wieder eingeengt, die sich schlimmer auswirken müssen als die zuvor befehdete staatliche Regulationstendenz.«[44]

Mit Nachdruck warnt *Rohrbach* vor den Folgen der Orientierungs- und Bindungslosigkeit:[45]

»... Der von der geschichtstheologisch orientierten Ethik gemäß dem Evangelium geforderte Aufbruch aus disfunktionalen Strukturen (498) darf also niemals als ein solcher in ein institutionsloses, normenfreies Leben ausschließlich personalen Handelns und Verhaltens verstanden werden, will man nicht ein totales Vakuum schaffen, in das dann, wie die Entwicklung nach dem radikalen Normenabbau sexueller Befreiungsbewegungen auch gezeigt hat, chaotische und tyrannische Ungeister

---

44 Vgl. dazu »St. Pauli – das deutsche Reich der Sinne – So hart war Sex noch nie«. stern magazin Heft Nr. 24 vom 8. Juni 1978 S. 36–56.
45 *Wilfried Rohrbach* S. 123 und S. 11 ff.
Bei den Zahlen in Klammern handelt es sich um Fußnotenhinweise im Original. Die Fußnoten selbst werden hier nicht aufgeführt. Das gilt auch für Fußnote 46 und 47.

ihren Einzug halten. Aus der Geschichte der Kirche ist ja von ihren Anfängen an das Phänomen des schwärmerischen Mißverständnisses der Freiheit und seine Folgen hinlänglich bekannt.

Auf Grund der rechten Abschätzung der Folgen solcher Bindungs- und Formlosigkeiten sagt der dänische Situationsethiker *Knud E. Logstrup*, der mit allem Nachdruck die Begrenztheit und Revisionsbedürftigkeit sozialer Normen betont und dessen Ethik von der spontanen Unmittelbarkeit zwischenmenschlicher Begegnung ausgeht und darum von *Wolfgang Trillhaas* als eine ›Ethik im Dual‹ gekennzeichnet wurde (499): ›Ohne den Schutz der konventionellen Normen wäre der Umgang mit anderen Menschen für jeden unerträglich‹. (500) Im selben Sinn äußert sich *Siegfried Keil*, einer der optimistischsten zeitgenössischen sexualethischen Autoren, daß nämlich ›ein gebrochenes Verhältnis zur institutionellen Wirklichkeit auf die Dauer unerträglich‹ sei (501). Und *Trutz Rendtorff,* der den Bestand einer Institution von ihrer Funktion für den Menschen abhängig macht, bemerkt zu dem Problem, ›daß jede Wandlung der institutionellen Wirklichkeit um des Personseins des Menschen willen selbst wieder nur in der Gestalt institutionellen Handelns vor sich gehen kann‹ (502).«

Wilfried Rohrbach weist darauf hin, die Situationsethiker könnten den Menschen, die den Manipulationen der Massenmedien ausgesetzt seien, die notwendige Hilfe nicht bieten. Wörtlich schreibt er:[46]

»... Der radikale Situationsethiker wird sich in diesem Kontext auf Grund seiner Voraussetzungen und seiner ohnehin prinzipiellen Abstinenz gegenüber inhaltlichen ethischen Aussagen höchster Zurückhaltung befleißigen.

---

[46] *Wilfried Rohrbach:* Humane Sexualethik. Neukirchener Verlag 1976 S. 108.

Daß er dabei den auch im sexuellen Bereich unter Konsum- und Leistungszwängen stehenden, den Suggestionen entsprechender Werbung und den Manipulationen der Massenmedien ausgelieferten Menschen unserer Zeit die notwendige Hilfestellung versagt, liegt auf der Hand...«

Hans Joachim Türk erwartet Hilfe, vor allem für Jugendliche, von der Zielethik. Er führt aus:[47]

»...2.6 Der Lehrer soll erkennen, daß auch bei unterschiedlichen Ansätzen für die theoretische Begründung des Sittlichen wichtige Normierungen in der Weise einer ›Zielethik‹ aus der Bewußtseinsgeschichte der Menschheit und aus jetzt auszuhandelnden Optionen zu gewinnen sind, besonders aus solchen Folgen der Handlungen, die empirisch aufweisbar sind (das heißt: aufgrund gegeschichtlicher schlimmer Erfahrungen und beim jetzigen Stand unserer Bewußtseinsentwicklung können wir bestimmte Verhaltensweisen nicht mehr wollen bzw. müssen wir andere verlangen). Dazu zählen folgende Normierungen: (29)

2.6.1 Ohne Triebaufschub, ohne Verlagerung von Objekt und Richtung des Triebes, ohne Frustrationstoleranz gibt es keine humane Sozialkultur. Diese Strukturierung der Triebe gelingt allerdings gewöhnlich und befriedigend nur auf der Grundlage einer substantiellen Befriedigung von Triebpotential. (30)

2.6.2 Lustgewinn ist kein isoliertes Phänomen, sondern eingeordnet in die Funktionen von Partnerbindung, Fortpflanzung u. a.; die beiden zuletzt genannten Funktionen sind aber nicht immer wesensnotwendig verbunden. (31)

---

[47] *Hans Joachim Türk*: Moderne und traditionelle Sexualethik und -pädagogik. In: *Franz Beffart*: Geschlechtserziehung interdisziplinär. Patmos Verlag, Düsseldorf 1975 S. 32 ff.

2.6.3 Mögliche (nicht immer unumgängliche) Durchgangsphasen von narzißtischer oder homoerotischer Sexualität können als solche nicht ethisch einfach disqualifiziert werden; ihre Fixierung und Regradierung muß aber nach Möglichkeit pädagogisch verhindert werden, da in solchen Verhaltensweisen keine stabile und sinnvolle Erfüllung von Sexualität gesehen werden kann – auch wenn wegen biographischer Determinanten in vielen Fällen vertretbare Ersatzhandlungen ethisch zu tolerieren sind. (32)

2.6.4 Zwischen der Latenzphase und der vollen sexuellen Erfüllung in einer Dauerbeziehung (im Normalfall Ehe) muß eine Übergangsphase der Hinführung zu erotischer Kultur (Zärtlichkeit, körperliche Kontaktfähigkeit und Distanzfähigkeit für seelische Einstellungen und Vorgänge, Verantwortungsbewußtsein) ermöglicht und pädagogisch angeleitet werden. Petting und vorehelicher Geschlechtsverkehr bedürfen je nach individueller und sozialer Situation einer sehr differenzierten Bewertung. (33)

2.6.5 Information über Sexualität (nicht von der Fortpflanzungsfunktion, sondern von der Partnerbindung ausgehend), in den Grundzügen bereits in der Vorschulphase abgeschlossen, ist notwendige, aber nicht hinreichende Bedingung für Sexualpädagogik, die sich auch auf emotionaler, ethischer und körperlicher Ebene abspielen muß.

2.6.6 Ein anthropologischer Dualismus (sei es mit rationalistischer, sei es mit biologistischer Akzentuierung) ist mit unserem Kenntnisstand nicht mehr vereinbar. Es geht immer 1. um die Ganzheit des Menschen und 2. um die Strukturierung dieser Ganzheit, nicht um Herrschaft oder Unterwerfung eines Teils.

2.6.7 Ziel muß sein die Entfaltung und Ausformung der Liebesfähigkeit, die keine absolute Selbstlosigkeit,

aber auch keine Instrumentalisierung des Partners ist, (34) die weder platonisch-idealistisch noch naturalistisch-irrational, sondern integrativ ist. Diese Liebe ist kein Modell für alle gesellschaftlichen Beziehungen, aber eine Voraussetzung dafür, daß gesellschaftliche Beziehungen nicht als Kompensation für nicht gelungene Liebesbeziehungen genommen werden (Machtgenuß, Berufsrevoluzzertum usw.).
2.6.8 Sexualethik läßt sich nur als eine zielorientierte Ethik verstehen, die mit einem Minimum an deontologischen Prinzipien auskommt (dazu gehören: Jedes menschliche Leben hat einen unantastbaren Selbstwert; die Person ist nicht nur Mittel zum Zweck, sondern auch Selbstzweck; Gewaltanwendung ist zu minimieren auf das rational begründete Maß; Sprache hat der Kommunikation zu dienen; Sexualität ist in das Ganze einer Dauerbeziehung zu integrieren usw.), im übrigen aus empirisch beobachtbaren Folgen von Verhaltensweisen argumentiert. (35)«

Rudolf Affemann[48] empfiehlt den verantwortungsbewußten Menschen eine neue Form der Askese: »Eine gewisse Enthaltsamkeit gegenüber den Massenmedien« – womit der Kreis von *Affemann* zu *Gamm* und zum Bundeskanzler[49] geschlossen ist. *Affemann* räumt zugleich ein, daß diese Forderung im massenmedialen Zeitalter kaum zu erfüllen ist. Er weist seine Leser aber nicht darauf hin, daß Art. 5 Abs. 2 GG und das Gesetz über die Verbreitung jugendgefährdender Schriften Möglichkeiten eröffnet, Schriften, Ton- und Bildträger, Abbildungen und andere Darstellungen (§ 1 Abs. 3 GjS) mit jugendgefährdenden

---

48 *Rudolf Affemann* a.a.O. (Herderbücherei Nr. 661 S. 104).
49 *Helmut Schmidt*: Plädoyer für einen fernsehfreien Tag – Ein Anstoß für mehr Miteinander in unserer Gesellschaft. Die Zeit Nr. 22 vom 26. Mai 1978 S. 9.

Inhalten auf Vertriebswege zu beschränken, die nur Erwachsenen zugänglich sind (§§ 3 ff. GjS).
Die Bundesprüfstelle hat mit Entscheidung Nr. 1945 vom 30. November 1967 die Sexualaufklärung durch Massenmedien für bedenklich erklärt. Wörtlich heißt es in dieser Entscheidung:[50]

»...Die Bundesprüfstelle hält den Vorwurf für berechtigt, daß sich die Massenpublizistik hier in eine wichtige Erziehungsaufgabe ungefragt hineindrängt und dabei die Schamgrenze als eine wichtige Voraussetzung für die menschliche Geschlechtlichkeit unberücksichtigt läßt. Ein ungefragtes Hineindrängen kann die Bemühungen von Eltern, die offen und vertrauensvoll mit ihren Kindern sprechen, durchkreuzen, stören und erschweren...

In einem Gutachten über ›Selbstkontrolle Illustrierter Zeitschriften‹ vom 1. 12. 1956 hat der Deutsche Ausschuß für das Erziehungs- und Bildungswesen (Empfehlungen und Gutachten, 2. Folge, Stuttgart 1957) angezweifelt, ob Zeitschriften, deren eigentliches Ziel Unterhaltung oder Belehrung zum Zweck der Unterhaltung sei, zur Aufklärung über Fragen berufen sind, die sorgfältigster Behandlung bedürfen. Diese ›Legitimation fehlt Zeitschriften, welche diese Fragen mit den Mitteln der Sensation... glauben angemessen beantworten zu können‹...«

Das Bundesverwaltungsgericht hat mit Urteil vom 16. Dezember 1971[51] darauf hingewiesen, daß Angelegenheiten

---

[50] BPS Entscheidung Nr. 1967 vom 3. November 1967. »Aufklärung in Illustrierten?« In: Beiträge zur Sexualforschung. Heft 44 S. 85 ff. Herausgegeben von *Hans Giese, Ferdinand Enke*, Verlag Stuttgart 1968.
[51] Bundesverwaltungsgericht Urteil vom 16. 12. 1971 I C 41.70 in Heft 2 der Schriftenreihe der Bundesprüfstelle, Bonn 1972 S. 26 ff.

der Intimsphäre nicht in Massenmedien behandelt werden dürfen:

».. . Zwar besteht von Rechts wegen eine Freiheit in der Gestaltung der Intimsphäre. Der Staat darf Angelegenheiten der Intimsphäre nicht reglementieren. Er darf sie aber aus dem öffentlichen Bereich verweisen und kann mit rechtlichen Mitteln erzwingen, daß sie in dem für andere nicht wahrnehmbaren Privatbereich verbleiben. Niemand hat das Recht, seinen Mitbürgern Angelegenheiten seines Intimlebens aufzudrängen ...«

Das Bundesverfassungsgericht hat in dem oben zitierten Beschluß vom 21. 12. 1977 die Wahrung der Intimsphäre im Rahmen schulischer Sexualerziehung mit Nachdruck gefordert.[52]

».. . Eine sinnvolle Sexualerziehung soll schließlich nicht allein Unkenntnis und Unwissenheit abbauen, sondern auch den Wert einer persönlichen Intimsphäre als eines notwendigen Freiheitsraumes bewußtmachen ...

Es kann ferner nicht verkannt werden, daß sich die sexuelle Entfaltung grundsätzlich in privater vertraulicher Sphäre abspielt. Nach herkömmlicher Auffassung verbietet es das Schamgefühl, die menschliche Sexualität in das Licht der Öffentlichkeit zu rücken. Der Staat achtet deshalb auch die Intimsphäre des ehelichen Lebens. Die Beeinträchtigung der Intimsphäre kann gerade beim Kind möglicherweise Befangenheit gegenüber seinen Eltern hervorrufen und familiäre Spannungen erzeugen.«

Das Gericht hat dabei mit besonderem Nachdruck hervorgehoben, daß der Intim- und Sexualbereich vor allem der Kinder und Jugendlichen unter den Schutz der Menschen-

---

[52] Bundesverfassungsgericht Beschluß vom 21. 12. 77 in NJW 1978 S. 807 ff.

würde fällt. Wörtlich führt das Bundesverfassungsgericht dazu aus.[53]

> »... c) Auch die Rechte des Kindes aus Art. 2 Abs. 1 GG werden durch die Sexualerziehung in der Schule berührt.
>
> Das Grundgesetz hat den Intim- und Sexualbereich des Menschen als Teil seiner Privatsphäre unter den verfassungsrechtlichen Schutz des Art. 2 Abs. 1 in Verbindung mit Art. 1 Abs. 1 GG gestellt. Diese Vorschriften des Grundgesetzes sichern dem Menschen das Recht zu, seine Einstellung zum Geschlechtlichen selbst zu bestimmen. Er kann sein Verhältnis zur Sexualität einrichten und grundsätzlich selbst darüber befinden, ob, in welchen Grenzen und mit welchen Zielen er Einwirkungen Dritter auf diese Einstellung hinnehmen will. Wenn aber das Verhältnis des Menschen zum Geschlechtlichen unter verfassungsrechtlichem Schutz steht, dann muß dieses aus Art. 2 Abs. 1 in Verbindung mit Art. 1 Abs. 1 GG hergeleitete Recht auch dem einzelnen Jugendlichen zustehen. Seine Intimsphäre kann durch die Art und Weise, in der die Sexualerziehung in der Schule durchgeführt wird, wesentlich berührt werden. Der Jugendliche ist nicht nur Objekt der elterlichen und staatlichen Erziehung. Er ist vielmehr von vornherein und mit zunehmendem Alter in immer stärkerem Maße eine eigene durch Art. 2 Abs. 1 in Verbindung mit Art. 1 Abs. 1 GG geschützte Persönlichkeit.

Das Bundesverfassungsgericht hat trotz der Tatsache, daß in Schulen nur pädagogisch ausgebildete Fachkräfte unterrichten dürfen, auf die denkbaren »seelischen Entwicklungsschäden« hingewiesen, die durch pädagogisch falsch angelegte Sexualerziehungsmaßnahmen gerade im puber-

---

[53] Bundesverfassungsgericht a.a.O. unter C I 2 c.

tären Jugendlichkeitsalter entstehen können. Wörtlich führt das Bundesverfassungsgericht aus:

»... Die Erfahrung lehrt, daß gerade Jugendliche durch pädagogisch falsch angelegte Erziehungsmaßnahmen auf dem Gebiet der Sexualität seelisch verletzt und in ihrer Entwicklung schwer beeinträchtigt werden können ...«

Thomas Oppermann bemerkt dazu zutreffend,[54] daß mit den seelischen Entwicklungsschäden »u. a. wohl (solche) im Sinne der sozialethischen Bewußtseinsbildung gemeint (sind)«.

Der Berliner Schulsenator hat 1976 einen Aufsatz des Leiters der Berliner Lebensmüdenberatungsstelle und Selbstmordverhütungsexperten Dr. *Klaus Thomas* veröffentlicht, der die Bedenken des Gerichts stützt. *Thomas* schreibt u. a.:[55]

»Früher spielte das Gleichsetzen von Sexualität und Sünde eine bedeutende Rolle. Seit etwa 5 Jahren hat diesen Platz eine ›Genußsucht und Sexwellen-Neurose‹ eingenommen. Sexuelle Leistungsansprüche und eine mißverständliche Sexualerziehung können von den relativ unreifen Kindern und Jugendlichen nicht verarbeitet werden. Die Folgen sind panische Angst und Selbstmordhandlungen.«

Aus den zitierten wissenschaftlichen Erkenntnissen und den Ausführungen des Bundesverfassungsgerichts ergeben sich auch für Zulässigkeit, Art und Weise von Sexualaufklärungsbeiträgen in Massenmedien weitreichende Folgerungen.

---

54 *Thomas Oppermann*: Die erst halb bewältigte Sexualerziehung. Juristenzeitung Nr. 9 vom 5. 5. 78 S. 289.
55 *Klaus Thomas*: »Schüler-Selbstmorde als Alarmzeichen – Liebe und Sexualität spielen eine große Rolle, wenn sich Jugendliche das Leben nehmen« in: »Die Schule«, Nachrichtenblatt für Eltern, Lehrer und Schüler Nr. 3. Oktober 1976, S. 3, herausgegeben vom Senator für Schulwesen, Berlin.

Zum einen findet die Auffassung der Bundesprüfstelle von 1967, Sexualaufklärung in Massenmedien verstoße dann gegen § 1 GjS, wenn sie das Elternrecht (Art. 6 GG) verletzt, in diesen Erkenntnissen und der höchstrichterlichen Entscheidung ihre Bestätigung. Zum anderen wird deutlich, Sexualaufklärung in Medien verstößt insbesondere dann gegen das Gesetz über die Verbreitung jugendgefährdender Schriften, wenn sie den verfassungsrechtlich geschützten Intim- und Sexualbereich von Kindern und Jugendlichen selbst verletzt – ein Gesichtspunkt, der nicht deutlich genug hervorgehoben werden kann. Er sollte Anlaß sein, entsprechende verlegerische Konzeptionen unter diesem Gesichtspunkt neu zu überprüfen.[56] Hierbei sollten sie die Ausführungen von Prof. *Thomas Oppermann*[57] besonders sorgfältig beachten.

Die Bundesprüfstelle konnte, wie eingangs der Gründe bereits ausgeführt, in diesem Verfahren nur den in diesem Heft enthaltenen Aufklärungsbeitrag an Hand der dargelegten Kriterien beurteilen. Diese Prüfung ergab:

Der Beitrag ist nach dem GjS nicht zu beanstanden. Dr. med. *Martin Goldstein* behandelt darin unter seinem Pseudonym Dr. *Alexander Korff* die Themen Exhibitionismus und Voyeurismus sachgerecht. Über diese Themen sollen Kinder nach den Empfehlungen der Kultusministerkonferenz und den Richtlinien zur schulischen Sexualerziehung frühzeitig unterrichtet werden. Redaktion und Dr. *Goldstein* sollten aber auf Vermeidung emotional stimulierender Text- und Bildbeiträge achten, durch die die Souveränität von Konsumenten und Rezipienten eingeschränkt oder un-

---

56 Vgl. z. B. die Änderung des Titelbildes des stern magazins Nr. 24 vom 8. Juni 1978 während des Druckes und der Auslieferung. Dazu: »Sinneswandel«. In: Der Spiegel Nr. 24 vom 12. 6. 1978 S. 19.
57 *Thomas Oppermann* JZ 9/78 S. 289.

terlaufen wird, wie Prof. Dr. *Kroeber-Riel* in seinem Buch »Konsumentenverhalten« dargelegt hat.[58] Was dort für Erwachsene gesagt ist, muß um so mehr für Kinder und Jugendliche gelten.

Rechtsmittelbelehrung ...

Stefen

---

[58] Vgl. *Werner Kroeber-Riel*: »Konsumentenverhalten«, ausführlich in Fußnote Nr. 11 zitiert.

Rudolf Stefen (Hrsg.)
Vorsitzender der Bundesprüfstelle
für jugendgefährdende Schriften (BPS)

Gesamtverzeichnis

der von der Bundesprüfstelle indizierten Medien
Stand 31. 12. 1977

Mit Anschriftenverzeichnissen, einer Einleitung und Erläuterungen des Herausgebers u. a. zu:
- Begriffsbestimmungen zum Jugendmedienschutz, seine Durchführung und die Mitwirkung der Bürger dabei,
- Verdopplung der Mehrwertsteuer durch Indizierung,
- den Verboten und Beschränkungen für
  - indizierte und offensichtlich sittlich schwer jugendgefährdende Medien,
  - Fernseh- und Rundfunksendungen,
  - Filmveranstaltungen und Filmaußenwerbung,
  - Prostitutions- und Kontaktannoncen
- den beruflichen Sorgfaltspflichten der Hersteller und Verbreiter von Medien,
- Strafen, Nebenstrafen und Geldbußen bei Verstößen gegen Jugendmedienschutzbestimmungen,
- Organisation und Statistik der BPS

1977, 159 S., 10,8 x 17,7 cm, Salesta kart., 19,– DM
ISBN 3-7890-0340-9

Nomos Verlagsgesellschaft
Postfach 610 · 7570 Baden-Baden